GW00500764

GLI ADELPHI

349

Di Wisława Szymborska (1923-2012), Premio Nobel per la Letteratura nel 1996, Adelphi ha pubblicato *Vista con granello di sabbia* (1998; nuova edizione riveduta, 2004), *Discorso all'Ufficio oggetti smarriti* (2004), *Letture facoltative* (2006), *Due punti* (2006), *Opere* (2008), *Basta così* (2012), *Come vivere in modo più confortevole* (2016) e *Amore a prima vista* (2017).

Wisława Szymborska

LA GIOIA
DI SCRIVERE

TUTTE LE POESIE (1945-2009)

Edizione con testo a fronte
A cura di Pietro Marchesani

ADELPHI EDIZIONI

La Cronologia è tradotta da Laura Rescio

THE WISŁAWA SZYMBORSKA FOUNDATION

© 2009 ADELPHI EDIZIONI S.P.A. MILANO
WWW.ADELPHI.IT

ISBN 978-88-459-2400-2

Anno   Edizione

2024 2023 2022 2021   18 19 20 21 22 23 24

INDICE

LA GIOIA DI SCRIVERE

TUTTE LE POESIE (1945-2009)

Z «NIEWYDANEGO ZBIORU»
DA «RACCOLTA NON PUBBLICATA»

SÓL
SALE

STO POCIECH
UNO SPASSO

WSZELKI WYPADEK
OGNI CASO

LUDZIE NA MOŚCIE
GENTE SUL PONTE

XVIII

KONIEC I POCZĄTEK
LA FINE E L'INIZIO

CHWILA
ATTIMO

DWUKROPEK
DUE PUNTI

TUTAJ
QUI

INTRODUZIONE
DI PIETRO MARCHESANI

Desidero ringraziare ancora una volta Anna Raffetto e Dariusz Sendula per aver riletto le mie traduzioni e per i loro preziosi suggerimenti. Un grazie particolare a Joanna Kaczyńska, da anni mia paziente e generosa interlocutrice.

Come non ricordare lo stupore, talvolta misto a ironia, con cui fu accolta nel nostro paese l'assegnazione del Premio Nobel per la Letteratura 1996 alla poetessa polacca Wisława Szymborska, considerata dai più un'illustre, imbarazzante sconosciuta? Analoghe reazioni aveva avuto la stampa italiana quando, nell'ottobre del 1980, lo stesso premio era stato conferito a un altro poeta polacco, Czesław Miłosz: un'attribuzione per lo più ricondotta a motivazioni politiche (la Polonia stava vivendo la stagione appassionante e drammatica di Solidarność). Violare poi il canone delle letterature maggiori era cosa che suscitava ancora nella nostra cultura reazioni di fastidio e sconcerto. D'altronde la poesia polacca contemporanea era allora assente – con qualche rara eccezione – dal nostro orizzonte culturale: solo nel 1964 era stata pubblicata nella prestigiosa collana mondadoriana dello «Specchio» una raccolta di poesie di Tadeusz Różewicz (*Colloquio con il principe*), a cui soltanto quasi vent'anni dopo avrebbe fatto seguito il volume adelphiano della poesia di Miłosz (*Poesie*), e ancora dieci anni più tardi – presso lo

stesso editore – un'ampia raccolta della poesia di Zbigniew Herbert (*Rapporto dalla città assediata*). Nel 1996
la poetessa polacca era presente in Italia solo con *Gente sul ponte*, volumetto uscito qualche mese prima del
Nobel dalla Libri Scheiwiller (ma che Vanni Scheiwiller, uomo di grande cultura e geniale editore, aveva
messo in cantiere già dal 1991). Non avevano suscitato
una vasta eco le parole pronunciate nel 1988 da Iosif
Brodskij nel suo discorso di apertura del primo Salone
del Libro a Torino, discorso pubblicato con ampio ri-
salto sulle pagine del «Corriere della Sera». Segnalan-
do l'alto livello della produzione poetica polacca del
Novecento nel contesto mondiale, lo scrittore russo
aveva appunto indicato in Herbert, Miłosz e Szymborska i tre maggiori poeti polacchi viventi. Lo stesso
Brodskij nel dicembre del 1993 pubblicò sul «Times
Literary Supplement» la sua traduzione in inglese di
una poesia della scrittrice polacca, *La fine e l'inizio*, da
lui ritenuta una delle cento migliori poesie del secolo.
   Wisława Szymborska era allora autrice di nove esili
volumetti di poesia, i primi due dei quali (*Per questo
viviamo*, 1952, e *Domande poste a me stessa*, 1954) da lei
disconosciuti e mai più ripubblicati. Né la sua bio-
grafia, tutta radicata in un paese ancora «al margine» della vita economica, politica e culturale euro-
pea, presentava particolari elementi d'attrazione.
   A distanza di poco più di dieci anni la posizione di
Wisława Szymborska nel panorama culturale italiano
e internazionale è completamente mutata, e ciò grazie al successo della sua opera poetica, ora largamen-
te tradotta (e non solo in Italia), mentre si susseguono le ristampe. La sua opera travalica anzi i normali
circuiti – di solito ristretti – della poesia, espandendo-
si in più vasti, imprevedibili territori. Così, se dalla
borsa della piccola ladra del film *Cuore sacro* di Ferzan
Özpetek cade a terra un volumetto di poesie della
scrittrice polacca, in Italia, e in altri paesi, sue poesie
o citazioni dei suoi versi compaiono in riviste femminili di grande tiratura, nella pubblicistica, nei necro-
logi, nei discorsi di politici, in opere narrative (come

Stanza 411 di Simona Vinci) o nelle canzoni di Jova-
notti... Wisława Szymborska si è così trasformata, suo
malgrado, in una scrittrice di culto, come dimostra la
straordinaria affluenza di pubblico alle serate di letture poetiche che ha tenuto negli ultimi anni in Italia.

Se è vero che la Szymborska, a parte *Gente sul ponte*,
prima del Nobel era presente nel nostro paese solo in
antologie e riviste (sette sue poesie figuravano già nel
1961 nella voluminosa raccolta *Poeti polacchi contemporanei*, curata da Carlo Verdiani per il benemerito editore
Silva), va ricordato che la sua opera veniva tradotta, a
partire dalla fine degli anni Cinquanta, in quasi tutte le
lingue europee (russo incluso, nella versione di Anna
Achmatova). Raccolte delle sue poesie erano apparse
in particolare in Germania, Inghilterra, Stati Uniti e
Svezia, paese quest'ultimo in cui la scrittrice polacca
aveva incontrato un immediato, ampio consenso di critica e lettori. La Szymborska era stata poi insignita – prima del Nobel – del Premio Goethe in Germania (1991)
e del Premio Herder in Austria (1995). In Polonia già
da molti anni godeva di un indiscusso riconoscimento
critico, e la pubblicazione di ogni sua raccolta poetica
veniva considerata un evento letterario. In occasione
del conferimento alla Szymborska della laurea *honoris
causa* da parte dell'Università di Poznań (1995), Michał
Głowiński, uno dei maggiori critici letterari del paese, la
definiva «forse il più grande poeta polacco della seconda metà del XX secolo», mentre le edizioni delle sue
poesie andavano rapidamente esaurite. Dopo il Nobel
la cerchia dei suoi lettori si è ampliata in Polonia con
una velocità straordinaria – comprensibile in un paese
di grande e impegnata tradizione poetica –, creando
non poco imbarazzo a una scrittrice nota per la sua ri-
servatezza («Preferirei rivendicare il diritto di non scrivere sulla mia poesia. Quanto più l'attività creativa mi
assorbe, tanto meno sento la voglia di formulare un credo poetico...»), e che non è in alcun modo disposta a
indossare i panni del «vate» o «bardo» nazionale.

Non si può certo affermare che la Szymborska si sia
imposta per una vasta produzione letteraria: dodici

volumetti di poesia distribuiti nell'arco di più di cinquant'anni, e cioè – oltre ai primi due già ricordati – *Appello allo Yeti* (1957), *Sale* (1962), *Uno spasso* (1967), *Ogni caso* (1972), *Grande numero* (1976), *Gente sul ponte* (1986), *La fine e l'inizio* (1993), *Attimo* (2002), *Due punti* (2005), *Qui* (2009). A questi si affiancano cinque volumi di *Letture facoltative* – che raccolgono i testi pubblicati dal 1967 al 2002 su riviste e quotidiani polacchi –, e cioè recensioni-feuilleton dove si parla di turismo, botanica, economia domestica, cosmesi, ornitologia, arte, storia, romanzo gotico, letteratura classica e poliziesca, dizionari, teatro, musica, cinema... C'è poi il volume della *Posta letteraria* (2000), una scelta delle sue risposte ai lettori del settimanale di Cracovia «Życie Literackie» («Vita letteraria»). Questa rivista ospitava dalla fine del 1960 la rubrica «Posta letteraria», a cui aspiranti scrittori inviavano i loro manoscritti in prosa o in versi per avere un parere. Wisława Szymborska, che dal 1953 al 1966 diresse la sezione poesia del settimanale, tra il 1960 e il 1968 commentò con regolarità i testi che le pervenivano. Sempre avara in materia di esternazioni letterarie, la poetessa offre in queste pagine una miniera di annotazioni e riflessioni che ci fanno a tratti intuire il retroterra della cultura o della vita polacca di quegli anni, e in cui brilla l'intelligente leggerezza, la prontezza di spirito della scrittrice. Da esse traspaiono, oltre che uno straordinario, aforistico gusto dell'ironia e della battuta ricca di umorismo, una vasta cultura letteraria e una personale concezione della poesia e della scrittura in genere, che detesta in egual misura gli eccessi del sublime come del banale. Il risultato è un testo omogeneo e gustoso, fonte di autentici momenti di godimento intellettuale. Tra la sua produzione anche qualche traduzione di poesia (poeti barocchi francesi, Baudelaire, de Musset, Goethe...). E, infine, un volumetto di divertissement letterari (specialmente limerick), che la Szymborska scrive per diletto proprio e dei suoi amici, arricchito di deliziosi collage: *Filastrocche per bambini grandi con collage dell'autrice* (2003).

XXX

In realtà si dovrebbe parlare di dieci raccolte di poesia, poiché delle prime due, *Per questo viviamo* e *Domande poste a me stessa*, entrambe – come è stato scritto – «manifestazione di una poesia socialista impegnata, e anche sintomi della seduzione ideologica di una persona in definitiva molto giovane e molto fervente», l'Autrice non ha più autorizzato la ristampa, con l'eccezione di alcune poesie uscite in edizioni antologiche. L'adesione della Szymborska all'ideologia comunista, sancita dalla sua iscrizione al Partito nel 1952 (ne uscirà nel 1966), determina la forma e i contenuti di queste sue prime raccolte, come ci dicono parecchi dei titoli delle poesie in esse incluse. Circostanza, questa, da molti mai dimenticata in Polonia, nel clima di animosa resa dei conti seguito alla caduta del comunismo. Sulla sua adesione a quell'ideologia la poetessa si è espressa senza reticenze: «Ero allora profondamente convinta della fondatezza di quello che scrivevo – ma questa affermazione non mi scagiona nei confronti di quei lettori forse in qualche modo influenzati dalle mie poesie ... se non fosse per questa tristezza, per questo senso di colpa, forse addirittura non rimpiangerei le esperienze di quegli anni. Senza di esse non avrei mai saputo che cos'è la fede in una ragione unica. E quanto sia facile, allora, non sapere quello che non si vuole sapere. E a quali acrobazie mentali ci si può spingere confrontandosi con le ragioni degli altri. Ho capito che anche l'amore per l'umanità è molto pericoloso, perché per lo più porta a voler rendere gli uomini felici per forza» (1991). È il caso di ricordare in proposito – di fronte a interventi e pubblicazioni tanto malevoli quanto semplicistici – le parole di Jerzy Turowicz, che fu autorevolissima figura dell'intelligencija cattolica polacca: «L'iniziale adesione all'ideologia comunista della poetessa allora poco più che ventenne è da tale prospettiva assolutamente comprensibile e persino naturale, e se ancora capita che certe persone provino rancore per quella sua giovanile adesione, si tratta di una cosa del tutto insensata e priva di fondamento».

In realtà le due raccolte «sociorealiste» non erano le prime di Wisława Szymborska. Le aveva precedute quella «Raccolta non pubblicata» che comprendeva le poesie da lei scritte fra il 1945 e il 1949 e che non poté essere stampata allora perché incompatibile con il nuovo clima ideologico e politico creato dal Congresso degli scrittori a Stettino nel 1949, quando il realismo socialista di stampo sovietico divenne anche in Polonia la sola dottrina artistica ammessa. Wisława Szymborska, in effetti, aveva iniziato la sua carriera letteraria pubblicando il 14 marzo del 1945 sul terzo numero di «Walka» («Lotta»), supplemento settimanale del «Dziennik Polski» («Quotidiano polacco») di Cracovia, una poesia (*Cerco la parola*). Un supplemento modesto, ma allora non privo di importanza, e a cui collaboravano noti scrittori, come Czesław Miłosz. In quella poesia, apparsa in una forma rielaborata dalla redazione, la poetessa in erba voleva dar conto di quanto fosse difficile esprimere in modo adeguato la mostruosità dei criminali nazisti: «Voglio definirli con una parola / com'erano? / Prendo parole comuni / rubo dal dizionario, / misuro, peso e analizzo – / Nessuna va bene. / La nostra lingua è impotente, / i suoi suoni d'un tratto – poveri. / Cerco con uno sforzo della mente, / cerco quella parola – / ma non riesco a trovarla. / Non riesco». Seguono, sullo stesso supplemento, *La crociata dei bambini* e *** (*Un tempo sapevamo il mondo a menadito...*); altre poesie ancora appaiono sulla stampa periodica negli anni 1945-1948: *Janko il musicante*, *Da «Autobiografia del giorno»*, *La linea della vita*, *Il giorno dei morti*, *Luogo per un monumento*, *La via Polna*, *Il convoglio degli ebrei*, *La domenica a scuola...*

Stando a quanto scrive nei suoi ricordi (1970) Adam Włodek, allora redattore di «Walka», e dal 1948 al 1952 marito della poetessa, fra testi rimasti manoscritti e testi pubblicati, la produzione iniziale della Szymborska ammontava a oltre trenta poesie «che potevano e avrebbero dovuto comporre uno dei più interessanti debutti in volume dell'immediato dopoguerra». Il titolo scelto per quella raccolta – che costituisce, ancorché in gran parte inedita, il vero debutto letterario di Wisława Szymborska – era *Wiersze* (*Poesie*). Non va comunque dimenticato che «gli inizi semileggendari della sua opera sono collegati con forme brevi di prosa, non con la poesia. A parte qualche accenno, di queste prove non sappiamo nulla» (Wojciech Ligęza). I racconti della Szymborska scritti durante la guerra, con la sola eccezione di una pubblicazione occasionale, sono rimasti inediti.

Il tema centrale di quelle prime poesie è legato nei contenuti alle esperienze belliche della giovanissima generazione letteraria emergente, e nelle forme alla lezione dell'Avanguardia di Cracovia. Che l'atmosfera fosse ormai poco propizia a quel tipo di scrittura era apparso evidente nella discussione seguita alla pubblicazione sul «Dziennik Literacki» («Giornale letterario»), nell'ottobre del 1948, di una sua poesia (*La domenica a scuola*). Un folto gruppo di studenti liceali le rimproverò, con una lettera al giornale, di scrivere in modo incomprensibile, mentre – aggiungeva il loro insegnante – il modello avrebbe dovuto essere quello di Majakovskij, la cui lettura non avrebbe certo costretto il pastore del Kazakistan a scervellarsi, arricchendone anzi intelletto e coscienza di classe.

Pur in mancanza dei testi, alla cui pubblicazione l'Autrice oggi nega recisamente il suo assenso, queste informazioni sulla «Raccolta non pubblicata» servono da un lato a segnalare un percorso poetico, e dall'altro a confermare la ragione di quanti riconoscono nelle successive raccolte «sociorealiste» l'affiorare di una non banale capacità di scrittura. La stessa Szymborska, del resto, ha inserito alcuni di quei testi in edizioni antologiche della sua poesia.

Se sul piano formale la rottura con il Partito comunista sarebbe avvenuta solo più tardi, già nel 1957, con *Appello allo Yeti*, la scrittrice mostra di essersi allontanata da quell'ideologia. La sua pubblicazione fu resa possibile dalla nuova atmosfera, carica di speranze di liberalizzazione politica e culturale, seguita in Polonia all'avvio del processo di destalinizzazione e alla nomina a primo segretario del Partito di Władysław Gomułka, scarcerato nell'ottobre del 1956. *Appello allo Yeti* si colloca così accanto alle opere (per esempio di Zbigniew Herbert) «della corrente della rivoluzione antistaliniana in poesia, della corrente di riflessione civile e critica sociale» (Tomasz Burek), e costituisce «uno dei più importanti fattori della risurrezione della poesia polacca dopo l'ottobre del 1956» (Stanisław Balbus). Inequivocabile era il significato di poesie come *Riabilitazione, Agli amici, Funerale, *** (La storia che non si affanna...), Le due scimmie di Bruegel*: «Li credevo traditori, indegni dei nomi ... – e invece, Yorick, erano falsi testimoni» (*Riabilitazione*). Tadeusz Różewicz scriveva allora in *Rehabilitacja pośmiertna (Riabilitazione postuma)*: «I morti contano i vivi / i morti non ci riabilitano». Della conclamata fede marxista-leninista nelle magnifiche sorti e progressive dell'umanità, di tutto il sistema comunista non restano che macerie: «Gerico viene chiamata / la città da me abitata. / Mi frana di dosso pezzo / a pezzo la cinta muraria. / Sto in piedi tutta nuda / sotto la divisa d'aria» (*** [*La storia che non si affanna...*]). Delle granitiche certezze, delle grandiose costruzioni, sopravvivono smarrimenti e balbettii confusi («In storia dell'uomo / balbetto e arranco»), solo una scimmia – con una significativa inversione dei ruoli – sembra in grado di dare suggerimenti «col quieto tintinnio della catena» (*Le due scimmie di Bruegel*).

Non solo la storia recente – compreso lo sterminio degli ebrei polacchi, magistralmente rappresentato in una poesia che è tra le più intense, drammatiche ed efficaci di Wisława Szymborska (*Ancóra*) – e le sue crudeli disillusioni sono il tema di questa raccolta. Fra gli altri motivi il più presente è quello dell'amore, con testi emblematici della cifra stilistica della scrittrice (*Nulla due volte, Notorietà, Opera buffa, Impresso nella memoria, Sogno d'una notte di mezza estate*). La centralità di tale tema, l'importanza dell'amore nel suo mondo poetico, non era sfuggita né ai lettori né alla critica. Già presente nelle prime due raccolte «sociorealiste», pur condizionate dai dettami dell'ideologia comunista, il motivo si sviluppa in *Appello allo Yeti* e ancor più nel successivo *Sale* (per esempio, *** [*Gli sono troppo vicina...*], *Sogno*), dove raggiunge la sua massima espansione. Non si trova in queste poesie la ripetizione o anche solo l'eco dei tradizionali schemi del genere. L'amore compare, sovente con una tonalità ironica, in tutte le possibili sembianze e situazioni in cui si manifesta, calato in impreviste prospettive esistenziali e metafisiche.

In *Appello allo Yeti* la scrittrice elabora però qualcosa che va al di là delle singole tematiche, e cioè un proprio nuovo programma e un proprio, nuovo, stile poetico: «Progetto un mondo, nuova edizione, / nuova edizione, riveduta» (*Progetto un mondo*). Con *Appello allo Yeti* la Szymborska si avvia, con la leggerezza di chi si è sbarazzato di un pesante fardello, per l'impervio cammino del mondo.

Dopo il grande consenso riscosso da *Appello allo Yeti*, la raccolta *Sale* costituì per critica e pubblico una ulteriore conferma del suo spessore artistico. Nel giro di pochi anni la poetessa si sarebbe imposta come una delle voci più originali del panorama letterario polacco. Tale giudizio venne convalidato e rinforzato poi da *Uno spasso*, definito da Julian Przyboś – accreditato esponente della poesia e della critica polacca dell'epoca – «la sua migliore raccolta», quella in cui «il suo stile originale ha raggiunto oggi la perfezione», un inatteso e straordinario esempio di rinascita della «poesia riflessiva». In effetti vengono colte le notevoli qualità di questo libretto, e al tempo stesso alcune costanti della scrittura poetica di Wisława Szymborska: il prevalere del modello dell'espressione orale contrapposto all'artificiosità dei modelli poetici tradizionali, la metafora insolita, il carattere specifico e individuale di ogni poesia conseguito «grazie alla differenziazione funzionalizzata della sintassi e della stilistica». Tema della sua poesia è all'apparenza la quotidianità del mondo reale: «i più intimi, i più semplici legami tra gli uomini, l'erotismo e l'amore domestico, l'album con le fotografie di famiglia, una scenetta alla stazione, una gita all'estero, problemi politici di attualità ... il circo, una visita all'ospedale, un po' di scienza e cultura ... un quadro, una divertente relazione sulla scrittura di una poesia...» (Jerzy Kwiatkowski). Un mondo però – come ha rilevato lo stesso autorevole critico – dietro cui si nascondono altri mondi possibili, quelli «immaginati e i non mondi». Uno sguardo, il suo, che con penetrante acutezza amplia l'orizzonte conoscitivo, dilata la vista sulla realtà in genere e sull'uomo in particolare, con un ribaltamento dei luoghi comuni, delle convenzioni mentali e linguistiche che sorprende e che rinnova il nostro stupore.

Per la sua connotazione intellettuale e la forma quasi saggistica, la successiva raccolta, *Ogni caso*, venne considerata «un particolare contributo alla poesia filosofica» (Cz. Miłosz). Altri definirono la raccolta «una prova di metafisica poetica» (S. Balbus). Tale tratto, con gradazioni e sfumature via via diverse, è tra quelli che più contribuiscono a conferire alla raccolta un tono specifico. La sua riflessione sul senso dell'esistere – espressa sempre in forma di domanda, o meglio, di catene di domande – è caratterizzata da una «semplicità complessa», e cioè dalla capacità di interrogarsi con formulazioni chiare, che non necessitano del sostegno delle «grandi costruzioni». Una riflessione che muove dalla quotidianità, dai dettagli (in una recente intervista la Szymborska ha dichiarato: «Le persone si istupidiscono all'ingrosso, e rinsaviscono al dettaglio. Dunque amiamo e sosteniamo i casi al dettaglio»). «Poesia feriale» – come è stata definita – la sua, senza concessioni al letterario o al sublime, aliena da ogni retorica: «Uno sbaraccamento dell'antropocentrismo e dei suoi miti, uno sbaraccamento del Sublime» (Valeria Rossella), e a cui si accompagna una notevole dose d'arguzia e ironia (che è una delle categorie centrali della sua poetica). La attrae solo ciò che è singolo, particolare. Paradigmatiche in tal senso alcune poesie della raccolta: «Perché mai a tal punto singolare? / Questa e non quella? E qui che ci sto a fare? / Di martedì? In una casa e non nel nido? / Pelle e non squame? Non foglia, ma viso? / Perché di persona una volta soltanto? / E sulla terra? Con una stella accanto?» (*Stupore*). Oppure: «Tanto mondo a un tratto da tutto il mondo: / morene, murene e marosi e mimose, / e il fuoco e il fuco e il falco e il frutto – / come e dove potrò mettere il tutto? / Queste foglie e scaglie, questi merli e tarli, / lamponi e scorpioni – dove sistemarli?» (*Compleanno*). L'inesauribile e infinitamente varia ricchezza del mondo è espressa anche, e soprattutto, dall'affollarsi di consonanti, suoni. Di fronte all'incalzante molteplicità delle forme, c'è lo stupore. Nella poesia della Szymborska non traluce, come in quella di Miłosz, la nostalgia – che è insieme speranza – di un «Regno di Verità e Giustizia», né vi risuonano «gli antichi scongiuri dell'umanità fiabe e leggende» del *Messaggio del Signor Cogito* di Zbigniew Herbert e del suo stoicismo eroico. Il metafisico stupore della creatura umana «una sola volta, a caso, sulla terra», consapevole della brevità della propria esistenza – che non è per nulla «normale», ma rappresenta al contrario una sorta di miracolo, una pausa nella «non esistenza», un «Intervallo nell'infinito per il cielo sconfinato!» (*** [*Il Nulla si è rivoltato anche per me...*]) –, non si traduce nella poesia della Szymborska in angoscia o disperazione. In essa prevale l'accettazione affettuosa e stupita della vita, a partire dalle forme più semplici – anch'esse miracolose – del suo manifestarsi: «Sei bella – dico alla vita – / è impensabile più rigoglio, / più rane e più usignoli, / più formiche e più germogli» (*Allegro ma non troppo*). Si può sapere «quanto è di campo questo grillo, / e di bosco questo frutto» solo vivendo, solo grazie alla vita. Si tratta di una indicazione importante per accedere al senso più profondo della sua poesia, un senso racchiuso in quello «stupore» che ne costituisce la premessa e il fondamento. Come la scrittrice ha dichiarato nel discorso tenuto in occasione del conferimento del Premio Nobel, «Il mondo, qualunque cosa noi ne pensiamo, spaventati dalla sua immensità e dalla nostra impotenza di fronte a esso, amareggiati dalla sua indifferenza ... qualunque cosa noi pensiamo dei suoi spazi attraversati dalle radiazioni delle stelle ... – questo mondo è stupefacente» (*Il poeta e il mondo*). L'accezione più comune della parola «stupore» è quella di «sensazione di profonda o intensa meraviglia, di sorpresa o anche di smarrimento di fronte a fatti, circostanze, oggetti straordinari, insoliti o inaspettati, e fenomeni ed eventi inspiegabili ed eccezionali» (così alla voce «stupore» nel *Grande dizionario della lingua italiana* di Salvatore Battaglia). Che si tratti di una definizione non appropriata allo stupore evocato da Wisława Szymborska è detto dalle parole con cui la poetessa precisa meglio il suo concetto di «stupore»: «Ma nella definizione "stupefacente" si cela una sorta di tranello logico. Dopotutto ci stupisce ciò che si discosta da una qualche norma nota e generalmente accettata, da una qualche ovvietà alla quale siamo abituati. Ebbene, un simile mondo ovvio non esiste affatto, il nostro stupore esiste di per se stesso e non deriva da paragoni con alcunché». Come dice una sua poesia, «Un miracolo all'ordine del giorno: / venti abbastanza deboli e moderati ... Un miracolo alla buona: / le mucche sono mucche» (*La fiera dei miracoli*). Più vicino allo «stupore» della sua poesia è quello del *Convivio* dantesco: «Lo stupore è uno stordimento d'animo per grandi e meravigliose cose vedere o udire o per alcuno modo sentire». Tale stupore, che nasce dalla contemplazione e dalla speculazione, fa pensare a quello racchiuso nel tesoro dell'infanzia, nella sepolta e irraggiungibile profondità – dal sapore vagamente schulziano – di cui scrive Elémire Zolla: «... quasi tutti passano la vita intera vedendo d'attorno null'altro che un suolo miserando e inerte, la vita quotidiana strumentale, irretita nelle categorie note, recintata in ogni minimo aspetto ... Eppure qualcuno fa eccezione. Rarissimo, isolato nell'interiorità, sa affondare fino alle sue iniziali memorie, rivive quei lembi remoti e annebbiati, talvolta ne ricontempla lo splendore» (*Lo stupore infantile*). A questo «qualcuno» sembra vicina Wisława Szymborska, che, come nel buddhismo zen, sa percepire il miracolo *normale* del vivere. E non è un caso che la sua poesia *Gente sul ponte* si trovi insieme a testi di Andrzej Wajda e di Miłosz nel volume *Japonią zauroczeni* (*Ammaliati dal Giappone*, 2002): «Sto ancora dormendo, / ma nel frattempo accadono fatti. / La finestra sbianca, / le tenebre sfumano nel grigio, / la stanza emerge dallo spazio indistinto, / vi cercano appoggio ombre pallide, vacillanti ... Ciò mi stupisce troppo di rado, ma dovrebbe. / Di solito mi sveglio nel ruolo di testimone in ritardo, / quando il miracolo è già avvenuto, / il giorno già costituito / e il mattinale magistralmente mutato in mattutino» (*Ora mattutina*). Da questo stupore e da questa scoperta dell'oggettualità scaturisce – come nell'immobilità della pittura metafisica – una limpida nuova percezione dell'universo, ripulita dalle incrostazioni e deformazioni che hanno reso pesanti le palpebre dell'occhio umano; proprio attraverso la luce folgorante dei singoli particolari all'occhio viene resa, per così dire, la sua sostanza metafisica, che solo la contemplazione e la speculazione più profonda sono in grado di percepire. Così la poesia di Wisława Szymborska ripristina il contatto fra il quotidiano e l'assoluto, riporta a una smarrita pienezza di pensiero e restituisce la consapevolezza – stupefacente – che il vero miracolo è nella vita stessa: «Un miracolo, basta guardarsi intorno: / il mondo onnipresente» (*La fiera dei miracoli*).

Anche *Grande numero*, volumetto di venticinque poesie, fu considerato «una meravigliosa sorpresa in tempi grigi» (Adam Zagajewski). Erano i tempi della Polonia di Gierek, già attraversata da una crisi profonda che sarebbe di lì a poco sfociata nella nascita di Solidarność, ma ancora ingessata – almeno nei suoi rituali pubblici – nel tradizionale armamentario ideologico del «noi»... Nella prima poesia della raccolta la Szymborska traccia una sorta di programma poetico che è rappresentativo della sua scrittura: «Quattro miliardi di uomini su questa terra, / ma la mia immaginazione è uguale a prima. / Se la cava male con i grandi numeri. / Continua a commuoverla la singolarità». In queste poesie viene espresso il rifiuto dei «grandi numeri». Uno di questi piccoli capolavori è *La moglie di Lot*, che mostra sotto una nuova luce, nella sua umanissima individualità, il personaggio biblico. Di individualità ripristinata si può parlare anche per molte altre poesie della raccolta. Motivo ricorrente nei versi della Szymborska è pure il rigetto – assai significativo in quegli anni e in quel contesto – di qualsiasi forma di utopia: «Isola dove tutto si chiarisce. / Qui ci si può fondare su prove. / L'unica strada è quella d'accesso ... Malgrado le sue attrattive l'isola è deserta, / e le tenui orme visibili sulle rive / sono tutte dirette verso il mare. / Come se da qui si andasse soltanto via» (*Utopia*). Al valore dell'irripetibile singolarità dell'essere umano, pur impastato di contraddizioni, oscurità e conflitti («In noi ignoto e selve / di pelle appena coperti, / interni d'inferno, / violenta anatomia»), si contrappone l'ideale della perfezione, quello appunto rappresentato dalla cipolla – pienamente riuscita, autosufficiente nel suo essere «completamente cipolla / fino alla cipollità» (*La cipolla*).

Se il «minimalismo» della Szymborska si traduce nella capacità di vedere «in ciò che è ordinario l'insolito, l'enigmatico, il prodigio» (J. Kwiatkowski), a esso si accompagna anche un forte senso degli «altri», un compatire che tacitamente trapassa dall'«io» al «noi»: «Nelle sue poesie ciò che accade, accade semplicemente all'uomo, e il suo "io" è sempre "io", uomo, e non "io", Wisława Szymborska» (Włodzimierz Bolecki). La compassione non è mai pathos grazie alla levità e al mai sopito stupore con cui la poetessa si accosta al reale, una leggerezza sottolineata da un'ironia anch'essa lieve, segno di consapevolezza e misura, che la mantiene al di qua dell'emozione, la sottrae alle insidie dello sconforto. Alla «leggerezza» mentale si accompagna un'eguale leggerezza espressiva, costruita con una lingua semplice, comune, spesso colloquiale. Ma si tratta di una semplicità solo apparente. Essa è in realtà il risultato di una rigorosa e lucida padronanza degli strumenti linguistici e metrici: giochi verbali e fonici, colloquialismi, neologismi, assonanze, scansioni metriche e ritmiche, semantizzazione della grammatica, che producono un continuo, imprevedibile scaturire di senso. Caratteristiche, queste, tutte presenti in *Gente sul ponte*, dove traspare anche lo sfondo della realtà politica polacca degli anni Ottanta (*La casa d'un grande uomo*, *Figli dell'epoca*, *Intrighi con i morti*, *Un parere in merito alla pornografia*). La raccolta è caratterizzata da una forte intonazione riflessiva, che contrassegna pure *La fine e l'inizio*, dispiegandosi con tonalità ora pacate, ora scherzose, nell'ambito della storia e della civiltà (*La fine e l'inizio*, *L'odio*, *La realtà esige*), dei sentimenti (*Addio a una vista*, *Il gatto in un appartamento vuoto*) o, con accentuazioni nuove, in quello metafisico-esistenziale (*Calcolo elegiaco*, *Forse tutto questo*, *Nulla è in regalo*, *Una versione dei fatti*). Sempre presente, anzi incalzante, è l'interrogativo sul senso di un universo in apparenza governato dall'assoluta casualità, e che pure sembra celarsi nel fitto intreccio delle circostanze («Ogni inizio infatti / è solo un seguito / e il libro degli eventi / è sempre aperto a metà», *Amore a prima vista*). Anche in *Attimo*, al profilarsi dell'ispirazione non presiedono eventi straordinari, eccezionali. Essa nasce dall'osservazione delle nuvole nel cielo, indifferenti al nostro vivere o morire (*Nuvole*), dal rianimarsi degli oggetti alla prima luce del mattino (*Ora mattutina*), dalla vista delle tombe dei bambini nel cimitero (*Bagaglio del ritorno*)... Anche quando scaturisce da vicende tragiche del nostro tempo – come l'attentato alle Torri gemelle (*Fotografia dell'11 settembre*), o come la fuga di esseri umani trasformati in diseredati dalla furia dell'odio altrui (*Gente*) –, le singole immagini, fermate tra le migliaia che entrano quotidianamente nelle case di tutti, hanno la forza di catturare, di sospendere e contraddire la provvisorietà della cronaca. Attimi, fissati e colti nel grande fiume del divenire del mondo. Una nota di sottile malinconia – che sospinge al margine la componente ironica dei suoi versi – pare insinuarsi in queste pagine di fronte al dolore, all'impossibilità di dare risposte al mistero dell'esistenza. Affiora anche il pensiero della morte, e proprio nei versi che toccano il tema dell'amore (*Il primo amore*). È malinconia, non amarezza o anche solo rimpianto, nostalgia. Essa non prende mai il sopravvento su quella lucida, pacata e non di rado lieta accettazione della vita di cui si è detto. In modo analogo *Due punti* e *Qui*, la sua ultima raccolta (che racchiude testi di straordinaria intensità poetica), si inseriscono in una linea di continuità tematica e stilistica con quelle precedenti. Più densa si fa la riflessione su temi quali la vita e la morte, la memoria e l'oblio, la realtà e il sogno, il sapere e il non sapere. Alcune poesie si avvicinano, per il loro spessore concettuale, a piccoli trattati filosofici, benché vi rimanga forte il senso dell'ironia come pure il radicamento nella concretezza e singolarità di cose e situazioni.

Anche in tali raccolte la Szymborska riesce a trasmettere l'impressione che non stia parlando in generale ma a ogni singolo lettore, di cui coglie intuizioni, sensazioni e paure – che condivide – trasferendole su un piano intellettualmente più elevato. E lo fa, come sempre, in modo aperto, dubbioso, non definitivo né definitorio, che non chiude ma apre spazi ulteriori alla riflessione.

Wisława Szymborska non ama rilasciare interviste, parlare della propria persona o opera. Difficile darle una collocazione – che non sia solo generazionale o generica – in una qualche corrente o tendenza della poesia polacca contemporanea. Lei stessa ha ironicamente scritto di sé: «Qui giace come virgola antiquata / l'autrice di qualche poesia. La terra l'ha degnata / dell'eterno riposo, sebbene la defunta / dai gruppi letterari stesse ben distante» (*Epitaffio*). Eppure, o meglio proprio per questo, ha saputo introdurre tonalità nuove nel variegato e ricco panorama della poesia polacca – e del mondo.

CRONOLOGIA
DI ANTONINA TURNAU

1923

Il *2 luglio* Wisława Szymborska nasce a Bnin, attualmente parte di Kórnik, nei pressi di Poznań.

1929

La piccola Wisława, i genitori e la sorella Nawoja si trasferiscono a Cracovia in via Radziwiłłowska.

1930

Ichna – come la chiamano le amiche – inizia a frequentare la scuola elementare Józef Joteyko in via Podwale a Cracovia.

1935

Prosegue gli studi al ginnasio delle Orsoline in via Starowiślna 3/5.

1936

Il *9 settembre* muore Wincenty Szymborski, padre di Wisława.

1941-1943

Wisława Szymborska lavora come impiegata alle ferrovie per evitare la deportazione. Realizza le illustrazioni per il manuale di lingua inglese *First steps in English* di Jan Stanisławski. Comincia a scrivere racconti e, più raramente, poesie.

1945

Il *14 marzo* sul «Dziennik Polski» viene pubblicata la poesia *Szukam słowa* [*Cerco la parola*]. Il caporedattore Adam Włodek, divenuto in seguito marito della poetessa, ricordò più tardi come le poesie da lei portate fossero «semplicemente ... di modesto valore. Così modesto che a noi non sembrava possibile utilizzarne alcuna». Alla fine, su iniziativa di uno dei redattori, ne sarà pubblicata una tagliata: il suo debutto poetico.

1945-1947

Studia lettere e sociologia all'Università Jagellonica. Poi motiverà l'interruzione degli studi in questo modo: «Nel 1947 la sociologia diventò mortalmente noiosa; si doveva spiegare tutto con il marxismo. Ho lasciato l'università perché già allora dovevo guadagnarmi da vivere».

1947-1948

La poetessa diventa segretaria di redazione di «Świetlica Krakowska», quindicinale dedicato all'istruzione, dove si occupa, fra l'altro, delle illustrazioni per i libri.

1948

In *aprile* sposa Adam Włodek e si trasferisce dalla casa dei genitori in via Radziwiłłowska alla Casa degli scrittori in via Krupnicza 22.

Viene pubblicato *Mruczek w butach* [*Il gatto con gli stivali*], un libretto per bambini, testo di Adam Włodek con illustrazioni di Wisława Szymborska.

1952

Esce *Dlatego żyjemy* [*Per questo viviamo*], il suo primo volumetto di poesie, grazie al quale viene accolta nell'Associazione degli scrittori polacchi.

Nel corso dell'anno entra a far parte del Partito Operaio Unificato Polacco (PZPR).

1953

Nella redazione di «Życie Literackie», settimanale letterario di Cracovia, a cui rimarrà legata fino al 1981, la Szymborska prende il posto di Adam Włodek come direttore della sezione poesia. In quel periodo su «Życie Literackie» faranno il loro esordio, tra gli altri, poeti quali Miron Białoszewski, Zbigniew Herbert, Adam Zagajewski. «Amavo gli esordienti» ammette la poetessa.

1954

Esce il volumetto di poesie *Pytania zadawane sobie* [*Domande poste a me stessa*].

Divorzia da Adam Włodek, di cui rimane però molto amica.

Compie un viaggio in Bulgaria nell'ambito di uno scambio culturale che, secondo alcuni (soprattutto di parte bulgara), si rivela fonte di grande ispirazione per la poetessa. Pare che la visita sia all'origine, fra l'altro, delle poesie *Pietà* e *Muzeum* [*Museo*].

Riceve il Premio della Città di Cracovia.

Collabora saltuariamente con il Polskie Wydawnictwo Muzyczne, casa editrice di testi musicali, per la quale svolge diversi lavori redazionali (tra cui la correzione delle traduzioni polacche dei testi delle opere).

1957

Pubblicazione del volumetto di poesie *Wołanie do Yeti* [*Appello allo Yeti*].

Si reca a Parigi con una borsa di studio insieme ad altri scrittori, tra cui Sławomir Mrożek e Tadeusz Nowak.

Il *5 luglio* si reca da Jerzy Giedroyć a Maisons-Laffitte per visitare l'Instytut Literacki, casa editrice attiva a Parigi dal 1947, che pubblicò fra l'altro la rivista «Kultura» fino al 2000. Sia la casa editrice che la rivista svolsero – tanto nell'emigrazione quanto in Polonia, malgrado i rigori della censura – un ruolo di primissimo piano nell'opposizione politica e culturale al regime comunista polacco.

1960

Muore Anna Maria Szymborska, madre di Wisława.
Viaggio in URSS con una delegazione di scrittori polacchi.
Su «Życie Literackie» inizia a uscire una rubrica intitolata «Posta letteraria», tenuta anonimamente da Wisława Szymborska e dal critico Włodzimierz Maciąg.

1961

A *gennaio*, in occasione del decimo anniversario della fondazione di «Życie Literackie», la Polska Kronika Filmowa (Cinegiornale polacco) visita la redazione della rivista: dietro la scrivania piena di carte siede il direttore della sezione poesia, Wisława Szymborska.

1962

Esce la raccolta di poesie *Sól* [*Sale*].

1963

La poetessa riceve il Premio di II Grado del ministero della Cultura.
Si trasferisce da via Krupnicza in un appartamento di un palazzo all'angolo tra via 18 Stycznia (oggi Królewska) e via Nowowiejska, chiamato «il cassetto» per le sue dimensioni microscopiche.

1964

Il *14 gennaio* lo scrittore Antoni Słonimski consegna al Gabinetto del Primo Ministro la cosiddetta Lettera dei Trentaquattro, protesta di trentaquattro intellettuali contro l'acutizzarsi della censura e la limitazione della libertà di parola. Il governo organizza a scopo dimostrativo una raccolta di firme contro tale Lettera, a cui aderiscono quasi ottocento ricercatori, scrittori e artisti; tra questi vi è anche la Szymborska, che per l'ultima volta sta dalla parte del potere.

1966

In segno di solidarietà con il filosofo Leszek Kołakowski, espulso dal Partito e allontanato dall'Università di Varsavia, Wisława Szymborska e altri scrittori restituiscono la tessera del Partito. In conseguenza di questo gesto la poetessa perde il posto di direttrice della sezione poesia di «Życie Literackie»: non si reca più in redazione, ma le viene proposto di tenere una rubrica. Nascono così le «Letture facoltative». «Fu un lieto fine» ha dichiarato. «Non dovevo più starmene seduta dietro la scrivania a leggere chili di testi in gran parte brutti. Scrivevo quello che mi pareva».

1967

Esce il volumetto di poesie *Sto pociech* [*Uno spasso*].

Si lega allo scrittore Kornel Filipowicz, insigne prosatore polacco. «La prima volta che vidi Kornel fu nel 1946 o nel 1947» racconta la scrittrice. «Non ricordo dove accadde, ma ricordo l'impressione che mi fece ... Pensai: "Dio, che bell'uomo". Ma allora non ci furono conseguenze».

1969

Su invito del poeta Ryszard Krynicki, allora impiegato alla Biblioteca di Kórnik, la Szymborska ritorna nella città natale per incontrarvi i suoi lettori.

1972

Esce la raccolta di poesie *Wszelki wypadek* [*Ogni caso*].

1973

Viene pubblicata per la prima volta una selezione delle sue brevi recensioni-feuilleton dedicate ai libri, le *Letture facoltative*, che, arricchite di nuovi testi, avranno molte edizioni (1973, 1981, 1992, 1996, 2002).

1975

La Szymborska firma una lettera aperta di protesta indirizzata al Parlamento della Repubblica Popolare, la cosiddetta Lettera dei Cinquantanove, che si oppone fra l'altro all'introduzione nella Costituzione del ruolo guida del Partito Operaio Unificato Polacco e dell'indissolubilità del legame polacco-sovietico.

1976

Esce il volumetto di poesie *Wielka liczba* [*Grande numero*].

Esce *Tarsjusz* [*Tarsio*], una raccolta di sue poesie edita in 860 esemplari numerati e illustrata da Barbara Gawdzik-Brzozowska.

1978

La poetessa firma la dichiarazione costitutiva del TKN (Associazione per i corsi scientifici), che si proponeva di divulgare un sapere sottratto al controllo della censura. Oltre alla Szymborska entrano a far parte del TKN Kornel Filipowicz, Tadeusz Mazowiecki, Jacek Woźniakowski, Adam Zagajewski e altri.

1980

Si reca nuovamente a Kórnik per incontrarvi i suoi lettori.

1981

Nel mese di *marzo* inizia a collaborare con il periodico «Pismo» di Cracovia, destinato, per ragioni politiche, a vita breve. Della redazione fanno parte fra l'altro gli scrittori e critici Ewa Lipska, Marta Wyka, Jerzy

Kwiatkowski, Tadeusz Nyczek. Nell'editoriale si legge: «"Pismo" comincia a uscire in un momento in cui la letteratura e la cultura polacca – insieme a tutta la nazione – vogliono ... dire la verità apertamente, e non con la gola serrata». «Gentili lettori, ecco il primo numero di un periodico che si chiama "Pismo" [«Scrittura»]. Bisogna subito dire che è un brutto titolo ... Ma il primo numero ha la fortuna di possedere questa caratteristica: essendo il primo, non può essere peggiore di quelli precedenti» scrive la poetessa nella penultima pagina del fascicolo, nella ironica rubrica dal titolo «Testi rifiutati».

Il *13 dicembre*, giorno in cui il generale Wojciech Jaruzelski proclama lo stato di guerra in Polonia, su «Życie Literackie» appare una lettera in cui undici dipendenti e collaboratori del periodico si dissociano dall'editoriale pubblicato in precedenza dal caporedattore Władysław Machejek, che condannava il KOR (Comitato per la difesa degli operai) – organizzazione di opposizione politica al regime comunista sorta nel 1976 – e Jacek Kuroń, uno dei suoi fondatori e figura di primo piano dell'opposizione democratica. Da quel momento il nome di Wisława Szymborska non comparirà più nel colophon di «Życie Literackie».

1982

Si trasferisce da via 18 Stycznia a via Chocimska, in un appartamento un po' più grande.

Nel corso dell'anno esce un unico testo della Szymborska, sul mensile «Twórczość»: è una traduzione del poeta barocco francese Théodore Agrippa d'Aubigné.

1983

Esce l'*Antologia poezji żydowskiej* [*Antologia della poesia ebraica*], contenente poesie di Icyk Manger tradotte dalla Szymborska. L'antologia era già in corso di stampa nel 1968, ma, in seguito ai moti studenteschi del marzo, fu dato l'ordine di mandarla al macero, e si salvò solo perché uno dei tipografi ne nascose i piombi.

Il *14 dicembre* ha luogo presso il KIK (Club degli intellettuali cattolici) il primo incontro di «NaGłos», la rivista parlata, letta «dal vivo» dagli autori. L'apertura spettò a Wisława Szymborska, che lesse la poesia *Głos w sprawie pornografii* [*Un parere in merito alla pornografia*]. In totale gli incontri parlati di «NaGłos» furono venticinque. Negli anni 1990-1997 la rivista uscì in versione cartacea; il numero 24, 49, 1996 fu interamente dedicato all'opera della poetessa.

1985

Sul mensile «Kultura» pubblicato a Parigi esce, sotto lo pseudonimo Stańczykówna,[1] la poesia di Wisława Szymborska *Dialektyka i sztuka* [*Dialettica e arte*], che non verrà più inserita nei suoi volumi e nelle sue raccolte.

1986

Esce il volumetto di poesie *Ludzie na moście* [*Gente sul ponte*], che ottiene il premio ministeriale del Fundusz Literatury, rifiutato dall'Autrice.

La Szymborska riceve (e accetta) il Premio Culturale dell'organizzazione clandestina di Solidarność.

1989

Wisława Szymborska è tra i fondatori del SPP (Associazione degli scrittori polacchi), che riunisce gli scrittori dell'opposizione.

Viene ammessa al PEN Club.

1990

Il *28 febbraio* muore Kornel Filipowicz. Dopo la sua morte la Szymborska scrive, tra l'altro, la poesia *Kot w pustym mieszkaniu* [*Il gatto in un appartamento vuoto*].

---

1. Versione femminile del nome Stańczyk, figura di buffone di corte che non risparmiava le sue critiche ai potenti, spesso citato in arte e letteratura (celebre il quadro di Jan Matejko che lo raffigura).

1991

Riceve il Premio Goethe della città di Francoforte.

1993

Esce il volumetto di poesie *Koniec i początek* [*La fine e l'inizio*].

1994

Il *27 ottobre* a Poznań ha luogo una serata di «NaGłos» dedicata al poeta, critico e traduttore Stanisław Barańczak, con la partecipazione della scrittrice.

1995

Wisława Szymborska diviene membro dell'Accademia Polacca delle Arti e delle Scienze (PAU) di Cracovia.

Riceve la laurea *honoris causa* dall'Università Adam Mickiewicz di Poznań.

Riceve inoltre il Premio Herder assegnato dall'Università di Vienna e nel discorso di accettazione spiega per la prima volta in pubblico le proprie scelte politiche e artistiche precedenti al 1956.

1996

Riceve il premio del PEN Club polacco e, quattro giorni dopo, il Premio Nobel per la Letteratura. Nella motivazione l'Accademia Svedese scrive che la sua poesia, «con precisione ironica, permette al contesto storico e biologico di manifestarsi in frammenti di umana realtà».

Esce *Widok z ziarnkiem piasku* [*Vista con granello di sabbia*], raccolta antologica delle sue poesie, che diventa immediatamente un bestseller.

2000

Esce *Poczta literacka czyli jak zostać (lub nie zostać) pisarzem* [*Posta letteraria, ossia come diventare (o non diventare) scrittori*], una raccolta di consigli per aspiranti scrittori, pubblicati in precedenza su «Życie Literackie».

2001

Diventa membro dell'American Academy of Arts and Letters.

2002

Esce *Chwila* [*Attimo*], primo volume di poesie dopo il Premio Nobel.

2003

Esce *Rymowanki dla dużych dzieci* [*Filastrocche per bambini grandi*], raccolta di poesiole scherzose di Wisława Szymborska illustrate da suoi collage.

La poetessa riceve il Premio dei Bambini dall'Associazione «Serce» [«Cuore»] per aver contribuito alla costruzione di un Centro per i bambini malati a Świdnica.

2005

Esce la raccolta di poesie *Dwukropek* [*Due punti*].

2009

In *gennaio* esce il volumetto di poesie *Tutaj* [*Qui*].

LA GIOIA DI SCRIVERE
TUTTE LE POESIE (1945-2009)

Z « NIEWYDANEGO ZBIORU »

DA « RACCOLTA NON PUBBLICATA »
(1945)

* * *

Świat umieliśmy kiedyś na wyrywki:
– był tak mały, że się mieścił w uścisku dwu rąk,
tak łatwy, że się dawał opisać uśmiechem,
tak zwykły, jak w modlitwie echo starych prawd.

Nie witała historia zwycięską fanfarą:
– sypnęła w oczy brudny piach.
Przed nami były drogi dalekie i ślepe,
zatrute studnie, gorzki chleb.

Nasz łup wojenny to wiedza o świecie:
– jest tak wielki, że się mieści w uścisku dwu rąk,
tak trudny, że się daje opisać uśmiechem,
tak dziwny, jak w modlitwie echo starych prawd.

1945

* * *

Un tempo sapevamo il mondo a menadito:
– era così piccolo da stare fra due mani,
così facile che per descriverlo bastava un sorriso,
semplice come l'eco di antiche verità nella preghiera.

La storia non accoglieva con squilli di fanfara:
ha gettato negli occhi sabbia sporca.
Davanti a noi strade lontane e cieche,
pozzi avvelenati, pane amaro.

Il nostro bottino di guerra è la conoscenza del mondo:
– è così grande da stare fra due mani,
così difficile che per descriverlo basta un sorriso,
strano come l'eco di antiche verità nella preghiera.

1945

WYJŚCIE Z KINA

Migotały sny na białym płótnie.
Dwie godziny księżycowej łuski.
Była miłość na tęskną melodię,
był szczęśliwy powrót z wędrówki.

Świat po bajce jest siny i mgła.
Nie uczone tu twarze i role.
Partyzanckie żale śpiewa żołnierz
i dziewczyna żale swoje gra.

Wracam do was, w prawdziwy świat,
losu pełny, tłumny i ciemny –
jednoręki chłopcze pod bramą
i dziewczyno o oczach daremnych.

USCITA DAL CINEMA

Luccicavano i sogni sulla tela bianca.
Due ore di scaglie lunari.
C'era l'amore su una triste melodia,
c'era il ritorno felice dal vagare.

Il mondo dopo una fiaba è bruma.
Con visi e ruoli incolti.
La ragazza le sue pene intona,
e il soldato quelle del partigiano.

Torno a voi, nel mondo vero,
colmo di fato, fitto e fosco –
ragazzo monco sotto il portone,
ragazza dagli occhi vani.

CZARNA PIOSENKA

Saksofonista przeciągły, saksofonista kpiarz
ma własny system świata, nie potrzebuje słów.
Przyszłość – któż ją odgadnie. Przeszłości pewien –
                                                    któż.
Myśli zmrużyć i grać czarną piosenkę.

Tańczono twarzą przy twarzy. Tańczono. Nagle ktoś
                                                    upadł.
Głową o parkiet, w takt. Omijano go w rytmie.
Nie widział kolan nad sobą. Powieki świtały blade,
wyjęte z ciśnienia wrzawy i nocy dziwnych kolorów.

Nie tragizujmy. On żyje. Może za dużo pił
i krew na skroni to szminka? Tutaj nie stało się nic.
To jest zwyczajny leżący. Sam upadł i wstanie sam,
skoro już przeżył tę wojnę. Tańczono w słodkiej
                                                    ciasnocie,
wentylatory mieszały żywioł upalny i chłodny,
saksofon zawodził psio do różowego lampionu.

CANZONE NERA

Un sassofonista languido, un sassofonista burlone
ha un suo sistema del mondo, non gli occorrono
parole.
Il futuro – chi potrà indovinarlo. Certo del passato –
chi mai lo è.
Socchiudere i pensieri e suonare una canzone nera.

Si balla guancia a guancia. È caduto qualcuno.
A tempo, sbattendo sul parquet. Lo scansavano al
ritmo.
Non vedeva le ginocchia su di sé. Pallido albeggiare
di palpebre.
Sottratte alla pressione del chiasso, degli strani colori
della notte.

Niente drammi. È vivo. Forse ha bevuto troppo,
e il sangue sulla tempia è rossetto? Qui non è
successo nulla.
Non è che steso a terra. Da solo è caduto e da solo
si alzerà,
è già sopravvissuto a questa guerra. Si balla nella
dolce calca,
afa e freddo mescolati dai ventilatori,
guaiva il sassofono al lampione rosato.

Z TOMU « DLATEGO ŻYJEMY »

DA « PER QUESTO VIVIAMO »
(1952)

W BANALNYCH RYMACH

To duża radość: kwiat przy kwiecie,
konary drzew na czystym niebie,
ale jest większa: jutro środa,
będzie na pewno list od ciebie,
i jeszcze większa: drży koperta,
jak śmiesznie czytać w plamach słońca,
i jeszcze większa: tylko tydzień,
już tylko cztery dni do końca,
i jeszcze większa: to walizka
zamknęła się, gdy klękłam na niej,
i jeszcze większa: jeden bilet
na siódmą, tak, dziękuję pani,
i jeszcze większa: w taśmie okna
krajobraz mknie za krajobrazem,
i jeszcze większa: ciemniej, ciemno,
w ten wieczór już będziemy razem,
i jeszcze większa: drzwi otwieram,
i jeszcze większa: gdy za progiem,
i jeszcze większa: kwiat przy kwiecie.
– Czemu kupiłeś taaakie drogie?

IN RIME BANALI

È una gran gioia: fiore accanto a fiore,
i rami degli alberi nel cielo puro,
e una più grande: domani è mercoledì,
arriverà una tua lettera di sicuro,
e ancora più grande: trema la busta,
è buffo leggere nelle macchie del sole,
e ancora più grande: solo una settimana,
ormai soltanto quattro giorni d'attesa,
e ancora più grande: la valigia
l'ho chiusa con mia vera sorpresa,
e ancora più grande: un biglietto
per le sette, sì, grazie signora,
e ancora più grande: nel finestrino
i paesaggi corrono velocemente,
e ancora più grande: è più buio, è buio,
stasera saremo insieme finalmente,
e più grande ancora: apro la porta,
e più grande ancora: quando lì davanti,
e ancora più grande: fiore accanto a fiore.
– Perché ne hai comprati cooosì tanti?

ZWIERZĘTA CYRKOWE

Przytupują do taktu niedźwiedzie,
skacze lew przez płonące obręcze,
małpa w żółtej tunice na rowerze jedzie,
trzaska bat i muzyczka brzęczy,
trzaska bat i kołysze oczy zwierząt,
słoń obnosi karafkę na głowie,
tańczą psy i ostrożnie kroki mierzą.

Wstydzę się bardzo, ja – człowiek.

Źle się bawiono tego dnia:
nie szczędzono hucznych oklasków,
chociaż ręka dłuższa o bat
cień rzucała ostry na piasku.

GLI ANIMALI DEL CIRCO

Gli orsi battono le zampe ritmicamente,
la scimmia in tuta gialla va in bicicletta,
il leone salta nel cerchio fiammeggiante,
schiocca la frusta e suona la musichetta,
schiocca e culla gli occhi degli animali,
l'elefante regge un vaso sulla testa,
e i cani ballano con passi uguali.

Mi vergogno molto, io – umano.

Divertimento pessimo quel giorno:
gli applausi scrosciavano a cascata,
benché la mano più lunga d'una frusta
gettasse sulla sabbia un'ombra affilata.

Z TOMU «PYTANIA ZADAWANE SOBIE»

DA «DOMANDE POSTE A ME STESSA»
(1954)

PYTANIA ZADAWANE SOBIE

Co treścią jest uśmiechu
i podania ręki?
Czy nigdy w powitaniach
nie jesteś daleka,
tak jak bywa daleki
człowiek od człowieka,
gdy wyda sąd niechętny
pierwszego wejrzenia?
Czy każdą dolę ludzką
otwierasz jak książkę,
nie w czcionce,
nie w jej kroju
szukając wzruszenia?
Czy na pewno, czy wszystko
odczytujesz z ludzi?
Wymijające słowo
dałaś w odpowiedzi,
pstry żart w miejsce szczerości –
jak obliczysz straty?
Nieziszczone przyjaźnie,
lodowate światy.
Czy wiesz, że przyjaźń trzeba
współtworzyć jak miłość?
Ktoś w tym surowym trudzie
nie dotrzymał kroku.
A czy w błędach przyjaciół
twej winy nie było?
Ktoś żalił się i radził.
Ile łez obeschło,
zanim przyszłaś na pomoc?
Współodpowiedzialna
za szczęście tysiącleci –
czy nie lekceważysz
pojedynczej minuty
łzy i skurczu twarzy?

DOMANDE POSTE A ME STESSA

Qual è il contenuto del sorriso
e d'una stretta di mano?
Nel dare il benvenuto
non sei mai lontana
come a volte è lontano
l'uomo dall'uomo
quando dà un giudizio ostile
a prima vista?
Ogni umana sorte
apri come un libro
cercando emozione
non nei suoi caratteri,
non nell'edizione?
Con certezza tutto,
afferri della gente?
Risposta evasiva la tua,
insincera,
uno scherzo da niente –
i danni li hai calcolati?
Irrealizzate amicizie,
mondi ghiacciati.
Sai che l'amicizia va
concreata come l'amore?
C'è chi non ha retto il passo
in questa dura fatica.
E negli errori degli amici
non c'era tua colpa?
C'è chi si è lamentato e consigliato.
Quante le lacrime versate
prima che tu portassi aiuto?
Corresponsabile
della felicità di millenni –
forse ti è sfuggito
il singolo minuto
la lacrima, la smorfia sul viso?

Czy nigdy nie wymijasz
cudzego wysiłku?
Stała szklanka na stole
i nikt jej nie spostrzegł,
aż dopiero gdy spadła
nieuważnym potrącona ruchem.

Czy w ludziach wobec ludzi
wszystko jest najprostsze?

Non scansi mai
l'altrui fatica?
Il bicchiere era sul tavolo
e nessuno lo ha notato,
finché non è caduto
per un gesto distratto.

Ma è tutto così semplice
nei rapporti fra la gente?

ROZGNIEWANA MUZA

Czemu piszę tak mało
miłosnych pieśni?
Mogłeś mnie o to spytać
o wiele wcześniej,
lecz ty, jak robią ludzie
wyrozumiali,
czekałeś aż się iskra
w strofę rozpali.

Skoro milczę – to milczę
tylko przez bojaźń,
że kiedyś ból mi zada
piosenka moja,
że przyjdzie dzień i nagle
słowom zaprzeczy,
zostaną rytmy, rymy,
miłość uleci
i będzie niepochwytna
jak cień gałęzi.
O, tak, zwyczajna bojaźń
gardło mi więzi.

Na szczęście wiem, co myśleć
o tym milczeniu.
Jakże mi mężne słowa
ryć na kamieniu,
jeżeli nawet nie śmiem
tknąć płatka róży?
Bojaźni przeostrożna,
źle ty mi służysz...

Ktoś, gdy zaczęłam pisać,
był między nami.
Nie czekał końca, wypadł
trzasnąwszy drzwiami.

LA MUSA IN COLLERA

Perché scrivo canti d'amore
così raramente?
Questa domanda già prima
me la potevi fare,
ma tu, come si comporta
ogni uomo indulgente,
aspettavi la scintilla
che in strofa s'accende.

È vero, taccio – ma taccio
solo per timore
che il mio canto in futuro
mi dia dolore,
che verrà giorno e d'un tratto
smentirà le parole,
resteranno ritmi e rime,
se ne andrà l'amore,
e sarà inafferrabile
come l'ombra di un ramo.
Oh, sì, un normale timore
mi lega la mano.

Questo mio silenzio
so però spiegare.
Come incidere su pietra
parole audaci,
se neppure oso toccare
petalo di rosa?
Timore arciprudente,
tu mi fai paurosa...

Quando misi mano al foglio,
c'era un altro fra noi.
Non attese, corse fuori
sbattendo la porta.

Jeśli to wiatr był z okna
– głupstwo, lecz jeśli
była to muza, Muza
miłosnych pieśni?

Wiem, że wyczynem swoim
zgorszę sąsiedztwo.
Zresztą niech sobie ludzie
mówią co zechcą.
Ze schodów zbiegnę, krzyknę
w ogromnej ciszy:
Erato, wróć! Zaczekaj!
Erato, słyszysz?

Se era il vento che entrava
– poco importa, ma se
era la musa, la Musa
dei canti d'amore?

So che la mia prodezza
indignerà i vicini.
Ma dica pure la gente
ciò che le pare.
Correrò giù e griderò
ai quattro venti:
Erato, torna! Aspetta!
Erato, mi senti?

ZAKOCHANI

Jest nam tak cicho, że słyszymy
piosenkę zaśpiewaną wczoraj:
Ty pójdziesz górą a ja doliną...
Chociaż słyszymy – nie wierzymy.

Nasz uśmiech nie jest maską smutku,
a dobroć nie jest wyrzeczeniem.
I nawet więcej, niż są warci,
niekochających żałujemy.

Tacyśmy zadziwieni sobą,
że cóż nas bardziej zdziwić może?
Ani tęcza w nocy.
Ani motyl na śniegu.

A kiedy zasypiamy,
w śnie widzimy rozstanie.
Ale to dobry sen,
ale to dobry sen,
bo się budzimy z niego.

INNAMORATI

C'è un tale silenzio che udiamo
la canzone cantata ieri:
Tu andrai per il monte, e io per la valle...
Udiamo – ma non ci crediamo.

Nel nostro sorriso non c'è pena,
e la bontà non è rinuncia.
E, più di quanto non meriti,
commiseriamo chi non ama.

Così stupiti di noi stessi,
cos'altro ci può mai stupire?
Né arcobaleno la notte.
Né farfalla sulla neve.

Ma addormentandoci
in sogno vediamo l'addio.
Però è un buon sogno,
però è un buon sogno,
perché c'è il risveglio.

KLUCZ

Był klucz i nagle nie ma klucza.
Jak dostaniemy się do domu?
Może ktoś znajdzie klucz zgubiony,
obejrzy go – i cóż mu po nim?
Idzie i w ręce go podrzuca
jak bryłkę żelaznego złomu.

Z miłością, jaką mam dla ciebie,
gdyby to samo się zdarzyło,
nie tylko nam: całemu światu
ubyłaby ta jedna miłość.
Na obcej podniesiona ręce
żadnego domu nie otworzy
i będzie formą, niczym więcej,
i niechaj rdza się nad nią sroży.

Nie z kart, nie z gwiazd, nie z krzyku pawia
taki horoskop się ustawia.

LA CHIAVE

La chiave c'era e non c'è più.
Come entreremo in casa?
Qualcuno la potrà trovare,
la guarderà – per farne cosa?
Camminando la rigira su e giù
come un ferro da buttare.

Ma se lo stesso accadesse
all'amore che io provo per te,
non solo a noi, al mondo intero
questo amore mancherebbe.
Sollevato nell'altrui mano
non aprirà nessuna casa
e sarà solo una forma
e che ruggine la roda.

Non da carte, astri o grido di pavone
è tratta questa predizione.

WOŁANIE DO YETI

APPELLO ALLO YETI
(1957)

NOC

I rzekł Bóg: Weźmij syna twego jednorodzonego,
którego miłujesz, Izaaka, a idź z nim do ziemi Moria
i tam go ofiarujesz na całopalenie na jednej z gór,
którą tobie wskażę.

Co takiego zrobił Izaak,
proszę księdza katechety?
Może piłką wybił szybę u sąsiada?
Może rozdarł nowe spodnie,
gdy przechodził przez sztachety?
Kradł ołówki?
Płoszył kury?
Podpowiadał?

Niech dorośli
leżą sobie w głupim śnie,
ja tej nocy
muszę czuwać aż do rana.
Ta noc milczy,
ale milczy przeciw mnie
i jest czarna
jak gorliwość Abrahama.

Gdzie się skryję,
gdy biblijne oko boże
spocznie na mnie
jak spoczęło na Izaaku?
Stare dzieje
Bóg, gdy zechce, wskrzesić może.
Więc naciągam koc na głowę
w mrozie strachu.

Coś niebawem
zabieleje przed oknami,
ptakiem, wiatrem

NOTTE

E Dio gli disse: «Orsù, prendi tuo figlio, l'unico che hai
e che tanto ami, Isacco, e va' nel territorio di Moria,
e lì offrilo in olocausto sopra un monte
che io ti mostrerò».

Ma Isacco, padre catechista,
cosa mai ha combinato?
Ha rotto giocando un vetro del vicino?
Ha strappato i pantaloni nuovi
passando attraverso lo steccato?
Ha rubato le matite?
Ha spaventato le galline?
Ha suggerito?

Gli adulti
continuino stolti a dormire,
io stanotte
fino al mattino devo vegliare.
Questa notte tace,
ma tace contro di me
e ha il color della pece,
come lo zelo d'Abramo.

Dove mi andrò a riparare
quando l'occhio del Dio biblico
si poserà su di me
come si posò su Isacco?
Dio, volendo, può risuscitare
l'antico evento.
Quindi mi tiro la coperta sulla testa,
tra brividi di spavento.

Qualcosa fra poco
imbianchirà davanti alle finestre,
la stanza si riempirà del fruscio

po pokoju zaszumi.
Ale przecież nie ma ptaków
z tak wielkimi skrzydłami,
ani wiatru
w tak długiej koszuli.

Pan Bóg uda,
że wefrunął przypadkiem,
że to wcale a wcale nie tutaj,
a potem weźmie ojca
do kuchni na konszachty,
z dużej trąby mu w uszy zadmucha.

A gdy jutro skoro świt
ojciec w drogę mnie zabierze,
pójdę, pójdę
pociemniała z nienawiści.
W żadną dobroć, w żadną miłość
nie uwierzę,
bezbronniejsza
od listopadowych liści.
Ani ufać,
nic nie warte jest ufanie.
Ani kochać,
żywe serce nosić w piersiach.
Gdy się stanie, co się stać ma,
gdy się stanie,
bić mi będzie grzyb suszony
zamiast serca.

Czeka Pan Bóg
i z balkonu chmur spoziera,
czy się ładnie, czy się równo
stos zapali
i zobaczy,
jak na przekór się umiera,
bo ja umrę,
nie pozwolę się ocalić!

d'un uccello, del vento.
Ma non ci sono uccelli
con ali grandi quanto quelle,
né vento
con una camicia lunga tanto.

Il Signore Iddio fingerà
di essere volato dentro per caso,
e mai e poi mai qui,
poi si porterà mio padre
in cucina per brigare,
da una gran tromba gli soffierà nell'orecchio.

E quando domani all'alba
mio padre mi porterà con sé,
ci andrò, ci andrò
rabbuiata dall'odio.
Non crederò
né a bontà né ad amore,
più inerme
delle foglie di novembre.
Non fidarsi,
nulla merita fiducia.
Non amare,
portare il cuore vivo dentro il petto.
Quando accadrà ciò che deve accadere,
quando accadrà,
invece del cuore
mi batterà un fungo secco.

Il Signore Iddio attende
e dalle nubi dà un'occhiata
per controllare se alta
dal rogo si leva la fiammata
e così potrà vedere
come si muore a dispetto,
perché io morirò,
non mi lascerò salvare!

Od tej nocy
ponad miarę złego snu,
od tej nocy
ponad miarę samotności,
zaczął Pan Bóg
pomalutku
dzień po dniu
przeprowadzkę
z dosłowności
do przenośni.

Da quella notte
oltre la misura d'un brutto sogno,
da quella notte
oltre la misura della solitudine,
il Signore Iddio cominciò
a poco a poco
giorno per giorno
il trasloco
dal letterale
al metaforico.

SPOTKANIE

Znowu na sobie mamy ciała,
które nosiło się na ziemi,
a trąba sądu doskonała
«Bądźcie na wieki potępieni»
w uszy odrosłe nam zagrzmiała.

Pchnięci oddechem trąby owej
gromadą zlatujemy w przepaść.
Na dno sterują nasze głowy,
łapiemy próżnię, żeby nie paść.
Któż widział daremniejsze łowy!

Już ogień, co nie paląc parzy,
wije się wkoło naszych gnatów,
już nóg się ima, rąk i twarzy
i już ni sapu ni kołatu
jak przewidzieli ludzie starzy.

Cóż ja zrobiłam, nieszczęśliwa,
że bez kaloszy grzęznę w smole,
że ogień płaszczem mnie okrywa,
że hańbę nosić mam na czole
przez wieczność, której nie ubywa?

Życzliwe rady ważąc lekce
(a było się nie rodzić raczej)
czytałam książkę na indeksie.
I stało się. I żadne płacze
na nic się zdadzą biednej beksie.

Gdybym za życia żałowała,
miałabym teraz w rękach lutnię,
ale ja, w grzechu zatwardziała,
jakoś nie mogłam. Absolutnie.
Tak mnie ta książka omotała.

INCONTRO

Riabbiamo indosso nuovamente
i corpi sulla terra già portati,
e la tromba del giudizio eccellente
«Che per l'eternità siate dannati»
ci rimbomba nelle orecchie possente.

In frotta cadiamo giù nello strapiombo,
spinti dal fiato di quella tromba.
Le teste ci guidano verso il fondo,
acchiappiamo il vuoto dell'oltretomba.
Mai ci fu caccia più vana al mondo!

Già il fuoco che senza unghie artiglia
si avvolge intorno alle nostre ossa,
già a gambe, mani e viso s'appiglia
e già né sospiri né suon di bussi,
come i vecchi han previsto a meraviglia.

Cosa mai ho fatto, sventurata,
che a piedi scalzi nella pece affondo,
che il fuoco mi ha tutta avviluppata,
che ho un marchio d'infamia sulla fronte
per l'eternità, giammai scemata?

A dispetto d'ogni buon consiglio
(ma era meglio non nascere per niente)
un libro all'indice ho letto per puntiglio.
Ed è accaduto. E nessun lamento
trarrà ora la piagnona dall'imbroglio.

Se da viva mi fossi almen pentita,
adesso avrei tra le mani un liuto,
ma io, ormai nel peccato indurita,
assolutamente non ho potuto.
Tanto quel libro mi ha irretita.

39

Dlatego wiekuistość dzielę
z mnogim rabusiem i mordercą.
Tu zdziercy są i dusiciele,
siepacze i handlarze dziewcząt
i podpalaczy małowiele.

Tu trucicielka zła jak strzyga,
tam matkobójca kłapie kłami,
ówdzie oprawca w ogniu dyga,
tylko Madeja nie ma z nami.
bo Madej cudem się wymigał.

Aż nagle – kto to? W gęstym dymie
zebranym chyba z wszystkich Sodom
to jawi się to znowu ginie
Anatol France z dostojną brodą
w czarnej czapeczce na łysinie.

Wołam do mistrza Anatola:
To Ty, to Twoja była księga!
Pozwól, że siądę u twych kolan.
W gorszych co prawda skwierczysz kręgach,
ale niech będzie wspólna dola!

I tu spojrzawszy sobie w oczy
gwałtownym wybuchamy śmiechem,
a śmiech szerokie koła toczy
i wór wieczności, wzdęty echem,
pęka.

Stało się to przed ósmą z rana,
gdy szła do szkoły w zamyśleniu,
plantami w klonach i kasztanach,
z niebieską tarczą na ramieniu
śmiertelna, niżej podpisana.

Per questo condivido l'eternità
con grassatori e pluriassassini.
Qui ci sono strozzini senza pietà,
sicari e trafficanti di bambini
e incendiari in modesta quantità.

Qui un'avvelenatrice abietta,
là un matricida batte i canini,
altrove un boia nel fuoco piroetta,
solo Madej non è tra i vicini,
perché all'ultimo Madej diede disdetta.

D'un tratto – chi è là? Nel fumo denso,
credo da tutte le Sodoma accorrente,
ora appare ora da capo s'è perso
Anatole France con la barba fluente
e un berrettino sul cranio terso.

Al maestro Anatole io grido forte:
Tuo era il libro, sei stato Tu!
Lascia che m'assieda alla tua corte.
In verità sfrigoli gironi più giù,
ma che sia pur comune la sorte!

E qui, scambiatici un'occhiata,
scoppiamo in un ridere smodato,
ma il riso si espande di volata
e il sacco dell'eternità, dall'eco enfiato,
si spacca.

È accaduto in un giorno feriale,
mentre prima delle otto andava a scuola,
sotto gli aceri e i castagni del viale,
con la cartella sotto braccio, sola,
la sottoscritta, mortale.

HANIA

Widzicie, to jest Hania, służąca dobra.
A to nie są patelnie, to są aureole.
A ten rycerz ze smokiem to jest święty obraz.
A ten smok to jest marność na tym łez padole.

A to żadne korale, to Hani różaniec.
A to buty z nosami startymi od klęczeń.
A to jej chustka czarna jak nocne czuwanie,
kiedy z wieży kościoła pierwszy dzwon zadźwięczy.

Ona widziała diabła kurz ścierając z lustra:
Był siny, proszę księdza, w takie żółte prążki
i spojrzał tak szkaradnie i wykrzywił usta
i co będzie, jeżeli wpisał mnie do książki?

Więc ona da na bractwo i da na mszę świętą
i zakupi serduszko ze srebrnym płomieniem.
Odkąd nową plebanię budować zaczęto,
od razu wszystkie diabły podskoczyły w cenie.

Wielki to koszt wywodzić duszę z pokuszenia,
a tu już starość idzie i kość kością stuka.
Hania jest taka chuda, tak bardzo nic nie ma,
że zabłądzi w bezmiarze Igielnego Ucha.

Maju oddaj kolory, bądź jak grudzień bury.
Gałązko ulistniona, ty się wstydź za siebie.
Słońce, żałuj że świecisz. Biczujcie się chmury.
Wiosno, owiń się śniegiem a zakwitniesz w niebie!

Nie słyszałam jej śmiechu, płaczu nie słyszałam.
Wyuczona pokory nic od życia nie chce.
Towarzyszy jej w drodze cień – żałoba ciała,
a chustka postrzępiona ujada na wietrze.

HANIA

Eccola, questa è Hania, la buona domestica.
E queste sono aureole, e non sono padelle.
E il cavaliere col drago è un dipinto sacro.
E il drago è la vanità in questa nostra valle.

E questo è il rosario di Hania, non coralli.
E queste le scarpe che ha consunto in ginocchio.
E questo il fazzoletto nero come la veglia,
quando dal campanile suona il primo rintocco.

Lei ha visto il diavolo spolverando lo specchio:
Era livido – padre – a righe gialle, eccome,
e mi ha fissato laido e ha storto la bocca
e cosa succederà se ha scritto il mio nome?

Perciò fa offerte in chiesa e per la santa messa
e comprerà un cuore con la fiamma argentata.
Da quando costruiscono la nuova canonica,
il prezzo dei diavoli ha avuto un'impennata.

È assai costoso trar l'anima di tentazione,
e intanto la vecchiaia con sbatter d'ossa avanza.
Hania è così magra, talmente senza niente,
che si smarrirà nella Cruna dell'Ago immensa.

Maggio, rendi i colori, sii come dicembre.
Ramoscello fronzuto, avvolgiti d'un velo.
Sole, smorza la luce. Nubi, flagellatevi.
Primavera, innevati e fiorirai in cielo!

Non ne ho sentito il riso, non ne ho sentito il pianto.
Ammaestrata all'umiltà, nulla chiede in compenso.
L'accompagna per via un'ombra – il lutto del corpo,
e il suo fazzoletto sdrucito latra al vento.

NIC DWA RAZY

Nic dwa razy się nie zdarza
i nie zdarzy. Z tej przyczyny
zrodziliśmy się bez wprawy
i pomrzemy bez rutyny.

Choćbyśmy uczniami byli
najtępszymi w szkole świata,
nie będziemy repetować
żadnej zimy ani lata.

Żaden dzień się nie powtórzy,
nie ma dwóch podobnych nocy,
dwóch tych samych pocałunków,
dwóch jednakich spojrzeń w oczy.

Wczoraj, kiedy twoje imię
ktoś wymówił przy mnie głośno,
tak mi było, jakby róża
przez otwarte wpadła okno.

Dziś, kiedy jesteśmy razem,
odwróciłam twarz ku ścianie.
Róża? Jak wygląda róża?
Czy to kwiat? A może kamień?

Czemu ty się, zła godzino,
z niepotrzebnym mieszasz lękiem?
Jesteś – a więc musisz minąć.
Miniesz – a więc to jest piękne.

Uśmiechnięci, wpółobjęci
spróbujemy szukać zgody,
choć różnimy się od siebie
jak dwie krople czystej wody.

NULLA DUE VOLTE

Nulla due volte accade
né accadrà. Per tal ragione
si nasce senza esperienza,
si muore senza assuefazione.

Anche agli alunni più ottusi
della scuola del pianeta
di ripeter non è dato
le stagioni del passato.

Non c'è giorno che ritorni,
non due notti uguali uguali,
né due baci somiglianti,
né due sguardi tali e quali.

Ieri, quando il tuo nome
qualcuno ha pronunciato,
mi è parso che una rosa
sbocciasse sul selciato.

Oggi, che stiamo insieme,
ho rivolto gli occhi altrove.
Una rosa? Ma che cos'è?
Forse pietra, o forse fiore?

Perché tu, malvagia ora,
dài paura e incertezza?
Ci sei – perciò devi passare.
Passerai – e qui sta la bellezza.

Cercheremo un'armonia,
sorridenti, fra le braccia,
anche se siamo diversi
come due gocce d'acqua.

JAWNOŚĆ

Oto my, nadzy kochankowie,
piękni dla siebie – a to dosyć –
odziani tylko w listki powiek
leżymy wśród głębokiej nocy.

Ale już wiedzą o nas, wiedzą
te cztery kąty, ten piec piąty,
domyślne cienie w krzesłach siedzą
i stół w milczeniu trwa znaczącym.

I wiedzą szklanki, czemu na dnie
herbata stygnie nie dopita.
Swift już nadziei nie ma żadnej,
nikt go tej nocy nie przeczyta.

A ptaki? Złudzeń nie miej wcale:
wczoraj widziałam, jak na niebie
pisały jawnie i zuchwale
to imię, którym wołam ciebie.

A drzewa? Powiedz mi co znaczy
ich szeptanina niestrudzona?
Mówisz: Wiatr chyba wiedzieć raczy.
A skąd się wiatr dowiedział o nas?

Wleciał przez okno nocny motyl
i kosmatymi skrzydełkami
toczy przyloty i odloty,
szumi uparcie ponad nami.

Może on widzi więcej od nas
bystrością owadziego wzroku?
Ja nie przeczułam, tyś nie odgadł,
że nasze serca świecą w mroku.

NOTORIETÀ

Eccoci qui distesi, nudi amanti,
belli per noi – ed è quanto basta –
solo di foglie di palpebre coperti,
sprofondati nella notte vasta.

Ma già sanno di noi, già sanno
queste spoglie pareti, queste tende,
ombre sagaci sulle sedie stanno,
e il tacere del tavolo è eloquente.

E sanno i bicchieri perché sul fondo
il tè avanzato si raffredda.
Swift ormai non può certo fare conto
che questa notte qualcuno lo legga.

E gli uccelli? Non illuderti per niente:
ieri li ho visti scrivere volando
con arroganza e apertamente
quel nome con cui ti sto chiamando.

E gli alberi? Qual è il significato
del loro incessante bisbigliare?
Dici: il vento forse ne è informato.
Ma di noi come ha potuto sapere?

Dalla finestra è entrata una falena,
e con le sue ali piccole e pelose
atterra e decolla di gran lena,
fruscia sul nostro capo senza posa.

Forse l'insetto meglio di noi è dotato
di vista acuta e vede più in là?
Io non ho intuito, né tu hai indovinato
che i nostri cuori splendono nell'oscurità.

BUFFO

Najpierw minie nasza miłość,
potem sto i dwieście lat,
potem znów będziemy razem:

komediantka i komediant,
ulubieńcy publiczności,
odegrają nas w teatrze.

Mała farsa z kupletami,
trochę tańca, dużo śmiechu,
trafny rys obyczajowy
i oklaski.

Będziesz śmieszny nieodparcie
na tej scenie, z tą zazdrością,
w tym krawacie.

Moja głowa zawrócona,
moje serce i korona,
głupie serce pękające
i korona spadająca.

Będziemy się spotykali,
rozstawali, śmiech na sali,
siedem rzek, siedem gór
między sobą obmyślali.

I jakby nam było mało
rzeczywistych klęsk i cierpień
– dobijemy się słowami.

A potem się pokłonimy
i to będzie farsy kres.
Spektatorzy pójdą spać
ubawiwszy się do łez.

OPERA BUFFA

Passerà il nostro amore,
e poi cento e altri cent'anni,
poi saremo ricongiunti:

commedianti lui e lei,
e del pubblico gli amati,
finiremo sulla scena.

Una farsa con ariette,
qualche ballo, molte risa,
un buon quadro di costume,
molti applausi.

Sarai buffo certamente
sulla scena, un geloso
incravattato.

La mia testa in subbuglio,
il mio cuore e l'orgoglio,
sciocco cuore che è spezzato
e l'orgoglio calpestato.

E così c'incontreremo,
lasceremo, risa in sala,
sette passi, sette leghe
tra di noi c'inventeremo.

E quasi non bastassero
i dolori della vita
– ci uccideremo con le parole.

Poi faremo un bell'inchino
che alla farsa porrà fine.
Tutti a letto se ne andranno
divertiti da morire.

Oni będą ślicznie żyli,
oni miłość obłaskawią,
tygrys będzie jadł z ich ręki.

A my wiecznie jacyś tacy,
a my w czapkach z dzwoneczkami,
w ich dzwonienie barbarzyńsko
zasłuchani.

Loro – liete vite avranno,
e l'amore domeranno,
una tigre stesa ai piedi.

Noi – per sempre un po' così,
con berretti di sonagli,
barbari dai loro trilli
incantati.

UPAMIĘTNIENIE

Kochali się w leszczynie
pod słońcami rosy,
suchych liści i ziemi
nabrali we włosy.

Serce jaskółki
zmiłuj się nad nimi.

Uklękli nad jeziorem,
wyczesali liście
a ryby podpływały
do brzegu gwiaździście.

Serce jaskółki
zmiłuj się nad nimi.

Odbicia drzew dymiły
na zdrobniałej fali.
Jaskółko, spraw, by nigdy
nie zapominali.

Jaskółko, cierniu chmury,
kotwico powietrza,
ulepszony Ikarze,
wniebowzięty fraku,

jaskółko kaligrafio,
wskazówko bez minut,
wczesnoptasi gotyku,
zezie na niebiosach,

jaskółko ciszo ostra,
żałobo wesoła,
aureolo kochanków,
zmiłuj się nad nami.

IMPRESSO NELLA MEMORIA

Si amarono tra i noccioli
sotto soli di rugiada,
raccolsero nei capelli
foglie e terra bagnata.

Cuore di rondine,
abbi pietà di loro.

In ginocchio sulla riva
pettinarono le foglie,
e i pesci si accostavano
rilucenti nelle scaglie.

Cuore di rondine,
abbi pietà di loro.

I riflessi degli alberi –
fumo sull'onda minuta.
Rondine, fa' che da loro mai
sia dimenticato.

Rondine, spina di nube,
àncora dell'aria,
Icaro perfezionato,
frac asceso al cielo,

rondine calligrafia,
lancetta senza minuti,
primo gotico pennuto,
strabismo nell'alto dei cieli,

rondine, silenzio acuto,
lutto festante,
aureola degli amanti,
abbi pietà di noi.

DROBNE OGŁOSZENIA

KTOKOLWIEK wie gdzie się podziewa
współczucie (wyobraźnia serca)
– niech daje znać! niech daje znać!
Na cały głos niech o tym śpiewa
i tańczy jakby stracił rozum
weseląc się pod wątłą brzozą,
której wciąż zbiera się na płacz.

UCZĘ milczenia
we wszystkich językach
metodą wpatrywania się
w gwiaździste niebo,
żuchwy sinanthropusa,
skok pasikonika,
paznokcie noworodka,
plankton,
płatek śniegu.

PRZYWRACAM do miłości.
Uwaga! Okazja!
Na zeszłorocznej trawie
w słońcu aż po gardła
leżycie a wiatr tańczy
(zeszłoroczny ten
wodzirej waszych włosów).
Oferty pod: Sen.

POTRZEBNA osoba
do opłakiwania
starców, którzy w przytułkach
umierają. Proszę
kandydować bez metryk
i pisemnych zgłoszeń.
Papiery będą darte
bez pokwitowania.

PICCOLI ANNUNCI

CHIUNQUE sappia dove sia finita
la compassione (immaginazione del cuore)
– si faccia avanti! Si faccia avanti!
Lo canti a voce spiegata
e danzi come un folle
gioendo sotto l'esile betulla,
sempre pronta al pianto.

INSEGNO il silenzio
in tutte le lingue
mediante l'osservazione
del cielo stellato,
delle mandibole del Sinanthropus,
del salto della cavalletta,
delle unghie del neonato,
del plancton,
d'un fiocco di neve.

RIPRISTINO l'amore.
Attenzione! Offerta speciale!
Siete distesi sull'erba
del giugno scorso immersi nel sole
mentre il vento danza
(quello che in giugno
guidava il ballo dei vostri capelli).
Scrivere a: Sogno.

SI CERCA persona qualificata
per piangere
i vecchi che muoiono
negli ospizi. Si prega
di candidarsi senza certificati
e offerte scritte.
I documenti saranno stracciati
senza darne ricevuta.

ZA OBIETNICE męża mego,
który was zwodził kolorami
ludnego świata, gwarem jego,
piosenką u okna, psem zza ściany:
że nigdy nie będziecie sami
w mroku i w ciszy i bez tchu
– odpowiadać nie mogę.
Noc, wdowa po Dniu.

DELLE PROMESSE del mio sposo,
che vi ha ingannato con i colori
del mondo popoloso, il suo brusio,
il canto alla finestra, il cane fuori:
che mai resterete soli
nel buio e nel silenzio tutt'intorno
– non posso rispondere io.
La Notte, vedova del Giorno.

MINUTA CISZY PO LUDWICE WAWRZYŃSKIEJ

A ty dokąd,
tam już tylko dym i płomień!
– Tam jest czworo cudzych dzieci,
idę po nie!

Więc jak to,
tak odwyknąć nagle
od siebie?
od porządku dnia i nocy?
od przyszłorocznych śniegów?
od rumieńca jabłek?
od żalu za miłością,
której nigdy dosyć?

Nie żegnająca, nie żegnana
na pomoc dzieciom biegnie sama,
patrzcie, wynosi je w ramionach,
zapada w ogień po kolana,
łunę w szalonych włosach ma.

A chciała kupić bilet,
wyjechać na krótko,
napisać list,
okno otworzyć po burzy,
wydeptać ścieżkę w lesie,
nadziwić się mrówkom,
zobaczyć jak od wiatru
jezioro się mruży.

Minuta ciszy po umarłych
czasem do późnej nocy trwa.

Jestem naocznym świadkiem
lotu chmur i ptaków,
słyszę jak trawa rośnie

UN MINUTO DI SILENZIO
PER LUDWIKA WAWRZYŃSKA

E tu dove vai,
là ormai non c'è che fumo e fiamme!
– Là ci sono quattro bambini d'altri,
vado a prenderli!

Ma come,
disabituarsi così d'improvviso
a se stessi?
al succedersi del giorno e della notte?
alle nevi dell'anno prossimo?
al rosso delle mele?
al rimpianto per l'amore,
che non basta mai?

Senza salutare, non salutata
in aiuto ai bambini corre, s'affanna,
guardate, li porta fuori tra le braccia,
nel fuoco quasi a metà sprofondata,
i capelli in un alone di fiamma.

E voleva comprare un biglietto,
andarsene via per un po',
scrivere una lettera,
spalancare la finestra dopo la pioggia,
aprire un sentiero nel bosco,
stupirsi delle formiche,
guardare il lago
increspato dal vento.

Il minuto di silenzio per i morti
a volte dura fino a notte fonda.

Sono testimone oculare
del volo delle nubi e degli uccelli,
sento crescere l'erba

59

i umiem ją nazwać,
odczytałam miliony
drukowanych znaków,
wodziłam teleskopem
po dziwacznych gwiazdach,
tylko nikt mnie dotychczas
nie wzywał na pomoc
i jeśli pożałuję
liścia, sukni, wiersza –

Tyle wiemy o sobie,
ile nas sprawdzono.
Mówię to wam
ze swego nieznanego serca.

e so darle un nome,
ho decifrato milioni
di caratteri a stampa,
ho seguito con il telescopio
stelle bizzarre,
solo che nessuno finora
mi ha chiamato in aiuto
e se rimpiangessi
una foglia, un vestito, un verso –

Conosciamo noi stessi solo fin dove
siamo stati messi alla prova.
Ve lo dico
dal mio cuore sconosciuto.

REHABILITACJA

Korzystam z najstarszego prawa wyobraźni
i po raz pierwszy w życiu przywołuję zmarłych,
wypatruję ich twarzy, nasłuchuję kroków,
chociaż wiem, że kto umarł, ten umarł dokładnie.

Czas własną głowę w ręce brać
mówiąc jej: Biedny Jorik, gdzież twoja niewiedza,
gdzież twoja ślepa ufność, gdzież twoja niewinność
twoje jakośtobędzie, równowaga ducha
pomiędzy nie sprawdzoną a sprawdzoną prawdą?

Wierzyłam, że zdradzili, że nie warci imion,
skoro chwast się natrząsa z ich nieznanych mogił
i kruki przedrzeźniają i śnieżyce szydzą
– a to byli, Joriku, fałszywi świadkowie.

Umarłych wieczność dotąd trwa,
dokąd pamięcią się im płaci.
Chwiejna waluta. Nie ma dnia
by ktoś wieczności swej nie tracił.

Dziś o wieczności więcej wiem:
można ją dawać i odbierać.
Kogo nazwano zdrajcą – ten
razem z imieniem ma umierać.

Ta nasza nad zmarłymi moc
wymaga nierozchwianej wagi
i żeby sąd nie sądził w noc
i żeby sędzia nie był nagi.

Ziemia wre – a to oni, którzy są już ziemią,
wstają grudka po grudce, garstka obok garstki,
wychodzą z przemilczenia, wracają do imion,
do pamięci narodu, do wieńców i braw.

RIABILITAZIONE

Mi valgo del diritto dell'immaginazione
e per la prima volta in vita evoco i morti,
scruto i loro volti, ascolto i loro passi,
benché sappia che chi è morto, lo è per davvero.

È tempo di prendersi la testa fra le mani
e dirle: Povero Yorick, dov'è la tua ignoranza,
la tua cieca fiducia, l'innocenza,
il tuo s'aggiusterà, l'equilibrio di spirito
tra la verità verificata e quella no?

Li credevo traditori, indegni dei nomi,
poiché l'erbaccia irride i loro tumuli ignoti
e i corvi fanno il verso, e il nevischio schernisce
– e invece, Yorick, erano falsi testimoni.

L'eternità dei morti dura
finché con la memoria viene pagata.
Valuta instabile. Non passa ora
che qualcuno non l'abbia perduta.

Oggi in materia sono più colta:
essa può essere concessa e poi tolta.
Chi traditore fu chiamato – questi
insieme al nome sia dannato.

Il potere sui morti a noi dato
esige piatti bilanciati
e che non di notte si sia giudicati,
e che il giudice non sia nudo.

La terra ribolle – e sono loro, già terra,
si alzano zolla a zolla, manciata su manciata,
escono dal silenzio, tornano ai loro nomi,
alla memoria del popolo, a lauri e applausi.

Gdzież moja władza nad słowami?
Słowa opadły na dno łzy,
słowa słowa nie zdatne do wskrzeszania ludzi,
opis martwy jak zdjęcie przy błysku magnezji.
Nawet na półoddechu nie umiem ich zbudzić
ja, Syzyf przypisany do piekła poezji.

Idą do nas. I ostrzy jak diament
– po witrynach wyślnionych od frontu,
po okienkach przytulnych mieszkanek,
po różowych okularach, po szklanych
mózgach, sercach, cichutko tną.

Dov'è il mio potere sulle parole?
Parole cadute sul fondo d'una lacrima,
solo parole che non possono risuscitarli,
descrizione morta come una vecchia fotografia.
Neppure a un mezzo respiro so destarli,
io, Sisifo, incatenato all'inferno della poesia.

Vengono a noi. E duri come il diamante
tagliano silenziosi le vetrine
dall'esterno rilucenti,
le finestre di alloggetti accoglienti,
gli occhiali rosa, i cervelli, i cuori di vetro.

PRZYJACIOŁOM

Obeznani w przestrzeniach
od ziemi do gwiazd,
gubimy się w przestrzeni
od ziemi do głowy.

Jest międzyplanetarnie
od żalu do łzy.
W drodze z fałszu ku prawdzie
przestajesz być młody.

Śmieszą nas odrzutowce,
ta szczelina ciszy
między lotem a głosem
– jako rekord świata.

Były szybsze odloty.
Ich spóźniony głos
wyszarpuje nas ze snu
dopiero po latach.

Rozlega się wołanie:
Jesteśmy niewinni!
Kto to woła? Biegniemy,
okna otwieramy.

Głos urywa się nagle.
Za oknami gwiazdy
spadają jak po salwie
tynk spada ze ściany.

AGLI AMICI

Esperti degli spazi
dalla terra alle stelle
ci perdiamo nello spazio
dalla terra alla testa.

È spazio siderale
dal dolore alla lacrima.
Sulla via dal falso alla verità
smetti di essere giovane.

Ci fanno ridere i jet,
quella crepa del silenzio
tra il volo e il suono
– come record mondiale.

Ci furono decolli più veloci.
La loro eco ritardata
ci strappa al sonno
solo dopo anni.

Risuona il grido:
Siamo innocenti!
Chi è che grida? Corriamo,
spalanchiamo le finestre.

La voce si spezza d'un tratto.
Fuori dalle finestre cadono
le stelle come dopo una salva
cade l'intonaco dal muro.

POGRZEB

Czaszkę z gliny wyjęli,
położyli w marmury,
luli luli ordery
na poduszkach z purpury.
Czaszkę z gliny wyjęli.

Odczytali z karteczki
a) był to chłop serdeczny,
b) zagrajcie orkiestry,
c) szkoda że nie wieczny.
Odczytali z karteczki.

A ty oceń, narodzie,
a ty szanuj tę zdobycz,
że kto raz się urodzi,
może zyskać dwa groby.
A ty oceń, narodzie.

Nie zabrakło parady
dla tysiąca puzonów
i policji dla tłumów
i huśtania dla dzwonów.
Nie zabrakło parady.

Mieli oczy umkliwe
od ziemi ku niebiosom,
czy już lecą gołębie
i bomby w dziobkach niosą.
Mieli oczy umkliwe.

Między nimi i ludem
miały być tylko drzewa,
to tylko co się w liściach
przemilczy i prześpiewa.
Między nimi i ludem.

FUNERALE

Dall'argilla il cranio han tolto,
e nel marmo lo han posato,
fate la nanna, medaglie,
su cuscini di broccato.
Dall'argilla il cranio han tolto.

Hanno letto da un foglietto
a) era un tipo cordiale,
b) voi, orchestre, suonate,
c) peccato che fosse mortale.
Hanno letto da un foglietto.

E tu, popolo, apprezza,
e tu rispetta il progresso
che chi è nato una volta
in due tombe vien messo.
E tu, popolo, apprezza.

Non mancarono parate
per mille e più tromboni,
polizia per le folle,
dondolii per le campane.
Non mancarono parate.

Avevano occhi fuggenti
verso il cielo: le colombe
erano forse già in volo
portando nel becco bombe?
Avevano occhi fuggenti.

Tra loro e il popolo –
in teoria solo piante,
solo ciò che tra le foglie
or si tace or si canta.
Tra loro e il popolo.

A tu mosty zwodzone,
a tu wąwóz z kamienia,
z dnem gładzonym pod czołgi,
z echem do zaludnienia.
A tu mosty zwodzone.

Jeszcze pełen krwi swojej
lud odchodzi z nadzieją,
jeszcze nie wie, że z grozy
sznury dzwonów siwieją.

Jeszcze pełen krwi swojej.

E invece ponti levatoi,
e invece uno strapiombo
selciato per i blindati,
con l'eco per il rimbombo.
E invece ponti levatoi.

Pieno ancora del suo sangue
il popolo sperando si allontana,
non sa ancora che dal terrore
imbiancano le funi di campana.

Pieno ancora del suo sangue.

***

Historia nierychliwa
na trąbkach mi przygrywa.
Miasto, w którym mieszkałam,
Jerycho się nazywa.

Osuwają się ze mnie,
tra ta ta, mur za murem.
Stoję naga zupełnie
pod powietrza mundurem.

Grajcie trąbki, a składnie,
grajcie z całą kapelą.
Już tylko skóra spadnie
i kości mnie wybielą.

La storia che non si affanna
alle trombe mi accompagna.
Gerico viene chiamata
la città da me abitata.

Mi frana di dosso pezzo
a pezzo la cinta muraria.
Sto in piedi tutta nuda
sotto la divisa d'aria.

Suonate, trombe, e come si confà,
suonate insieme a più non posso.
Ormai solo la pelle cadrà
e mi discolperanno le ossa.

DWIE MAŁPY BRUEGLA

Tak wygląda mój wielki maturalny sen:
siedzą w oknie dwie małpy przykute łańcuchem,
za oknem fruwa niebo
i kąpie się morze.

Zdaję z historii ludzi.
Jąkam się i brnę.

Małpa wpatrzona we mnie, ironicznie słucha,
druga niby to drzemie –
a kiedy po pytaniu nastaje milczenie,
podpowiada mi
cichym brząkaniem łańcucha.

LE DUE SCIMMIE DI BRUEGEL

Questo di maturanda è il mio gran sogno:
sul davanzale due scimmie incatenate,
fuori svolazza il cielo
e fa il bagno il mare.

In storia dell'uomo
balbetto e arranco.

Una scimmia osserva ironica la scena,
l'altra sembra appisolata –
e quando alla domanda resto ammutolita,
mi suggerisce
col quieto tintinnio della catena.

JESZCZE

W zaplombowanych wagonach
jadą krajem imiona,
a dokąd tak jechać będą,
a czy kiedy wysiędą
nie pytajcie, nie powiem, nie wiem.

Imię Natan bije pięścią w ścianę,
imię Izaak śpiewa obłąkane,
imię Sara wody woła dla imienia
Aaron, które umiera z pragnienia.

Nie skacz w biegu, imię Dawida.
Tyś jest imię skazujące na klęskę,
nie dawane nikomu, bez domu,
do noszenia w tym kraju zbyt ciężkie.

Syn niech imię słowiańskie ma,
bo tu liczą włosy na głowie,
bo tu dzielą dobro od zła
wedle imion i kroju powiek.

Nie skacz w biegu. Syn będzie Lech.
Nie skacz w biegu. Jeszcze nie pora.
Nie skacz. Noc się rozlega jak śmiech
i przedrzeźnia kół stukanie na torach.

Chmura z ludzi nad krajem szła,
z dużej chmury mały deszcz, jedna łza,
mały deszcz, jedna łza, suchy czas.
Tory wiodą w czarny las.

Tak to, tak, stuka koło. Las bez polan.
Tak to, tak. Lasem jedzie transport wołań.
Tak to, tak. Obudzona w nocy słyszę
tak to, tak, łomotanie ciszy w ciszę.

ANCÓRA

Sono piombati i vagoni
che qui trasportano i nomi,
e dove poi questi andranno
e se mai scenderanno,
non chiedete, chissà, non lo so.

Il nome Natan picchia l'impiantito,
il nome Isacco canta impazzito,
il nome Sara implora acqua per il nome
Aronne, che intanto di sete muore.

Non saltar giù, nome di Davide.
Tu sei un nome che porta a sventura,
che a nessuno è dato, spaesato,
averlo qui è una gran sciagura.

Tuo figlio abbia un nome slavo,
ché qui ogni capello viene contato,
ché qui bene e male sono distinti
in base al nome e ai lineamenti.

Non saltar giù. Il figlio sarà Casimiro.
Non saltar giù. Non è ancora l'ora.
Come una risata echeggia la notte
e scimmiotta la ruota che batte.

Una nuvola d'uomini passava,
due gocce, una lacrima restava,
due gocce, una lacrima, arsura.
I binari vanno nella selva oscura.

Tu-tum, fa la ruota. Non c'è uscita.
Tu-tum. Corre il treno delle grida.
Tu-tum. Destata nella notte sento
tu-tum, i colpi sordi del silenzio.

NA POWITANIE ODRZUTOWCÓW

Dzisiaj szybsi od głosu,
pojutrze od światła,
przemienimy głos w żółwia
i światło w zająca.

Ze starej przypowieści
czcigodne zwierzęta,
zacna para od wieków
współzawodnicząca.

Biegałyście, biegały
po tej niskiej ziemi,
popróbujcie wyścigu
na wysokim niebie.

Tor wolny. Nie będziemy
zawadzać wam w biegu,
bo odlecimy wcześniej
goniąc samych siebie.

SALUTO AI SUPERSONICI

Oggi più veloci del suono,
dopodomani della luce,
muteremo il suono in tartaruga
e la luce in lepre.

Di antica parabola
onorati animali,
nobile coppia in gara
da sempre.

Correvate, correvano
per questa bassa terra,
provate a gareggiare
in alto nel cielo.

Via libera. Non vi saremo
d'intralcio nella corsa:
per inseguire noi stessi
primi ci alzeremo in volo.

MARTWA NATURA Z BALONIKIEM

Zamiast powrotu wspomnień
w czasie umierania
zamawiam sobie powrót
pogubionych rzeczy.

Oknami drzwiami parasole,
walizki, rękawiczki, płaszcz,
żebym mogła powiedzieć:
Na co mi to wszystko.

Agrafki, grzebień ten i tamten,
róża z bibuły, sznurek, nóż,
żebym mogła powiedzieć:
Niczego mi nie żal.

Gdziekolwiek jesteś kluczu,
staraj się przybyć w porę,
żebym mogła powiedzieć:
Rdza, mój drogi, rdza.

Spadnie chmura zaświadczeń,
przepustek i ankiet,
żebym mogła powiedzieć:
Słoneczko zachodzi.

Zegarku, wypłyń z rzeki,
pozwól się wziąć do ręki,
żebym mogła powiedzieć:
Udajesz godzinę.

Znajdzie się też balonik
porwany przez wiatr,
żebym mogła powiedzieć:
Tutaj nie ma dzieci.

NATURA MORTA CON PALLONCINO

Invece del ritorno dei ricordi
al momento di morire
mi prenoto il ritorno
degli oggetti smarriti.

Da finestre, porte – ecco ombrelli,
valigia, guanti, cappotto,
perché io possa dire:
Che me ne faccio?

Spille, questo e quel pettine,
una rosa di carta, uno spago,
perché io possa dire:
Non rimpiango nulla.

Ovunque tu sia, o chiave,
cerca di arrivare in tempo,
perché io possa dire:
C'è ruggine, mia cara, ruggine.

Cadrà una nube di certificati,
permessi, moduli,
perché io possa dire:
Tramonta il sole.

Orologio, riemergi dal fiume,
lasciati prendere in mano,
perché io possa dire:
Tu fingi l'ora.

Salterà fuori anche il palloncino
portato via dal vento,
perché io possa dire:
Qui non ci sono bambini.

Odfruń w otwarte okno,
odfruń w szeroki świat,
niech ktoś zawoła: O!
żebym zapłakać mogła.

Vola via per la finestra aperta,
vola via nel vasto mondo,
che qualcuno gridi: Oh!
perché io possa piangere.

Z NIE ODBYTEJ WYPRAWY W HIMALAJE

Aha, więc to są Himalaje.
Góry w biegu na księżyc.
Chwila startu utrwalona
na rozprutym nagle niebie.
Pustynia chmur przebita.
Uderzenie w nic.
Echo – biała niemowa.
Cisza.

Yeti, niżej jest środa,
abecadło, chleb
i dwa a dwa to cztery
i topnieje śnieg.
Jest czerwone jabłuszko
przekrojone na krzyż.

Yeti, nie tylko zbrodnie
są u nas możliwe.
Yeti, nie wszystkie słowa
skazują na śmierć.

Dziedziczymy nadzieję –
dar zapominania.
Zobaczysz jak rodzimy
dzieci na ruinach.

Yeti, Szekspira mamy.
Yeti, na skrzypcach gramy.
Yeti, o zmroku
zapalamy światło.

Tu – ni księżyc, ni ziemia
i łzy zamarzają.
O Yeti Półtwardowski,
zastanów się, wróć!

D'UNA SPEDIZIONE SULL'HIMALAYA
NON AVVENUTA

Ah, dunque questa è l'Himalaya.
Montagne in corsa verso la luna.
Il momento della partenza impresso
su un cielo d'un tratto squarciato.
Deserto di nuvole trafitto.
Colpo nel nulla.
Eco – un muto bianco.
Silenzio.

Yeti, laggiù è mercoledì,
abicì, pane
e due più due fa quattro,
e la neve si scioglie.
Il gallo canta
e rispunta il dì.

Yeti, non solo crimini
sono possibili tra noi.
Yeti, non tutte le parole
condannano a morte.

Ereditiamo la speranza –
il dono di dimenticare.
Vedrai come generiamo
bambini tra le rovine.

Yeti, Shakespeare abbiamo.
Yeti, il violino suoniamo.
Yeti, al calar del buio
accendiamo la luce.

Qui – né terra né luna,
e gelano le lacrime.
Oh Yeti, mezzo Uomo-luna,
rifletti, torna!

Tak w czterech ścianach lawin
wołałam do Yeti
przytupując dla rozgrzewki
na śniegu
na wiecznym.

Così gridavo allo Yeti
fra quattro pareti di valanghe
battendo i piedi per scaldarmi
sulla neve.
Neve eterna.

PRÓBA

Oj tak, piosenko, szydzisz ze mnie,
bo choćbym poszła górą, nie zakwitnę różą.
Różą zakwita róża i nikt inny. Wiesz.

Próbowałam mieć liście. Chciałam się zakrzewić.
Z oddechem powstrzymanym – żeby było prędzej –
oczekiwałam chwili zamknięcia się w róży.

Piosenko, która nie znasz nade mną litości:
mam ciało pojedyncze, nie przemienne w nic,
jestem jednorazowa aż do szpiku kości.

TENTATIVO

Ohi, sì, canzone, ti fai beffe di me:
se anche prendessi il monte, non fiorirei d'una rosa.
D'una rosa fiorisce solo la rosa. Lo sai.

Cercavo di aver foglie. Volevo attecchire.
Trattenendo il respiro – perché accadesse prima –
aspettavo di chiudermi in una rosa.

Canzone, che non provi compassione per me:
ho un corpo singolo, non mutabile in nulla,
sono monouso fino alle midolla.

CZWARTA NAD RANEM

Godzina z nocy na dzień.
Godzina z boku na bok.
Godzina dla trzydziestoletnich.

Godzina uprzątnięta pod kogutów pianie.
Godzina kiedy ziemia zapiera się nas.
Godzina kiedy wieje od wygasłych gwiazd.
Godzina a-czy-po-nas-nic-nie-pozostanie.

Godzina pusta.
Głucha, czcza.
Dno wszystkich innych godzin.

Nikomu nie jest dobrze o czwartej nad ranem.
Jeśli mrówkom jest dobrze o czwartej nad ranem
– pogratulujmy mrówkom. I niech przyjdzie piąta
o ile mamy dalej żyć.

LE QUATTRO DEL MATTINO

Ora dalla notte al giorno.
Ora da un fianco all'altro.
Ora per i trentenni.

Ora rassettata per il canto dei galli.
Ora in cui la terra ci rinnega.
Ora in cui il vento soffia dalle stelle spente.
Ora del chissà-se-resterà-qualcosa-di-noi.

Ora vuota.
Sorda, vana.
Fondo di ogni altra ora.

Nessuno sta bene alle quattro del mattino.
Se le formiche stanno bene alle quattro del mattino
– le nostre congratulazioni. E che arrivino le cinque,
se dobbiamo vivere ancora.

SEN NOCY LETNIEJ

Już las w Ardenach świeci.
Nie zbliżaj się do mnie.
Głupia, głupia,
zadawałam się ze światem:

Jadłam chleb, piłam wodę,
wiatr mnie owiał, deszcz mnie zmoczył.
Dlatego strzeż się mnie, odejdź.
I dlatego zasłoń oczy.

Odejdź, odejdź, ale nie po lądzie.
Odpłyń, odpłyń, ale nie po morzu.
Odfruń, odfruń, dobry mój,
ale powietrza nie tykaj.

Patrzmy w siebie zamkniętymi oczami.
Mówmy sobie zamkniętymi ustami.
Bierzmy się przez gruby mur.

Małośmieszna para z nas:
zamiast księżyca świeci las
a podmuch zrywa twojej damie
radioaktywny płaszcz, Pyramie.

SOGNO D'UNA NOTTE DI MEZZA ESTATE

Già splende il bosco nelle Ardenne.
Non avvicinarti a me.
Sciocca, sciocca,
ho praticato il mondo.

Mangiai pane, bevvi acqua,
vento mi avvolse, pioggia mi bagnò.
Perciò sta' attento a me, va' via.
E perciò copriti gli occhi.

Va' via, via, ma non per terra.
Salpa, salpa, ma non per mare.
Vola, vola via, mio bravo,
ma non toccare l'aria.

Guardiamo in noi a occhi chiusi.
Parliamo con noi a bocca chiusa.
Prendiamoci attraverso un muro.

Questa coppia non è divertente:
non la luna, ma il bosco splende
e il soffio strappa, o Piramo,
un manto radioattivo alla tua dama.

ATLANTYDA

Istnieli albo nie istnieli.
Na wyspie albo nie na wyspie.
Ocean albo nie ocean
połknął ich albo nie.

Czy było komu kochać kogo?
Czy było komu walczyć z kim?
Działo się wszystko albo nic
tam albo nie tam.

Miast siedem stało.
Czy na pewno?
Stać wiecznie chciało.
Gdzie dowody?

Nie wymyślili prochu, nie.
Proch wymyślili, tak.

Przypuszczalni. Wątpliwi.
Nie upamiętnieni.

Nie wyjęci z powietrza,
z ognia, z wody, z ziemi.

Nie zawarci w kamieniu
ani w kropli deszczu.

Nie mogący na serio
pozować do przestróg.

Meteor spadł.
To nie meteor.
Wulkan wybuchnął.
To nie wulkan.
Ktoś wołał coś.
Niczego nikt.

Na tej plus minus Atlantydzie.

ATLANTIDE

Sono esistiti o no.
Su un'isola o non su un'isola.
L'oceano o non l'oceano
li inghiottì oppure no.

Qualcuno amò qualcuno?
Qualcuno si batté con qualcuno?
Accadde tutto oppure nulla
là oppure non là.

C'erano sette città.
È sicuro?
Ambivano all'eternità.
E le prove?

Non furono aquile, no.
Furono aquile, sì.

Ipotetici. Dubbi.
Non commemorati.

Non estratti dall'aria,
dal fuoco, dall'acqua, dalla terra.

Non contenuti in una pietra
né in una goccia di pioggia.

Non adatti a posare
sul serio per un ammonimento.

Una meteora cadde.
Non una meteora.
Un vulcano eruttò.
Non un vulcano.
Qualcuno invocò qualcosa.
Nessuno nulla.

Su questa più o meno Atlantide.

OBMYŚLAM ŚWIAT

Obmyślam świat, wydanie drugie,
wydanie drugie, poprawione
idiotom na śmiech,
melancholikom na płacz,
łysym na grzebień,
psom na buty.

Oto rozdział:
Mowa Zwierząt i Roślin,
gdzie przy każdym gatunku
masz słownik odnośny.
Nawet proste dzień dobry
wymienione z rybą
ciebie, rybę i wszystkich
przy życiu umocni.

Ta dawno przeczuwana,
nagle w jawie słów
improwizacja lasu!
Ta epika sów!
Te aforyzmy jeża
układane, gdy
jesteśmy przekonani,
że nic, tylko śpi!

Czas (rozdział drugi)
ma prawo do wtrącania się
we wszystko czy to złe czy dobre.
Jednakże – ten co kruszy góry,
oceany przesuwa i który
obecny jest przy gwiazd krążeniu,
nie będzie mieć najmniejszej władzy
nad kochankami, bo zbyt nadzy,
bo zbyt objęci, z nastroszoną
duszą jak wróblem na ramieniu.

PROGETTO UN MONDO

Progetto un mondo, nuova edizione,
nuova edizione, riveduta,
per gli idioti, ché ridano,
per i malinconici, ché piangano,
per i calvi, ché si pettinino,
per i sordi, ché gli parlino.

Ecco un capitolo:
La lingua di Animali e Piante,
dove per ogni specie
c'è il vocabolario adatto.
Anche un semplice buongiorno
scambiato con un pesce,
àncora alla vita
te, il pesce, chiunque.

Quell'improvvisazione di foresta,
da tanto presentita, d'un tratto
nelle parole manifesta!
Quell'epica di gufi!
Quegli aforismi di riccio,
composti quando
siamo convinti
che stia solo dormendo!

Il Tempo (capitolo secondo)
ha il diritto di intromettersi
in tutto, bene o male che sia.
Tuttavia – lui che sgretola montagne,
sposta oceani
ed è presente al moto delle stelle,
non avrà il minimo potere
sugli amanti, perché troppo nudi,
troppo avvinti, col cuore in gola
arruffato come un passero.

Starość to tylko morał
przy życiu zbrodniarza.
Ach, więc wszyscy są młodzi!
Cierpienie (rozdział trzeci)
ciała nie znieważa.
Śmierć,
kiedy śpisz, przychodzi.

A śnić będziesz,
że wcale nie trzeba oddychać,
że cisza bez oddechu
to niezła muzyka,
jesteś mały jak iskra
i gaśniesz do taktu.

Śmierć tylko taka. Bólu więcej
miałeś trzymając różę w ręce
i większe czułeś przerażenie
widząc, że płatek spadł na ziemię.

Świat tylko taki. Tylko tak
żyć. I umierać tylko tyle.
A wszystko inne – jest jak Bach
chwilowo grany
na pile.

La vecchiaia è solo la morale
a fronte d'una vita criminosa.
Ah, dunque sono giovani tutti!
La Sofferenza (capitolo terzo)
non insulta il corpo.
La morte
ti coglie nel tuo letto.

E sognerai
che non occorre affatto respirare,
che il silenzio senza respiro
è una musica passabile,
sei piccolo come una scintilla
e ti spegni al ritmo di quella.

Una morte solo così. Hai sentito
più dolore tenendo in mano una rosa
e provato maggiore sgomento
per un petalo sul pavimento.

Un mondo solo così. Solo così
vivere. E morire solo quel tanto.
E tutto il resto eccolo qui –
è come Bach suonato sul bicchiere
per un istante.

SÓL

SALE
(1962)

MAŁPA

Wcześniej niż ludzie wygnana z raju,
bo oczy miała tak zaraźliwe,
że rozglądając się po ogródku
nawet anioły grążyła w smutku
nieprzewidzianym. Z tego względu
musiała, chociaż bez pokornej zgody,
założyć tu na ziemi swoje świetne rody.
Skoczna, chwytna i baczna, do dziś gracyę ma
przez y pisaną, z trzeciorzędu.

Czczona w Egipcie dawnym, z orionem
pcheł w srebrnej od świętości grzywie,
słuchała arcymilcząc frasobliwie,
czego chcą od niej. Ach, nieumierania.
I odchodziła chwiejąc rumianym kuperkiem
na znak, że nie poleca ani nie zabrania.

W Europie duszę jej odjęto,
ale przez nieuwagę zostawiono ręce;
i pewien mnich malując świętą
przydał jej dłonie wąziutkie, zwierzęce.
Musiała święta
łaskę jak orzeszek brać.

Ciepłą jak noworodek, drżącą jak staruszek
przywoziły okręty na królewskie dwory.
Skowytała wzlatując na złotym łańcuchu
w swoim fraczku markizim w papuzie kolory.
Kasandra. Z czego tu się śmiać.

Jadalna w Chinach, stroi na półmisku
miny pieczone albo gotowane.
Ironiczna jak brylant w fałszywej oprawie.
Podobno ma subtelny smak
jej mózg, któremu czegoś brak,
jeżeli prochu nie wymyślił.

LA SCIMMIA

Cacciata dall'eden prima dell'uomo,
perché aveva occhi così contagiosi
che guardandosi intorno nel giardino
sprofondava perfino gli angeli
in uno sconforto repentino. Pertanto
dovette, pur senz'umile acquiescenza,
fondare sulla terra la sua discendenza.
Lesta, sveglia e destra, conserva una gratia
scritta con la «t», al terziario risalente.

Adorata dagli Egizi, con una pleiade
di pulci nell'argentea, sacra chioma,
ascoltava arcitacendo pensosa
che volessero da lei. Ah, non morire.
E se ne andava scrollando il culetto vermiglio,
a significare non lo vieto né lo consiglio.

In Europa le fu tolta l'anima,
ma per distrazione le lasciarono le mani;
e un monaco che dipingeva affreschi
diede alla santa palmi stretti, animaleschi.
La santa doveva
prendere la grazia come una nocciolina.

Calda come un neonato, tremante come un vecchio,
la portavano alle corti dei regnanti.
Uggiolava saltando alla catena d'oro,
col suo piccolo frac dai colori sgargianti.
Una Cassandra. Di che ridere qui.

Commestibile in Cina, sul vassoio
fa smorfie arrostite o lessate.
Ironica come un brillante su oro finto.
Il suo cervello ha un sapore delicato,
e qualcosa gli deve pur mancare,
dato che nulla ha mai inventato.

W bajkach osamotniona i niepewna
wypełnia wnętrza luster grymasami,
kpi z siebie, czyli daje dobry przykład
nam, o których wie wszystko jak uboga krewna,
chociaż się sobie nie kłaniamy.

Nelle favole sola, insicura di ciò che fa,
riempie di boccacce gli specchi,
si burla di sé, ossia ci dà un buon esempio,
come un parente povero che di noi tutto sa,
anche se non ci facciamo salamelecchi.

LEKCJA

Kto co Król Aleksander *kim czym* mieczem
przecina *kogo co* gordyjski węzeł.
Nie przyszło to do głowy *komu czemu* nikomu.

Było stu filozofów – żaden nie rozplątał.
Nic dziwnego, że teraz kryją się po kątach.
Żołdactwo ich za brody łapie,
za roztrzęsione, siwe, capie,
i bucha gromki *kto co* śmiech.

Dość. Spojrzał król spod pióropusza,
na konia wsiada, w drogę rusza.
A za nim w trąb trąbieniu, w bębnieniu bębenków
kto co armia złożona z *kogo czego* z węzełków
na *kogo co* na bój.

LEZIONE

Chi cosa il re Alessandro *con chi con cosa* con la spada
taglia *chi cosa* il nodo gordiano.
Non era venuto in mente *a chi a cosa* a nessuno.

C'erano cento filosofi – non l'hanno sciolto.
Niente di strano che ora siano rossi in volto.
La soldataglia per la barba li piglia,
i bianchi pizzi tremanti gli striglia,
e scoppia *chi cosa* una sonora risata.

Basta. Il re guarda di sotto la visiera,
monta a cavallo e via di gran carriera.
E dietro, tra clangore di trombe e di ferraglia,
chi cosa l'esercito fatto *di chi di cosa* di piccoli nodi
lo segue *in chi in cosa* in battaglia.

MUZEUM

Są talerze, ale nie ma apetytu.
Są obrączki, ale nie ma wzajemności
od co najmniej trzystu lat.

Jest wachlarz – gdzie rumieńce?
Są miecze – gdzie gniew?
I lutnia ani brzęknie o szarej godzinie.

Z braku wieczności zgromadzono
dziesięć tysięcy starych rzeczy.
Omszały woźny drzemie słodko
zwiesiwszy wąsy nad gablotką.

Metale, glina, piórko ptasie
cichutko tryumfują w czasie.
Chichoce tylko szpilka po śmieszce z Egiptu.

Korona przeczekała głowę.
Przegrała dłoń do rękawicy.
Zwyciężył prawy but nad nogą.

Co do mnie, żyję, proszę wierzyć.
Mój wyścig z suknią nadal trwa.
A jaki ona upór ma!
A jakby ona chciała przeżyć!

MUSEO

Ci sono i piatti, ma non l'appetito.
Le fedi, ma non scambievole amore
da almeno trecento anni.

C'è il ventaglio – e i rossori?
C'è la spada – dov'è l'ira?
E il liuto, non un suono all'imbrunire.

In mancanza di eternità hanno ammassato
diecimila cose vecchie.
Un custode ammuffito dorme beato
con i baffi chini sulla vetrina.

Metalli, creta, una piuma d'uccello
trionfano in silenzio nel tempo.
Ride solo la spilla d'una egiziana ridarella.

La corona è durata più della testa.
La mano ha perso contro il guanto.
La scarpa destra ha sconfitto il piede.

Quanto a me, credete, sono viva.
La gara col vestito non si arresta.
E lui quanta tenacia mi dimostra!
Vorrebbe viver più della mia vita!

CHWILA W TROI

Małe dziewczynki
chude i bez wiary,
że piegi znikną z policzków,

nie zwracają niczyjej uwagi,
chodząc po powiekach świata,

podobne do tatusia albo do mamusi,
szczerze tym przerażone,

znad talerza,
znad książki,
sprzed lustra
porywane bywają do Troi.

W wielkich szatniach okamgnienia
przeobrażają się w piękne Heleny.

Wstępują po królewskich schodach
w szumie podziwu i długiego trenu.

Czują się lekkie. Wiedzą, że
piękność to wypoczynek,
że mowa sensu ust nabiera,
a gesty rzeźbią się same
w odniechceniu natchnionym.

Twarzyczki ich
warte odprawy posłów
dumnie sterczą na szyjach
godnych oblężenia.

Bruneci z filmów,
bracia koleżanek,
nauczyciel rysunków,
ach, polegną wszyscy.

UN ATTIMO A TROIA

Ragazzine
magre e senza speranza
che le lentiggini spariscano,

non notate da nessuno,
in cammino sulle palpebre del mondo,

somiglianti al papà o alla mamma,
e da questo sinceramente spaventate,

nel bel mezzo d'un pasto,
nel bel mezzo d'una lettura,
mentre si guardano allo specchio,
succede che siano rapite e portate a Troia.

Nei grandi guardaroba dell'attimo
si trasformano in belle Elene.

Salgono le scale reali
nel fruscio dell'ammirazione e dello strascico.

Si sentono leggere. Sanno
che la bellezza è riposo,
che il parlare prende il senso delle labbra,
e i gesti si scolpiscono da soli
in ispirata noncuranza.

I loro visetti,
che valgono il rinvio degli ambasciatori,
si levano orgogliosi sul collo
degno di assedio.

I divi bruni del cinema,
i fratelli delle amiche,
l'insegnante di disegno,
ahi, periranno tutti.

Małe dziewczynki
z wieży uśmiechu
patrzą na katastrofę.

Małe dziewczynki
ręce załamują
w upajającym obrzędzie obłudy.

Małe dziewczynki
na tle spustoszenia
w diademie płonącego miasta
z kolczykami lamentu powszechnego w uszach.

Blade i bez jednej łzy.
Syte widoku. Tryumfalne.
Zasmucone tym tylko,
że trzeba powrócić.

Małe dziewczynki
powracające.

Ragazzine
osservano la catastrofe
da una torre di sorrisi.

Ragazzine
si torcono le mani
nel rito inebriante dell'ipocrisia.

Ragazzine
sullo sfondo della distruzione
con la città in fiamme per diadema
e gli orecchini del lamento universale.

Pallide e senza una lacrima.
Sazie della vista. Trionfanti.
Rattristate solo dal fatto
che bisogna tornare.

Ragazzine
che ritornano.

CIEŃ

Mój cień jak błazen za królową.
Kiedy królowa z krzesła wstanie,
błazen nastroszy się na ścianie
i stuknie w sufit głupią głową.

Co może na swój sposób boli
w dwuwymiarowym świecie. Może
błaznowi źle na moim dworze
i wolałby się w innej roli.

Królowa z okna się wychyli,
a błazen z okna skoczy w dół.
Tak każdą czynność podzielili,
ale to nie jest pół na pół.

Ten prostak wziął na siebie gesty,
patos i cały jego bezwstyd,
to wszystko, na co nie mam sił
– koronę, berło, płaszcz królewski.

Będę, ach, lekka w ruchu ramion,
ach, lekka w odwróceniu głowy,
królu, przy naszym pożegnaniu,
królu, na stacji kolejowej.

Królu, to błazen o tej porze,
królu, położy się na torze.

L'OMBRA

La mia ombra è come un buffone
dietro la regina. Quando lei si alza,
il buffone sulla parete balza
e sbatte nel soffitto col testone.

Il che forse a suo modo duole
nel mondo bidimensionale. Forse
al buffone non va la mia corte
e preferirebbe un altro ruolo.

La regina si sporge dal balcone
e lui dal balcone salta giù.
Così hanno diviso ogni azione,
però a uno ne tocca assai di più.

Quel rozzo si è preso il gesto liberale,
il pathos con la sua impudenza,
tutto ciò per cui non ho la forza
– corona, scettro, manto regale.

Lieve, sarò, ah, nell'agitare il braccio,
ah, lieve nel voltare il capo,
sire, nell'ora del nostro commiato,
sire, alla stazione ferroviaria.

Sire, in quel momento sarà il buffone,
a sdraiarsi sui binari alla stazione.

RESZTA

Ofelia odśpiewała szalone piosenki
i wybiegła ze sceny zaniepokojona,
czy suknia nie pomięła się, czy na ramiona
spływały włosy tak, jak trzeba.

Na domiar prawdziwego, brwi z czarnej rozpaczy
zmywa i – jak rodzona Poloniusza córka –
liście wyjęte z włosów liczy dla pewności.
Ofelio, mnie i tobie niech Dania przebaczy:
zginę w skrzydłach, przeżyję w praktycznych
                                    pazurkach.
Non omnis moriar z miłości.

IL RESTO

Ofelia quando finì di cantare arie folli
corse fuori scena, preoccupata
per le pieghe della veste e per come i capelli
le cadevano sulle spalle.

Per colmo di verità, lava il nero dolore
dalle sopracciglia e – ben di Polonio figlia –
conta per sicurezza le foglie tra i capelli.
Possa la Danimarca perdonarci, Ofelia:
morirò con le ali, vivrò con utili unghie.
Non omnis moriar per amore.

KLOSZARD

W Paryżu, w dzień poranny aż do zmierzchu,
w Paryżu jak
w Paryżu, który
(o święta naiwności opisu, wspomóż mnie!)
w ogrodzie koło kamiennej katedry
(nie zbudowano jej, o nie,
zagrano ją na lutni)
zasnął w sarkofagowej pozie
kloszard, mnich świecki, wyrzeczeniec.

Jeżeli nawet miał coś – to utracił,
a utraciwszy, nie pragnie odzyskać.
Należy mu się jeszcze żołd za podbój Galii –
przebolał, już nie stoi o to.
Nie zapłacono mu w piętnastym wieku
za pozowanie do lewego łotra –
zapomniał, przestał czekać już.

Zarabia na czerwone wino
strzyżeniem okolicznych psów.
Śpi z miną wynalazcy snów
do słońca wyroiwszy brodę.

Odkamieniają się szare chimery
(fruwale, niżły, małpierze i ćmięta,
grzaby, znienacki, głowy samonogie,
wieloractwo, gotyckie allegro vivace)

i przyglądają mu się z ciekawością,
jakiej nie mają dla nikogo z nas,
roztropny Piotrze,
czynny Michale,
zaradna Ewo,
Barbaro, Klaro.

IL CLOCHARD

A Parigi, in un giorno mattutino fino al crepuscolo,
a Parigi come –
a Parigi che –
(o santa ingenuità della descrizione, aiutami!)
nel giardino accanto alla cattedrale di pietra
(non costruita, oh no,
ma suonata su un liuto)
un clochard, un monaco laico, un rinunciante,
si è addormentato in una posa da sarcofago.

Se ha mai avuto qualcosa, l'ha perduta,
e, perdutala, non desidera riaverla.
Gli spetta ancora la sua paga per la conquista
                              della Gallia –
si è rassegnato, non ci tiene più.
Non è stato pagato nel quindicesimo secolo
per aver posato da ladrone alla sinistra di Cristo –
l'ha dimenticato, ha ormai smesso di attendere.

Guadagna il suo vino rosso
tosando i cani della zona.
Dorme con l'aria d'un inventore di sogni,
e la sua barba sciama verso il sole.

Le grigie chimere (volatti, nanocchi,
babbuoni e falenidi, ranarri,
repenti, cefalopodi, multiformità,
gotico allegro vivace) si depietrificano

e lo guardano con una curiosità
che non hanno per nessuno di noi,
o assennato Pietro,
operoso Michele,
intraprendente Eva,
Barbara, Clara.

SŁÓWKA

– *La Pologne? La Pologne?* Tam strasznie zimno, prawda? – spytała mnie i odetchnęła z ulgą. Bo porobiło się tych krajów tyle, że najpewniejszy jest w rozmowie klimat.

– O pani – chcę jej odpowiedzieć – poeci mego kraju piszą w rękawicach. Nie twierdzę, że ich wcale nie zdejmują; jeżeli księżyc przygrzeje, to tak. W strofach złożonych z gromkich pohukiwań, bo tylko to przedziera się przez ryk wichury, śpiewają prosty byt pasterzy fok. Klasycy ryją soplem atramentu na przytupanych zaspach. Reszta, dekadenci, płaczą nad losem gwiazdkami ze śniegu. Kto chce się topić, musi mieć siekierę do zrobienia przerębli. O pani, o moja droga pani.

Tak chcę jej odpowiedzieć. Ale zapomniałam, jak będzie foka po francusku. Nie jestem pewna sopla i przerębli.

– *La Pologne? La Pologne?* Tam strasznie zimno, prawda?

– *Pas du tout* – odpowiadam lodowato.

PICCOLE PAROLE

«*La Pologne? La Pologne?* Deve esserci un freddo terribile, vero?» mi ha chiesto, e ha tirato un sospiro di sollievo. Infatti sono saltati fuori tanti di quei paesi che la cosa migliore è parlare del clima.

«Oh, signora,» vorrei risponderle «i poeti del mio paese scrivono in guanti. Non dico che non se li tolgano mai; quando la luna scalda, allora sì. In strofe composte di grida tonanti, perché solo questo penetra attraverso il mugghio della tempesta, cantano l'esistenza semplice dei pastori di foche. I classici incidono con ghiaccioli d'inchiostro su cumuli di neve calpestati. Gli altri, i decadenti, piangono sul destino con stelline di neve. Chi si vuole annegare deve avere una scure per fare un buco nel ghiaccio. Oh, signora, mia cara signora!».

È così che vorrei risponderle. Ma ho dimenticato come si dice foca in francese. Non sono sicura del ghiacciolo e del buco nel ghiaccio.

«*La Pologne? La Pologne?* Deve esserci un freddo terribile, vero?».

«*Pas du tout*» rispondo glacialmente.

ELEGIA PODRÓŻNA

Wszystko moje, nic własnością,
nic własnością dla pamięci,
a moje dopóki patrzę.

Ledwie wspomniane, już niepewne
boginie swoich głów.

Z miasta Samokov tylko deszcz
i nic prócz deszczu.

Paryż od Luwru do paznokcia
bielmem zachodzi.

Z bulwaru Saint-Martin zostały schodki
i wiodą do zaniku.

Nie więcej niż półtora mostu
w Leningradzie mostowym.

Biedna Uppsala
z odrobiną wielkiej katedry.

Nieszczęsny tancerz sofijski,
ciało bez twarzy.

Osobno jego twarz bez oczu,
osobno jego oczy bez źrenic,
osobno źrenice kota.

Kaukaski orzeł szybuje
nad rekonstrukcją wąwozu,
złoto słońca nieszczere
i fałszywe kamienie.

Wszystko moje, nic własnością,
nic własnością dla pamięci,
a moje, dopóki patrzę.

ELEGIA DI VIAGGIO

Tutto è mio, niente mi appartiene,
nessuna proprietà per la memoria,
e mio finché guardo.

Dee appena ricordate, già incerte
delle proprie teste.

Della città di Samokov solo la pioggia,
nient'altro che la pioggia.

Parigi dal Louvre fino all'unghia
si vela d'una cateratta.

Del boulevard Saint-Martin restano scalini
e vanno in dissolvenza.

Nient'altro che un ponte e mezzo
della Leningrado dei ponti.

Povera Uppsala,
con un briciolo della grande cattedrale.

Sciagurato ballerino di Sofia,
corpo senza volto.

Ora il suo viso senza occhi,
ora i suoi occhi senza pupille,
ora le pupille di un gatto.

L'aquila del Caucaso volteggia
sulla ricostruzione d'una forra,
l'oro falso del sole
e le pietre finte.

Tutto è mio, niente mi appartiene,
nessuna proprietà per la memoria,
e mio finché guardo.

Nieprzebrane, nieobjęte,
a poszczególne aż do włókna,
ziarnka piasku, kropli wody
– krajobrazy.

Nie uchowam ani źdźbła
w jego pełnej widzialności.

Powitanie z pożegnaniem
w jednym spojrzeniu.

Dla nadmiaru i dla braku
jeden ruch szyi.

Innumerevoli, inafferrabili,
ma distinti fino alla fibra,
al granello di sabbia, alla goccia d'acqua
– paesaggi.

Neppure un filo d'erba
conserverò visibile.

Benvenuto e addio
in un solo sguardo.

Per l'eccesso e per la mancanza
un solo movimento del collo.

BEZ TYTUŁU

Tak bardzo pozostali sami,
tak bardzo bez jednego słowa
i w takiej niemiłości, że cudu są godni –
gromu z wysokiej chmury, obrócenia w kamień.
Dwa miliony nakładu greckiej mitologii,
ale nie ma ratunku dla niego i dla niej.

Gdyby ktoś chociaż stanął w drzwiach,
cokolwiek, choć na chwilę, zjawiło się, znikło,
pocieszne, smutne, zewsząd, znikąd,
budzące śmiech albo strach.

Ale nic się nie zdarzy. Żadne, samo z siebie,
nieprawdopodobieństwo. Jak w mieszczańskiej dramie
będzie to prawidłowe do końca rozstanie,
nie uświetnione nawet dziurą w niebie.

Na ściany niezachwianym tle,
żałośni jedno dla drugiego,
stoją naprzeciw lustra, gdzie
nic prócz odbicia dorzecznego.

Nic prócz odbicia dwojga osób.
Materia ma się na baczności.
Jak długa i szeroka, i wysoka,
na ziemi i na niebie, i po bokach
pilnuje przyrodzonych losów
– jak gdyby od sarenki nagłej w tym pokoju
musiało runąć Universum.

SENZA TITOLO

Rimasero talmente soli,
talmente senza parole
e degni di miracolo per tanto disamore –
di un fulmine dal cielo, d'esser mutati in pietra.
Milioni di copie di mitologia greca,
però non c'è salvezza per lui come per lei.

Se almeno ci fosse qualcuno sulla porta,
se qualcosa, per un attimo, apparisse, sparisse
lieto, triste, da ovunque venisse,
fonte di riso o timore, che importa.

Ma non accadrà nulla. Nessuna improvvisa
inverosimiglianza. Come in un dramma borghese,
questo sarà un lasciarsi del tutto regolare,
neanche un apriti cielo per solennizzare.

Sullo sfondo solido della parete,
l'un per l'altro dolente,
stanno di fronte allo specchio, e lì c'è
solo il riflesso conveniente.

Solo il riflesso di due persone.
La materia sta sull'attenti.
Per quanto è lunga e larga, e alta,
in terra, in cielo e ai lati
vigila i destini innati
– quasi che per una cerbiatta repentina nella stanza
dovesse crollare l'Universo.

NIESPODZIANE SPOTKANIE

Jesteśmy bardzo uprzejmi dla siebie,
twierdzimy, że to miło spotkać się po latach.

Nasze tygrysy piją mleko.
Nasze jastrzębie chodzą pieszo.
Nasze rekiny toną w wodzie.
Nasze wilki ziewają przed otwartą klatką.

Nasze żmije otrząsnęły się z błyskawic,
małpy z natchnień, pawie z piór.
Nietoperze jakże dawno uleciały z naszych włosów.

Milkniemy w połowie zdania
bez ratunku uśmiechnięci.
Nasi ludzie
nie umieją mówić z sobą.

UN INCONTRO INATTESO

Siamo molto cortesi l'uno con l'altro,
diciamo che è bello incontrarsi dopo anni.

Le nostre tigri bevono latte.
I nostri sparvieri vanno a piedi.
I nostri squali affogano nell'acqua.
I nostri lupi sbadigliano a gabbia aperta.

Le nostre vipere si sono scrollate di dosso i lampi,
le scimmie gli slanci, i pavoni le penne.
I pipistrelli già da tanto sono volati via dai nostri capelli.

Ci fermiamo a metà della frase,
senza scampo sorridenti.
La nostra gente
non sa parlarsi.

ZŁOTE GODY

Musieli kiedyś być odmienni,
ogień i woda, różnić się gwałtownie,
obrabowywać i obdarowywać
w pożądaniu, napaści na niepodobieństwo.

Objęci, przywłaszczali się i wywłaszczali
tak długo,
aż w ramionach zostało powietrze
przeźroczyste po odlocie błyskawic.

Pewnego razu odpowiedź padła przed pytaniem.
Którejś nocy odgadli wyraz swoich oczu
po rodzaju milczenia, w ciemności.

Spełza płeć, tleją tajemnice,
w podobieństwie spotykają się różnice
jak w bieli wszystkie kolory.

Kto z nich jest podwojony, a kogo tu brak?
Kto się uśmiecha dwoma uśmiechami?
Czyj głos rozbrzmiewa na dwa głosy?
W czyim potakiwaniu kiwają głowami?
Czyim gestem podnoszą łyżeczki do ust?

Kto z kogo tutaj skórę zdarł?
Kto tutaj żyje, a kto zmarł
wplątany w linie – czyjej dłoni?

Pomału z zapatrzenia rodzą się bliźnięta.
Zażyłość jest najdoskonalszą z matek –
nie wyróżnia żadnego z dwojga swoich dziatek,
które jest które ledwie że pamięta.

W dniu złotych godów, w uroczystym dniu
jednakowo ujrzany gołąb siadł na oknie.

NOZZE D'ORO

Un tempo dovevano essere diversi,
fuoco e acqua, differire con veemenza,
depredarsi e donarsi
nel desiderio, nell'assalto alla dissomiglianza.

Abbracciati, si sono espropriati e appropriati
così a lungo,
che tra le braccia restò l'aria
diafana dopo l'addio delle folgori.

Un giorno la risposta anticipò la domanda.
Una notte intuirono l'espressione dei loro occhi
dal tipo di silenzio, al buio.

Il sesso sbiadisce, si consumano le reticenze,
si incontrano nella somiglianza le differenze
come tutti i colori nel bianco.

Chi di loro è duplicato e chi non c'è?
Chi sorride con un duplice sorriso?
La voce di chi risuona per due voci?
All'asserire di chi annuiscono cortesi?
Con il gesto di chi portano il cucchiaio alla bocca?

Chi ha tolto la pelle a chi?
Chi è vivo e chi è morto qui
impigliato nelle linee – di quale mano?

A forza di fissarsi nascono i gemelli.
La familiarità è la migliore delle madri
e non fa preferenze tra i suoi due pargoli,
a malapena ricorda chi è chi di quelli.

Nel giorno delle nozze d'oro, giorno solenne,
il medesimo colombo si posò sul balcone.

OBÓZ GŁODOWY POD JASŁEM

Napisz to. Napisz. Zwykłym atramentem
na zwykłym papierze: nie dano im jeść,
wszyscy pomarli z głodu. *Wszyscy? Ilu?*
To duża łąka. Ile trawy
przypadło na jednego? Napisz: nie wiem.
Historia zaokrągla szkielety do zera.
Tysiąc i jeden to wciąż jeszcze tysiąc.
Ten jeden, jakby go wcale nie było:
płód urojony, kołyska próżna,
elementarz otwarty dla nikogo,
powietrze, które śmieje się, krzyczy i rośnie,
schody do pustki zbiegającej do ogrodu,
miejsce niczyje w szeregu.

Jesteśmy na tej łące, gdzie stało się ciałem.
A ona milczy jak kupiony świadek.
W słońcu. Zielona. Tam opodal las
do żucia drewna, do picia spod kory –
porcja widoku codzienna,
póki się nie oślepnie. W górze ptak,
który po ustach przesuwał się cieniem
pożywnych skrzydeł. Otwierały się szczęki
uderzał ząb o ząb.
Nocą na niebie błyskał sierp
i żął na śnione chleby.
Nadlatywały ręce z poczerniałych ikon,
z pustymi kielichami w palcach.
Na rożnie kolczastego drutu
chwiał się człowiek.
Śpiewano z ziemią w ustach. *Śliczną pieśń*
o tym, że wojna trafia prosto w serce.
Napisz, jaka tu cisza.
Tak.

CAMPO DI FAME PRESSO JASŁO

Scrivilo. Scrivilo. Con inchiostro comune
su carta comune: non gli fu dato da mangiare,
morirono tutti di fame. *Tutti? Quanti?*
È un grande prato. Quant'erba
è toccata a testa? Scrivi: non lo so.
La storia arrotonda gli scheletri allo zero.
Mille e uno fa sempre mille.
Quell'uno è come se non fosse mai esistito:
un feto immaginario, una culla vuota,
un sillabario aperto per nessuno,
aria che ride, grida e cresce,
scala per un vuoto che corre giù in giardino,
posto di nessuno nella fila.

Siamo su quel prato, dove si è fatto carne.
Ma il prato tace come un testimone corrotto.
Assolato. Verde. Non lontano un bosco
di legna da masticare, da bere sotto la corteccia –
una razione di vista giornaliera,
finché non si diventa ciechi. In alto un uccello
traversava le labbra con l'ombra
d'ali nutrienti. Le mascelle si aprivano,
dente batteva contro dente.
Di notte nel cielo brillava una falce
e mieteva per il pane sognato.
Da icone annerite arrivavano in volo mani
con calici vuoti fra le dita.
Sullo spiedo di filo spinato
ondeggiava un uomo.
Si cantava con la terra in bocca. *Una leggiadra canzone*
sulla guerra che colpisce dritto al cuore.
Scrivi che silenzio c'è qui.
Sì.

PRZYPOWIEŚĆ

Rybacy wyłowili z głębiny butelkę. Był w niej papier, a
na nim takie były słowa: „Ludzie, ratujcie! Jestem tu.
Ocean mnie wyrzucił na bezludną wyspę. Stoję na
brzegu i czekam pomocy. Spieszcie się. Jestem tu!"
– Brakuje daty. Pewnie już za późno. Butelka mogła
długo pływać w morzu – powiedział rybak pierwszy.
– I miejsce nie zostało oznaczone. Nawet ocean nie
wiadomo który – powiedział rybak drugi.
– Ani za późno, ani za daleko. Wszędzie jest wyspa Tu
– powiedział rybak trzeci.
Zrobiło się nieswojo, zapadło milczenie. Prawdy ogólne mają to do siebie.

PARABOLA

Dei pescatori tirarono fuori dagli abissi una bottiglia. Dentro c'era un pezzo di carta, con scritte queste parole: «Aiutatemi! Sono qui. L'oceano mi ha gettato su un'isola deserta. Sto sulla sponda e aspetto aiuto. Fate presto. Sono qui!».

«Non c'è data. Sicuramente ormai è troppo tardi. La bottiglia può aver galleggiato in mare per molto tempo» disse il primo pescatore.

«E non c'è indicazione del luogo. Non si sa neanche quale oceano sia» disse il secondo pescatore.

«Non è né troppo tardi né troppo lontano. L'isola Qui è ovunque» disse il terzo pescatore.

Seguì una sensazione di disagio, calò il silenzio. È quel che accade con le verità universali.

BALLADA

To ballada o zabitej,
która nagle z krzesła wstała.

Ułożona w dobrej wierze,
napisana na papierze.

Przy nie zasłoniętym oknie,
w świetle lampy rzecz się miała.

Każdy, kto chciał, widzieć mógł.

Kiedy się zamknęły drzwi
i zabójca zbiegł ze schodów,
ona wstała tak jak żywi
nagłą ciszą obudzeni.

Ona wstała, rusza głową
i twardymi jak z pierścionka
oczami patrzy po kątach.

Nie unosi się w powietrzu,
ale po zwykłej podłodze,
po skrzypiących deskach stąpa.

Wszystkie po zabójcy ślady
pali w piecu. Aż do szczętu
fotografii, do imentu
sznurowadła z dna szuflady.

Ona nie jest uduszona.
Ona nie jest zastrzelona.
Niewidoczną śmierć poniosła.

Może dawać znaki życia,
płakać z różnych drobnych przyczyn,
nawet krzyczeć z przerażenia
na widok myszy.

BALLATA

È la ballata su una ammazzata
che d'un tratto si è alzata.

Scritta in modo veritiero,
sulla carta per intero.

Tutto accadde a finestra spalancata,
e la lampada splendeva.

Chi voleva, vedeva.

Quando l'uscio si richiuse
e l'assassino corse giù,
lei si alzò come i vivi
risvegliati dal silenzio.

Si è alzata, muove il capo
e con occhi di diamante
guarda attenta da ogni parte.

Non si leva su nell'aria,
ma calpesta il pavimento,
un assito scricchiolante.

Le tracce dell'assassino
tutte brucia nel camino.
Foto e spago dal cassetto,
fino all'ultimo pezzetto.

Non è stata strangolata.
Né uno sparo l'ha ammazzata.
Ma una morte invisibile.

Può dar segni d'esser viva,
piangere per inezie,
spaventarsi e poi gridare
per un topo.

Tak wiele
jest słabości i śmieszności
nietrudnych do podrobienia.

Ona wstała, jak się wstaje.

Ona chodzi, jak się chodzi.

Nawet śpiewa czesząc włosy,
które rosną.

Tante sono
le fragilità e sciocchezze
che è facile contraffare.

Lei si è alzata, come ci si alza.

Lei cammina, come si cammina.

Canta anche e si pettina i capelli,
che crescono.

PRZY WINIE

Spojrzał, dodał mi urody,
a ja wzięłam ją jak swoją.
Szczęśliwa, połknęłam gwiazdę.

Pozwoliłam się wymyślić
na podobieństwo odbicia
w jego oczach. Tańczę, tańczę
w zatrzęsieniu nagłych skrzydeł.

Stół jest stołem, wino winem
w kieliszku, co jest kieliszkiem
i stoi stojąc na stole.
A ja jestem urojona,
urojona nie do wiary,
urojona aż do krwi.

Mówię mu, co chce: o mrówkach
umierających z miłości
pod gwiazdozbiorem dmuchawca.
Przysięgam, że biała róża
pokropiona winem, śpiewa.

Śmieję się, przechylam głowę
ostrożnie, jakbym sprawdzała
wynalazek. Tańczę, tańczę
w zdumionej skórze, w objęciu,
które mnie stwarza.

Ewa z żebra, Wenus z piany,
Minerwa z głowy Jowisza
były bardziej rzeczywiste.

Kiedy on nie patrzy na mnie,
szukam swojego odbicia
na ścianie. I widzę tylko
gwóźdź, z którego zdjęto obraz.

ACCANTO A UN BICCHIERE DI VINO

Con uno sguardo mi ha reso più bella,
e io questa bellezza l'ho fatta mia.
Felice, ho inghiottito una stella.

Ho lasciato che mi immaginasse
a somiglianza del mio riflesso
nei suoi occhi. Io ballo, io ballo
nel battito di ali improvvise.

Il tavolo è tavolo, il vino è vino
nel bicchiere che è un bicchiere
e sta lì dritto sul tavolo.
Io invece sono immaginaria,
incredibilmente immaginaria,
immaginaria fino al midollo.

Gli parlo di tutto ciò che vuole:
delle formiche morenti d'amore
sotto la costellazione del soffione.
Gli giuro che una rosa bianca,
se viene spruzzata di vino, canta.

Mi metto a ridere, inclino il capo
con prudenza, come per controllare
un'invenzione. E ballo, ballo
nella pelle stupita, nell'abbraccio
che mi crea.

Eva dalla costola, Venere dall'onda,
Minerva dalla testa di Giove
erano più reali.

Quando lui non mi guarda,
cerco la mia immagine
sul muro. E vedo solo
un chiodo, senza il quadro.

KOBIETY RUBENSA

Waligórzanki, żeńska fauna
jak łoskot beczek nagie.
Gnieżdżą się w stratowanych łożach,
śpią z otwartymi do piania ustami.
Źrenice ich uciekły w głąb
i penetrują do wnętrza gruczołów,
z których się drożdże sączą w krew.

Córy baroku. Tyje ciasto w dzieży,
parują łaźnie, rumienią się wina,
cwałują niebem prosięta obłoków,
rżą trąby na fizyczny alarm.

O rozdynione, o nadmierne
i podwojone odrzuceniem szaty,
i potrojone gwałtownością pozy
tłuste dania miłosne!

Ich chude siostry wstały wcześniej,
zanim się rozwidniło na obrazie.
I nikt nie widział, jak gęsiego szły
po niezamalowanej stronie płótna.

Wygnanki stylu. Żebra przeliczone,
ptasia natura stóp i dłoni.
Na sterczących łopatkach próbują ulecieć.

Trzynasty wiek dałby im złote tło.
Dwudziesty – dałby ekran srebrny.
Ten siedemnasty nic dla płaskich nie ma.

Albowiem nawet niebo jest wypukłe,
wypukli aniołowie i wypukły bóg –
Febus wąsaty, który na spoconym
rumaku wjeżdża do wrzącej alkowy.

LE DONNE DI RUBENS

Ercolesse, fauna femminile,
nude come il fragore di botti.
Fanno il nido in letti calpestati,
nel sonno la bocca si apre al chicchirichì.
Le pupille rovesciate all'indietro
penetrano dentro le ghiandole
da cui i lieviti stillano nel sangue.

Figlie del barocco. L'impasto si gonfia,
vaporano i bagni, s'arrossano i vini,
nel cielo galoppano porcelli di nuvole,
le trombe nitriscono l'allarme carnale.

O cucurbitose, o esorbitanti,
e raddoppiate dal cader dei veli
e triplicate dalla violenza della posa,
grasse pietanze d'amore!

Le loro magre sorelle si alzarono presto,
prima che nel quadro facesse giorno.
E nessuno le vide incamminarsi in fila
dal lato non dipinto della tela.

Esiliate dello stile. Costole contate,
mani e piedi d'uccello.
Provano a volare sulle scapole sporgenti.

Il Duecento gli avrebbe dato un fondo d'oro.
Il Novecento – uno schermo d'argento.
Ma il Seicento non ha nulla per chi è piatto.

Giacché perfino il cielo è convesso,
convessi gli angeli e convesso il dio –
Febo baffuto che su un destriero
sudato irrompe nell'alcova ribollente.

KOLORATURA

Stoi pod peruczką drzewa,
na wieczne rozsypanie śpiewa
zgłoski po włosku, po srebrzystym
i cienkim jak pajęcza wydzielina.

Człowieka przez wysokie C
kocha i zawsze kochać chce,
dla niego w gardle ma lusterka,
trzykrotnie słówek ćwiartki ćwierka
i drobiąc grzanki do śmietanki
karmi baranki z filiżanki
filutka z filigranu.

Ale czy dobrze słyszę? Biada!
Czarny się fagot do niej skrada.
Ciężka muzyka na kruczych brwiach
porywa, łamie ją w pół ach –
Basso Profondo, zmiłuj się,
doremi mane thekel fares!

Chcesz, żeby zmilkła? Uwieść ją
w zimne kulisy świata? W krainę
chronicznej chrypki? W Tartar kataru?
Gdzie wiekuiste pochrząkiwanie?
Gdzie poruszają się pyszczki rybie
dusz nieszczęśliwych? Tam?

O nie! O nie! W godzinie złej
nie trzeba spadać z miny swej!
Na włosie przesłyszanym w głos
tylko się chwilkę chwieje los,
tyle, by mogła oddech wziąć
i echem się pod sufit wspiąć,
gdzie wraca w kryształ vox humana
i brzmi jak światłem zasiał.

COLORATURA

Dritta sotto la parrucca di fronde
del suo canto il suono spande,
sillabe in italiano, in un sottile,
argenteo filo di ragno.

Ama e amar per sempre vuole
con il do acuto il Dio d'amore,
per lui nella gola ha specchietti,
triplica in trilli terzi di parolette
e sminuzzando crostini nella crema
nutre le pecorelle di porcellana
la birichina di filigrana.

Ma sento bene? Che male ha fatto?
Un nero fagotto le si appressa quatto.
Musica grave sulle ciglia corvine
la trascina, la spezza a metà ah –
Basso profondo, abbi pietà,
do re mi mené techel parsín!

Vuoi forse che taccia? Rapirla
tra le fredde quinte del mondo?
Nel rauco Tartaro del catarro?
Dove si tossicchia per l'eternità?
Dove si muovono le boccucce di pesce
delle anime infelici? Là?

Oh no! Oh no! Nell'ora infausta
si deve mantener la testa alta!
La sorte per un sol attimo veloce
è appesa a un filo che pare voce,
quanto basta perché riprenda fiato
e si arrampichi in alto come eco,
dove la vox umana torna cristallo
e suona come un volo di luce.

KONKURS PIĘKNOŚCI MĘSKIEJ

Od szczęk do pięty wszedł napięty.
Oliwne na nim firmamenty.
Ten tylko może być wybrany,
kto jest jak strucla zasupłany.

Z niedźwiedziem bierze się za bary
groźnym (chociaż go wcale nie ma).
Trzy niewidzialne jaguary
padają pod ciosami trzema.

Rozkroku mistrz i przykucania.
Brzuch ma w dwudziestu pięciu minach.
Biją mu brawo, on się kłania
na odpowiednich witaminach.

CONCORSO DI BELLEZZA MASCHILE

In tensione da mascella a tallone.
Su di lui brilla olio a profusione.
Campione viene acclamato solo chi
come una treccia è attorcigliato.

Ingaggia una zuffa con un orso nero,
minaccioso (ma comunque non vero).
Di tre grossi giaguari invisibili
si disfa con tre colpi, terribili.

Divaricato e accosciato è divino.
La sua pancia ha facce a dozzine.
Lo applaudono, lui fa un inchino
e ciò grazie alle giuste vitamine.

WIECZÓR AUTORSKI

Muzo, nie być bokserem to jest nie być wcale.
Ryczącej publiczności poskąpiłaś nam.
Dwanaście osób jest na sali,
już czas, żebyśmy zaczynali.
Połowa przyszła, bo deszcz pada,
reszta to krewni. Muzo.

Kobiety rade zemdleć w ten jesienny wieczór,
zrobią to, ale tylko na bokserskim meczu.
Dantejskie sceny tylko tam.
I wniebobranie. Muzo.

Nie być bokserem, być poetą,
mieć wyrok skazujący na ciężkie norwidy,
z braku muskulatury demonstrować światu
przyszłą lekturę szkolną – w najszczęśliwszym razie –
o Muzo. O Pegazie,
aniele koński.

W pierwszym rządku staruszek słodko sobie śni,
że mu żona nieboszczka z grobu wstała i
upiecze staruszkowi placek ze śliwkami.
Z ogniem, ale niewielkim, bo placek się spali,
zaczynamy czytanie. Muzo.

SERATA D'AUTORE

O Musa, essere un pugile o non essere affatto.
Ci hai lesinato un pubblico in tumulto.
Ci sono dodici persone ad ascoltare,
è tempo ormai di cominciare.
Metà è venuta perché piove,
gli altri sono parenti. O Musa.

Le donne sverrebbero liete in questa serata,
non qui però, ma solo a un match di pugilato.
Le scene dantesche sono soltanto lì.
E le ascese in cielo. O Musa.

Non essere un pugile, essere un poeta,
avere una condanna ai valéry forzati,
in mancanza di muscoli mostrare al mondo
poesiole da leggersi a scuola – tutt'al più –
o Musa. O Pegaso,
angelo equino.

In prima fila un vecchietto dolcemente sogna
che la moglie buonanima, risorta,
gli sta per cuocere la crostata di prugne.
Con calore, ma non troppo, ché il dolce non bruci,
cominciamo a leggere. O Musa.

NAGROBEK

Tu leży staroświecka jak przecinek
autorka paru wierszy. Wieczny odpoczynek
raczyła dać jej ziemia, pomimo że trup
nie należał do żadnej z literackich grup.
Ale też nic lepszego nie ma na mogile
oprócz tej rymowanki, łopianu i sowy.
Przechodniu, wyjmij z teczki mózg elektronowy
i nad losem Szymborskiej podumaj przez chwilę.

EPITAFFIO

Qui giace come virgola antiquata
l'autrice di qualche poesia. La terra l'ha degnata
dell'eterno riposo, sebbene la defunta
dai gruppi letterari stesse ben distante.
E anche sulla tomba di meglio non c'è niente
di queste poche rime, d'un gufo e la bardana.
Estrai dalla borsa il tuo personal, passante,
e sulla sorte di Szymborska medita un istante.

PROLOG KOMEDII

Zrobił sobie szklane skrzypce, bo chciał zobaczyć muzykę. Wyciągnął łódź na sam wierzchołek góry i czekał, kiedy morze do niego dopłynie. Nocami rozczytywał się w „Rozkładzie jazdy"; końcowe stacje rozczulały go do łez. Hodował róże przez u zwykłe. Napisał wiersz na porost włosów i jeszcze drugi na tenże. Zepsuł zegar na ratuszu, żeby wstrzymać raz na zawsze opadanie liści z drzew. W doniczce po szczypiorku chciał wykopać miasto. Chodził z Ziemią u nogi, uśmiechnięty, pomalutku, jak dwa i dwa to dwa – szczęśliwy. Kiedy mu powiedziano, że go wcale nie ma, nie mogąc umrzeć z żalu – musiał się urodzić. Już gdzieś tam sobie żyje, mruga oczkami i rośnie. W samą porę! W dobry czas! Miłościwej Pani Naszej, Maszynie Słodkiej Roztropnej dla godziwej rozrywki i niewinnej pociechy rychło błazen się przyda.

PROLOGO A UNA COMMEDIA

Si fece un violino di vetro perché voleva vedere la musica. Trascinò la sua barca fin sulla cima della montagna e attese che il mare arrivasse a lui. Le notti si dilettava a leggere l'«Orario ferroviario»; i capolinea lo commuovevano fino alle lacrime. Coltivava le rose con la «z». Scrisse una poesia per la crescita dei capelli e un'altra ancora sullo stesso soggetto. Ruppe l'orologio del municipio per fermare una volta per tutte la caduta delle foglie dagli alberi. Voleva dissotterrare una città in un vasetto d'erba cipollina. Camminava con la Terra al piede, sorridendo, lentamente, felice – come due e due fan due. Quando gli fu detto che non esisteva affatto, non potendo morire per il dispiacere – dovette nascere. Già vive da qualche parte, batte le palpebre e cresce. Giusto in tempo! In un buon momento! Alla Graziosa Nostra Signora, Dolce Macchina Assennata, presto sarà utile un buffone per suo giusto diletto e innocente conforto.

WIZERUNEK

Jeśli wybrańcy bogów umierają młodo,
co począć z resztą życia?
Starość jest jak przepaść,
skoro młodość jest szczytem.

Nie ruszę się stąd.
Choćby na jednej nodze pozostanę młody.
Cienkimi jak pisk mysi wąsikami
uczepiam się powietrza.
W tej pozycji rodzę się wciąż na nowo.
Nie znam innej sztuki.

Ale to zawsze będę ja:
magiczne rękawiczki,
w klapie kotylion z pierwszej maskarady,
falset młodzieńczych manifestów,
twarz ze snu szwaczki o krupierze,
oczy, które lubiłem malować wyjęte
i sypać nimi jak grochem ze strąka,
bo na ten widok drgały martwe uda
publicznej żaby.

Zdziwcie się i wy.
Zdziwcie się do stu beczek Diogenesa,
że biję go w pomysłach.
Zmówcie
wieczne rozpoczynanie.
To, co trzymam w palcach,
to są pająki, które maczam w tuszu
i rzucam je na płótno.
Znów jestem na świecie.
Zakwita nowy pępek
na brzuchu artysty.

EFFIGIE

Se i beniamini degli dèi muoiono giovani,
che fare del resto della vita?
La vecchiaia è come un abisso,
se la giovinezza è una cima.

Non mi muovo di qui.
Resterò giovane anche su una gamba sola.
Mi aggrappo all'aria
con baffi sottili come lo squittio d'un topo.
In questa posizione rinasco di continuo.
Non conosco altra arte.

Ma io sarò sempre questo:
guanti magici,
nel risvolto il cotillon della mia prima mascherata,
il falsetto dei manifesti giovanili,
il viso preso dal sogno su un croupier d'una cucitrice,
gli occhi, che nei miei dipinti mi piaceva cavar fuori
e spargere come piselli da un baccello,
perché a quella vista tremavano le cosce morte
della rana pubblica.

Stupitevi anche voi.
Stupitevi per le cento botti di Diogene
che io lo batta in trovate.
Recitate
l'eterno non riposo.
Ciò che tengo fra le dita
sono i ragni che inzuppo nell'inchiostro di china
e butto sulla tela.
Sono di nuovo al mondo.
Fiorisce un nuovo ombelico
sul ventre dell'artista.

* * *

Jestem za blisko, żeby mu się śnić.
Nie fruwam nad nim, nie uciekam mu
pod korzeniami drzew. Jestem za blisko.
Nie moim głosem śpiewa ryba w sieci.
Nie z mego palca toczy się pierścionek.
Jestem za blisko. Wielki dom się pali
beze mnie wołającej ratunku. Za blisko,
żeby na moim włosie dzwonił dzwon.
Za blisko, żebym mogła wejść jak gość,
przed którym rozsuwają się ściany.
Już nigdy po raz drugi nie umrę tak lekko,
tak bardzo poza ciałem, tak bezwiednie,
jak niegdyś w jego śnie. Jestem za blisko,
za blisko. Słyszę syk
i widzę połyskliwą łuskę tego słowa,
znieruchomiała w objęciu. On śpi,
w tej chwili dostępniejszy widzianej raz w życiu
kasjerce wędrownego cyrku z jednym lwem
niż mnie leżącej obok.
Teraz dla niej rośnie w nim dolina
rudolistna, zamknięta ośnieżoną górą
w lazurowym powietrzu. Ja jestem za blisko,
żeby mu z nieba spaść. Mój krzyk
mógłby go tylko zbudzić. Biedna,
ograniczona do własnej postaci,
a byłam brzozą, a byłam jaszczurką,
a wychodziłam z czasów i atłasów
mieniąc się kolorami skór. A miałam
łaskę znikania sprzed zdumionych oczu,
co jest bogactwem bogactw. Jestem blisko,
za blisko, żeby mu się śnić.
Wysuwam ramię spod głowy śpiącego,
zdrętwiałe, pełne wyrojonych szpilek.
Na czubku każdej z nich, do przeliczenia,
strąceni siedli anieli.

***

Gli sono troppo vicina perché mi sogni.
Non volo su di lui, non fuggo da lui
sotto le radici degli alberi. Troppo vicina.
Non con la mia voce canta il pesce nella rete.
Non dal mio dito rotola l'anello.
Sono troppo vicina. Una grande casa brucia
senza che io chiami aiuto. Troppo vicina
perché la campana suoni appesa al mio capello.
Troppo vicina per entrare come un ospite
dinanzi a cui si scostano i muri.
Mai più morirò così leggera,
così fuori dal corpo, così ignara,
come un tempo nel suo sogno. Troppo,
troppo vicina. Sento il sibilo
e vedo la squama lucente di questa parola,
immobile nell'abbraccio. Lui dorme,
più accessibile ora alla cassiera d'un circo
con un leone, vista una sola volta,
che non a me distesa al suo fianco.
Per lei ora cresce dentro di lui la valle
con foglie rossicce, chiusa da un monte innevato
nell'aria azzurra. Io sono troppo vicina
per cadergli dal cielo. Il mio grido
potrebbe solo svegliarlo. Povera,
limitata alla mia forma,
ed ero betulla, ed ero lucertola,
e uscivo dal passato e dal broccato
cangiando i colori delle pelli. E possedevo
il dono di sparire agli occhi stupiti,
ricchezza delle ricchezze. Vicina,
sono troppo vicina perché mi sogni.
Tolgo da sotto il suo capo un braccio,
intorpidito, uno sciame di spilli.
Sulla capocchia di ciascuno sono seduti,
da contare, angeli caduti.

157

NA WIEŻY BABEL

– *Która godzina?* – Tak, jestem szczęśliwa,
i brak mi tylko dzwoneczka u szyi,
który by brzęczał nad tobą, gdy śpisz.
– *Więc nie słyszałaś burzy? Murem targnął wiatr,
wieża ziewnęła jak lew, wielką bramą
na skrzypiących zawiasach.* – Jak to, zapomniałeś?
Miałam na sobie zwykłą, szarą suknię
spinaną na ramieniu. – *I natychmiast potem
niebo pękło w stubłysku.* – Jakże mogłam wejść,
przecież nie byłeś sam. – *Ujrzałem nagle
kolory sprzed istnienia wzroku.* – Szkoda,
że nie możesz mi przyrzec. – *Masz słuszność,
widocznie to był sen.* – Dlaczego kłamiesz,
dlaczego mówisz do mnie jej imieniem,
kochasz ją jeszcze? – *O tak, chciałbym,
żebyś została ze mną.* – Nie mam żalu,
powinnam była domyślić się tego.
– *Wciąż myślisz o nim?* – Ależ ja nie płaczę.
– *I to już wszystko?* – Nikogo jak ciebie.
– *Przynajmniej jesteś szczera.* – Bądź spokojny,
wyjadę z tego miasta. – *Bądź spokojna,
odejdę stąd.* – Masz takie piękne ręce.
– *To stare dzieje, ostrze przeszło
nie naruszając kości.* – Nie ma za co,
mój drogi, nie ma za co. – *Nie wiem
i nie chcę wiedzieć która to godzina.*

SULLA TORRE DI BABELE

– Che ora è? – Sì, sono felice,
e mi manca solo una campanella al collo
che su di te tintinni mentre dormi.
*– Non hai sentito il temporale? Il vento ha scosso il muro,
la torre ha sbadigliato come un leone, con il portale
cigolante sui cardini. –* Come, ti sei scordato?
Avevo un semplice vestito grigio
fermato sulla spalla. *– E un attimo dopo
il cielo si è rotto in cento lampi. –* Entrare, io?
Ma non eri da solo. *– D'un tratto ho visto
colori preesistenti alla vista. –* Peccato
che tu non possa promettermi. *– Hai ragione,
doveva essere un sogno. –* Perché menti,
perché mi chiami con il suo nome,
la ami ancora? *– Oh sì, vorrei
che restassi con me. –* Non provo rancore,
avrei dovuto immaginarlo.
– Pensi ancora a lui? – Non sto piangendo.
– E questo è tutto? – Nessuno come te.
– Almeno sei sincera. – Sta' tranquillo,
lascerò la città. *– Sta' tranquilla,
me ne andrò via. –* Hai mani così belle.
*– È una vecchia storia, la lama è penetrata
senza toccare l'osso. –* Non c'è di che,
mio caro, non c'è di che. *– Non so
che ora sia e non lo voglio sapere.*

SEN

Mój poległy, mój w proch obrócony, mój ziemia,
przybrawszy postać, jaką ma na fotografii:
z cieniem liścia na twarzy, z muszlą morską w ręce,
wyrusza do mojego snu.

Wędruje przez ciemności od nigdy zagasłe,
przez pustki otworzone ku sobie na zawsze,
przez siedem razy siedem razy siedem cisz.

Zjawia się na wewnętrznej stronie moich powiek,
na tym jednym jedynym dostępnym mu świecie.
Bije mu serce przestrzelone.
Zrywa się z włosów pierwszy wiatr.

Zaczyna istnieć łąka między nami.
Nadlatują niebiosa z chmurami i ptactwem,
na horyzoncie cicho wybuchają góry
i rzeka spływa w dół w poszukiwaniu morza.

Już tak daleko widać, tak daleko,
że dzień i noc stają się równoczesne,
a wszystkie pory roku zaznawane naraz.

Księżyc czterokwadrowy wachlarz rozpościera,
wirują płatki śniegu razem z motylami
i z kwitnącego drzewa spadają owoce.

Zbliżamy się do siebie. Nie wiem czy we łzach
i nie wiem czy w uśmiechach. Jeszcze jeden krok
i posłuchamy razem twojej muszli morskiej,
jaki tam szum tysiącznych orkiestr,
jaki tam nasz weselny marsz.

SOGNO

Il mio caduto, il mio tornato polvere,
assunto l'aspetto che ha nella fotografia:
sul viso ombra di foglia, conchiglia nella mano,
si avvia verso il mio sogno.

Cammina per tenebre da mai spente,
per vuoti aperti verso di sé per sempre,
per sette volte sette e poi sette silenzi.

Appare all'interno delle mie palpebre,
in questo solo mondo a lui accessibile.
Gli batte il cuore trafitto.
Si alza il primo vento dai capelli.

Tra noi comincia a stendersi un prato.
Giungono in volo cieli con nuvole e uccelli.
Montagne esplodono in silenzio all'orizzonte
e un fiume scende giù in cerca del mare.

Si vede già lontano, così lontano
che giorno e notte sono simultanei,
e tutte le stagioni giungono in una volta.

La luna apre a ventaglio i suoi quattro quarti,
i fiocchi della neve danzano con le farfalle
e cadono i frutti da un albero in fiore.

Ci veniamo incontro. Non so se in lacrime,
non so se sorridendo. Un solo passo ancora
e ascolteremo insieme la tua conchiglia,
quale fruscio di mille orchestre c'è,
quale marcia nuziale c'è, la nostra.

WODA

Kropla deszczu mi spadła na rękę,
utoczona z Gangesu i Nilu,

z wniebowziętego szronu na wąsikach foki,
z wody rozbitych dzbanów w miastach Ys i Tyr.

Na moim wskazującym palcu
Morze Kaspijskie jest morzem otwartym

a Pacyfik potulnie wpływa do Rudawy
tej samej, co fruwała chmurką nad Paryżem

w roku siedemset sześćdziesiątym czwartym
siódmego maja o trzeciej nad ranem.

Nie starczy ust do wymówienia
przelotnych imion twoich, wodo.

Musiałabym cię nazwać we wszystkich językach
wypowiadając wszystkie naraz samogłoski

i jednocześnie milczeć – dla jeziora,
które nie doczekało jakiejkolwiek nazwy

i nie ma go na ziemi – jako i na niebie
gwiazdy odbitej w nim.

Ktoś tonął, ktoś o ciebie wołał umierając.
Było to dawno i było to wczoraj.

Domy gasiłaś, domy porywałaś
jak drzewa, lasy jak miasta.

Byłaś w chrzcielnicach i wannach kurtyzan.
W pocałunkach, w całunach.

L'ACQUA

Sulla mano mi è caduta una goccia di pioggia,
attinta dal Gange e dal Nilo,

dalla brina ascesa in cielo sui baffi d'una foca,
dalle brocche rotte nelle città di Ys e Tiro.

Sul mio dito indice
il mar Caspio è un mare aperto,

e il Pacifico affluisce docile nella Rudawa,
la stessa che svolazzava come nuvoletta su Parigi

nell'anno settecentosessantaquattro
il sette maggio alle tre del mattino.

Non bastano le bocche per pronunciare
tutti i tuoi fuggevoli nomi, acqua.

Dovrei darti un nome in tutte le lingue
pronunciando tutte le vocali insieme

e al tempo stesso tacere – per il lago
che non è riuscito ad avere un nome

e non esiste in terra – come in cielo
non esiste la stella che si rifletta in esso.

Qualcuno annegava, qualcuno ti invocava morendo.
È accaduto tanto tempo fa, ed è accaduto ieri.

Spegnevi case in fiamme, trascinavi via case
come alberi, foreste come città.

Eri in battisteri e in vasche di cortigiane.
Nei baci, nei sudari.

Gryząc kamienie, karmiąc tęcze.
W pocie i rosie piramid, bzów.

Jakie to lekkie w kropli deszczu.
Jak delikatnie dotyka mnie świat.

Cokolwiek kiedykolwiek gdziekolwiek się działo,
spisane jest na wodzie babel.

A scavar pietre, a nutrire arcobaleni.
Nel sudore e nella rugiada di piramidi e lillà.

Quanto è leggero tutto questo in una goccia di pioggia.
Con che delicatezza il mondo mi tocca.

Qualunque cosa ogniqualvolta ovunque sia accaduta,
è scritta sull'acqua di babele.

STRESZCZENIE

Hiob, doświadczony na ciele i mieniu, złorzeczy doli ludzkiej. To wielka poezja. Przychodzą przyjaciele i rozdzierając szaty swe badają winę Hioba przed obliczem Pana. Hiob woła, że był sprawiedliwy. Hiob nie wie, czemu dosięgnął go Pan. Hiob nie chce mówić z nimi. Hiob chce mówić z Panem. Zjawia się Pan na wozie wichru. Przed otwartym do kości chwali dzieło swoje: niebiosa, morza, ziemię i zwierzęta. A osobliwie Behemota, a w szczególności Lewiatana, dumą napawające bestie. To wielka poezja. Hiob słucha – nie na temat mówi Pan, bo nie na temat pragnie mówić Pan. Pośpiesznie przeto korzy się przed Panem. Teraz wypadki następują szybko. Hiob odzyskuje osły i wielbłądy, woły i owce dwakroć przyczynione. Skóra obrasta wyszczerzoną czaszkę. I Hiob pozwala na to. Hiob się godzi. Hiob nie chce psuć arcydzieła.

RIASSUNTO

Giobbe, provato nel corpo e negli averi, maledice l'umana sorte. È grande poesia. Arrivano gli amici e stracciandosi le vesti esaminano la colpa di Giobbe al cospetto di Dio. Giobbe grida di essere stato un uomo giusto. Giobbe non sa perché Dio lo abbia colpito. Giobbe non vuole parlare con loro. Giobbe vuole parlare con Dio. Dio appare sul carro d'una tempesta. Davanti all'uomo aperto fino al midollo loda la propria opera: i cieli, il mare, la terra e gli animali. E specialmente Behemoth, e in particolare il Leviatano, bestie che riempiono d'orgoglio. È grande poesia. Giobbe ascolta – Dio parla a sproposito, perché non desidera parlare a proposito. Perciò si affretta a prosternarsi davanti a Dio. Ora gli eventi si susseguono rapidamente. Giobbe recupera gli asini e i cammelli, i buoi e le pecore, aumentati del doppio. La pelle comincia a coprire il cranio che mostra i denti. E Giobbe lo permette. Giobbe acconsente. Giobbe non vuole guastare il capolavoro.

W RZECE HERAKLITA

W rzece Heraklita
ryba łowi ryby,
ryba ćwiartuje rybę ostrą rybą,
ryba buduje rybę, ryba mieszka w rybie,
ryba ucieka z oblężonej ryby.

W rzece Heraklita
ryba kocha rybę,
twoje oczy – powiada – lśnią jak ryby w niebie,
chcę płynąć razem z tobą do wspólnego morza,
o najpiękniejsza z ławicy.

W rzece Heraklita
ryba wymyśliła rybę nad rybami,
ryba klęka przed rybą, ryba śpiewa rybie,
prosi rybę o lżejsze pływanie.

W rzece Heraklita
ja ryba pojedyncza, ja ryba odrębna
(choćby od ryby drzewa i ryby kamienia)
pisuję w poszczególnych chwilach małe ryby
w łusce srebrnej tak krótko,
że może to ciemność w zakłopotaniu mruga?

NEL FIUME DI ERACLITO

Nel fiume di Eraclito
un pesce pesca i pesci,
un pesce squarta un pesce con un pesce affilato,
un pesce costruisce un pesce, un pesce abita
                                   in un pesce,
un pesce fugge da un pesce assediato.

Nel fiume di Eraclito
un pesce ama un pesce,
i tuoi occhi – dice – brillano come i pesci nel cielo,
voglio nuotare con te fino al mare comune,
o tu, la più bella del banco.

Nel fiume di Eraclito
un pesce ha immaginato il pesce dei pesci,
un pesce si inginocchia davanti al pesce,
                       un pesce canta al pesce
e chiede al pesce un nuotare più lieve.

Nel fiume di Eraclito
io pesce singolo, io pesce distinto
(non fosse che dal pesce albero e dal pesce pietra)
scrivo in particolari momenti piccoli pesci
con scaglie così fugacemente argentate
da esser forse un ammiccare imbarazzato del buio.

WIERSZ KU CZCI

Był sobie raz. Wymyślił zero.
W kraju niepewnym. Pod gwiazdą
dziś może ciemną. Pomiędzy datami,
na które któż przysięgnie. Bez imienia
nawet spornego. Nie pozostawiając
poniżej swego zera żadnej myśli złotej
o życiu, które jest jak. Ani legendy,
że dnia pewnego do zerwanej róży
zero dopisał i związał ją w bukiet.
Że kiedy miał umierać, odjechał w pustynię
na stugarbnym wielbłądzie. Że zasnął
w cieniu palmy pierwszeństwa. Że się zbudzi,
kiedy już wszystko będzie przeliczone
aż do ziarenka piasku. Cóż za człowiek.
Szczeliną między faktem a zmyśleniem
uszedł naszej uwagi. Odporny
na każdy los. Strąca ze siebie
każdą, jaką mu daję, postać.
Cisza zrosła się nad nim, bez blizny po głosie.
Nieobecność przybrała wygląd horyzontu.
Zero pisze się samo.

POESIA IN ONORE

C'era una volta. Inventò lo zero.
In un paese incerto. Sotto una stella
oggi forse scura. Tra date
su cui chi mai giurerà. Senza un nome,
neppure controverso. Senza lasciare
al di sotto del suo zero nessuna massima
sulla vita che è come. Né una leggenda,
che un giorno aggiunse uno zero
a una rosa colta e ne fece un mazzo.
Che dovendo morire si avviò nel deserto
su un cammello con cento gobbe. Che si addormentò
all'ombra della palma conseguita. Che si sveglierà
quando tutto sarà già stato contato
fino all'ultimo granello di sabbia. Che uomo.
Attraverso la fessura tra il fatto e il fittizio
sfuggì alla nostra attenzione. Resistente
a ogni destino. Si scrolla di dosso
ogni forma che gli do.
Il silenzio si chiuse su di lui, la voce non lasciò cicatrice.
L'assenza prese l'aspetto d'orizzonte.
Lo zero si scrive da solo.

NOTATKA

W pierwszej gablocie
leży kamień.
Widzimy na nim
niewyraźną rysę.
Dzieło przypadku,
jak mówią niektórzy.

W drugiej gablocie
część kości czołowej.
Trudno ustalić –
zwierzęcej czy ludzkiej.
Kość jak kość.
Idźmy dalej.
Tu nic nie ma.

Zostało tylko
stare podobieństwo
iskry skrzesanej z kamienia
do gwiazdy.
Rozsunięta od wieków
przestrzeń porównania
zachowała się dobrze.

To ona
wywabiła nas z wnętrza gatunku,
wywiodła z kręgu snu
sprzed słowa sen,
w którym, co żywe,
rodzi się na zawsze
i umiera bez śmierci.

To ona
obróciła naszą głowę w ludzką
od iskry do gwiazdy,
od jednej do wielu,

APPUNTO

Nella prima bacheca
c'è una pietra.
Vediamo su di essa
una lieve graffiatura.
Opera del caso,
come dicono taluni.

Nella seconda bacheca
un pezzo di osso frontale.
Difficile stabilire
se d'animale o d'uomo.
Un osso è un osso.
Proseguiamo.
Qui non c'è nulla.

È rimasta solo
la vecchia somiglianza
della scintilla tratta dalla pietra
con la stella.
Lo spazio di paragone
aperto da secoli
si è conservato bene.

Lui
ci ha allettati a uscire dall'interno della specie,
ci ha condotti fuori dalla sfera del sonno
prima della parola sonno,
in cui ciò che è vivo
nasce per sempre
e muore senza morte.

Lui
ha trasformato in umana la nostra testa,
dalla scintilla alla stella,
da una a molte,

od każdej do wszystkich,
od skroni do skroni
i to, co nie ma powiek,
otworzyła w nas.

Z kamienia
uleciało niebo.
Kij rozgałęził się
w gęstwinę końców.
Wąż uniósł żądło
z kłębka swoich przyczyn.
Czas się zatoczył
w słojach drzew.
Rozmnożyło się w echu
wycie zbudzonego.

W pierwszej gablocie
leży kamień.
W drugiej gablocie
część kości czołowej.
Ubyliśmy zwierzętom.
Kto ubędzie nam.
Przez jakie podobieństwo.
Czego z czym porównanie.

da ognuna a tutte,
da tempia a tempia
e ha aperto in noi
ciò che non ha palpebre.

Dalla pietra
si è levato in volo il cielo.
Il bastone si è ramificato
in un groviglio di estremità.
Il serpente ha sollevato l'aculeo
dal viluppo delle sue cause.
Il tempo si è arrotolato
negli anelli degli alberi.
Si è moltiplicato nell'eco
l'ululare del risvegliato.

Nella prima bacheca
c'è una pietra.
Nella seconda bacheca
un pezzo di osso frontale.
Siamo venuti meno agli animali.
Chi verrà meno a noi.
Attraverso quale somiglianza.
Il paragone di che con che cosa.

ROZMOWA Z KAMIENIEM

Pukam do drzwi kamienia.
– To ja, wpuść mnie.
Chcę wejść do twego wnętrza,
rozejrzeć się dokoła,
nabrać ciebie jak tchu.

– Odejdź – mówi kamień. –
Jestem szczelnie zamknięty.
Nawet rozbite na części
będziemy szczelnie zamknięte.
Nawet starte na piasek
nie wpuścimy nikogo.

Pukam do drzwi kamienia.
– To ja, wpuść mnie.
Przychodzę z ciekawości czystej.
Życie jest dla niej jedyną okazją.
Zamierzam przejść się po twoim pałacu,
a potem jeszcze zwiedzić liść i kroplę wody.
Niewiele czasu na to wszystko mam.
Moja śmiertelność powinna cię wzruszyć.

– Jestem z kamienia – mówi kamień –
i z konieczności muszę zachować powagę.
Odejdź stąd.
Nie mam mięśni śmiechu.

Pukam do drzwi kamienia.
– To ja, wpuść mnie.
Słyszałam, że są w tobie wielkie puste sale,
nie oglądane, piękne nadaremnie,
głuche, bez echa czyichkolwiek kroków.
Przyznaj, że sam niedużo o tym wiesz.

– Wielkie i puste sale – mówi kamień –
ale w nich miejsca nie ma.

CONVERSAZIONE CON UNA PIETRA

Busso alla porta della pietra.
– Sono io, fammi entrare.
Voglio venirti dentro,
dare un'occhiata,
respirarti come l'aria.

– Vattene – dice la pietra. –
Sono ermeticamente chiusa.
Anche fatte a pezzi
saremo chiuse ermeticamente.
Anche ridotte in polvere
non faremo entrare nessuno.

Busso alla porta della pietra.
– Sono io, fammi entrare.
Vengo per pura curiosità.
La vita è la sua unica occasione.
Vorrei girare per il tuo palazzo,
e visitare poi anche la foglia e la goccia d'acqua.
Ho poco tempo per farlo.
La mia mortalità dovrebbe commuoverti.

– Sono di pietra – dice la pietra –
e devo restare seria per forza.
Vattene via.
Non ho i muscoli per ridere.

Busso alla porta della pietra.
– Sono io, fammi entrare.
Dicono che in te ci sono grandi sale vuote,
mai viste, belle invano,
sorde, senza l'eco di alcun passo.
Ammetti che tu stessa ne sai poco.

– Sale grandi e vuote – dice la pietra –
ma in esse non c'è spazio.

Piękne, być może, ale poza gustem
twoich ubogich zmysłów.
Możesz mnie poznać, nie zaznasz mnie nigdy.
Całą powierzchnią zwracam się ku tobie,
a całym wnętrzem leżę odwrócony.

Pukam do drzwi kamienia.
– To ja, wpuść mnie.
Nie szukam w tobie przytułku na wieczność.
Nie jestem nieszczęśliwa.
Nie jestem bezdomna.
Mój świat jest wart powrotu.
Wejdę i wyjdę z pustymi rękami.
A na dowód, że byłam prawdziwie obecna,
nie przedstawię niczego prócz słów,
którym nikt nie da wiary.

– Nie wejdziesz – mówi kamień. –
Brak ci zmysłu udziału.
Żaden zmysł nie zastąpi ci zmysłu udziału.
Nawet wzrok wyostrzony aż do wszechwidzenia
nie przyda ci się na nic bez zmysłu udziału.
Nie wejdziesz, masz zaledwie zamysł tego zmysłu,
ledwie jego zawiązek, wyobraźnię.

Pukam do drzwi kamienia.
– To ja, wpuść mnie.
Nie mogę czekać dwóch tysięcy wieków
na wejście pod twój dach.

– Jeżeli mi nie wierzysz – mówi kamień –
zwróć się do liścia, powie to, co ja.
Do kropli wody, powie to, co liść.
Na koniec spytaj włosa z własnej głowy.
Śmiech mnie rozpiera, śmiech, olbrzymi śmiech,
którym śmiać się nie umiem.

Pukam do drzwi kamienia.
– To ja, wpuść mnie.

– Nie mam drzwi – mówi kamień.

Belle, può darsi, ma al di là del gusto
dei tuoi poveri sensi.
Puoi conoscermi, però mai fino in fondo.
Con tutta la superficie mi rivolgo a te,
ma tutto il mio interno è girato altrove.

Busso alla porta della pietra.
– Sono io, fammi entrare.
Non cerco in te un rifugio per l'eternità.
Non sono infelice.
Non sono senza casa.
Il mio mondo è degno di ritorno.
Entrerò e uscirò a mani vuote.
E come prova d'esserci davvero stata
porterò solo parole,
a cui nessuno presterà fede.

– Non entrerai – dice la pietra. –
Ti manca il senso del partecipare.
Nessun senso ti sostituirà quello del partecipare.
Anche una vista affilata fino all'onniveggenza
a nulla ti servirà senza il senso del partecipare.
Non entrerai, non hai che un senso di quel senso,
appena un germe, solo una parvenza.

Busso alla porta della pietra.
– Sono io, fammi entrare.
Non posso attendere duemila secoli
per entrare sotto il tuo tetto.

– Se non mi credi – dice la pietra –
rivolgiti alla foglia, dirà la stessa cosa.
Chiedi a una goccia d'acqua, dirà come la foglia.
Chiedi infine a un capello della tua testa.
Scoppio dal ridere, d'una immensa risata
che non so far scoppiare.

Busso alla porta della pietra.
– Sono io, fammi entrare.

– Non ho porta – dice la pietra.

STO POCIECH

UNO SPASSO
(1967)

RADOŚĆ PISANIA

Dokąd biegnie ta napisana sarna przez napisany las?
Czy z napisanej wody pić,
która jej pyszczek odbije jak kalka?
Dlaczego łeb podnosi, czy coś słyszy?
Na pożyczonych z prawdy czterech nóżkach wsparta
spod moich palców uchem strzyże.
Cisza – ten wyraz też szeleści po papierze
i rozgarnia
spowodowane słowem „las" gałęzie.

Nad białą kartką czają się do skoku
litery, które mogą ułożyć się źle,
zdania osaczające,
przed którymi nie będzie ratunku.

Jest w kropli atramentu spory zapas
myśliwych z przymrużonym okiem,
gotowych zbiec po stromym piórze w dół,
otoczyć sarnę, złożyć się do strzału.

Zapominają, że tu nie jest życie.
Inne, czarno na białym, panują tu prawa.
Okamgnienie trwać będzie tak długo, jak zechcę,
pozwoli się podzielić na małe wieczności
pełne wstrzymanych w locie kul.
Na zawsze, jeśli każę, nic się tu nie stanie.
Bez mojej woli nawet liść nie spadnie
ani źdźbło się nie ugnie pod kropką kopytka.

Jest więc taki świat,
nad którym los sprawuję niezależny?
Czas, który wiążę łańcuchami znaków?
Istnienie na mój rozkaz nieustanne?

LA GIOIA DI SCRIVERE

Dove corre questa cerva scritta in un bosco scritto?
Ad abbeverarsi a un'acqua scritta
che riflette il suo musetto come carta carbone?
Perché alza la testa, sente forse qualcosa?
Poggiata su esili zampe prese in prestito dalla verità,
da sotto le mie dita rizza le orecchie.
Silenzio – anche questa parola fruscia sulla carta
e scosta
i rami generati dalla parola «bosco».

Sopra il foglio bianco si preparano al balzo
lettere che possono mettersi male,
un assedio di frasi
che non lasceranno scampo.

In una goccia d'inchiostro c'è una buona scorta
di cacciatori con l'occhio al mirino,
pronti a correr giù per la ripida penna,
a circondare la cerva, a puntare.

Dimenticano che la vita non è qui.
Altre leggi, nero su bianco, vigono qui.
Un batter d'occhio durerà quanto dico io,
si lascerà dividere in piccole eternità
piene di pallottole fermate in volo.
Non una cosa avverrà qui se non voglio.
Senza il mio assenso non cadrà foglia,
né si piegherà stelo sotto il punto del piccolo zoccolo.

C'è dunque un mondo
di cui reggo le sorti indipendenti?
Un tempo che lego con catene di segni?
Un esistere a mio comando incessante?

Radość pisania.
Możność utrwalania.
Zemsta ręki śmiertelnej.

La gioia di scrivere.
Il potere di perpetuare.
La vendetta d'una mano mortale.

PAMIĘĆ NARESZCIE

Pamięć nareszcie ma, czego szukała.
Znalazła mi się matka, ujrzał mi się ojciec.
Wyśniłam dla nich stół, dwa krzesła. Siedli.
Byli mi znowu swoi i znowu mi żyli.
Dwoma lampami twarzy o szarej godzinie
błyśli jak Rembrandtowi.

Teraz dopiero mogę opowiedzieć,
w ilu snach się tułali, w ilu zbiegowiskach
spod kół ich wyciągałam,
w ilu agoniach przez ile mi lecieli rąk.
Odcięci – odrastali krzywo.
Niedorzeczność zmuszała ich do maskarady.
Cóż stąd, że to nie mogło ich poza mną boleć,
jeśli bolało ich we mnie.
Śniona gawiedź słyszała, jak wołałam mamo
do czegoś, co skakało piszcząc na gałęzi.
I był śmiech, że mam ojca z kokardą na głowie.
Budziłam się ze wstydem.

No i nareszcie.
Pewnej zwykłej nocy,
z pospolitego piątku na sobotę,
tacy mi nagle przyszli, jakich chciałam.
Śnili się, ale jakby ze snów wyzwoleni,
posłuszni tylko sobie i niczemu już.
W głębi obrazu zgasły wszystkie możliwości,
przypadkom brakło koniecznego kształtu.
Tylko oni jaśnieli piękni, bo podobni.
Zdawali mi się długo, długo i szczęśliwie.

Zbudziłam się. Otwarłam oczy.
Dotknęłam świata jak rzeźbionej ramy.

LA MEMORIA FINALMENTE

La memoria finalmente ha quel che cercava.
Si è trovata mia madre, mi è apparso mio padre.
Ho sognato per loro un tavolo, due sedie. Si sono
                                                        seduti.
Erano miei di nuovo e per me di nuovo vivi.
Sono balenati con le due lampade del viso
all'imbrunire, come a Rembrandt.

Solo ora posso dire
in quanti sogni hanno vagato, in quante resse
li tiravo fuori da sotto le ruote,
in quante agonie da quante mani mi scivolavano.
Recisi – ricrescevano di traverso.
L'assurdità li costringeva alle mascherate.
Che importa se non potevano soffrirne fuori di me,
se ne soffrivano in me.
La turba sognata mi ha sentito chiamare «mamma»
qualcosa che saltellava pigolando su un ramo.
E si è riso del fiocco sulla testa di mio padre.
Mi risvegliavo con vergogna.

E infine,
una notte normale,
da un venerdì qualsiasi a un sabato,
mi sono arrivati così come li volevo.
Mi apparivano in sogno, ma come liberi da sogni,
obbedienti solo a se stessi e a null'altro.
Nel fondo del quadro si erano spente tutte le possibilità,
ai casi è mancata la forma necessaria.
Solo loro splendevano belli, perché somiglianti.
Mi apparivano a lungo, a lungo e felicemente.

Mi sono svegliata. Ho aperto gli occhi.
Ho toccato il mondo come una cornice intagliata.

PEJZAŻ

W pejzażu starego mistrza
drzewa mają korzenie pod olejną farbą,
ścieżka na pewno prowadzi do celu,
sygnaturę z powagą zastępuje źdźbło,
jest wiarygodna piąta po południu,
maj delikatnie ale stanowczo wstrzymany,
więc i ja przystanęłam – ależ tak, drogi mój,
to ja jestem ta niewiasta pod jesionem.

Przyjrzyj się, jak daleko odeszłam od ciebie,
jaki mam biały czepek i żółtą spódnicę,
jak mocno trzymam koszyk, żeby nie wypaść z obrazu,
jak paraduję sobie w cudzym losie
i odpoczywam od żywych tajemnic.

Choćbyś zawołał, nie usłyszę,
a choćbym usłyszała, nie odwrócę się,
a choćbym i zrobiła ten niemożliwy ruch,
twoja twarz wyda mi się obca.

Znam świat w promieniu sześciu mil.
Znam zioła i zaklęcia na wszystkie boleści.
Bóg jeszcze patrzy w czubek mojej głowy.
Modlę się jeszcze o nienagłą śmierć.
Wojna jest karą a pokój nagrodą.
Zawstydzające sny pochodzą od szatana.
Mam oczywistą duszę jak śliwka ma pestkę.

Nie znam zabawy w serce.
Nie znam nagości ojca moich dzieci.
Nie podejrzewam Pieśni nad pieśniami
o pokreślony zawiły brudnopis.
To, co pragnę powiedzieć, jest w gotowych zdaniach.
Nie używam rozpaczy, bo to rzecz nie moja,
a tylko powierzona mi na przechowanie.

PAESAGGIO

Nel paesaggio dell'antico maestro
gli alberi hanno radici sotto la pittura a olio,
di sicuro il sentiero conduce alla meta,
un filo d'erba sostituisce autorevole la sigla,
sono le cinque, credibili, del pomeriggio,
il maggio è trattenuto in modo delicato, ma deciso,
così mi sono fermata anch'io – sì, mio caro,
sono io quella donna sotto il frassino.

Guarda quanto mi sono allontanata da te,
che cuffia bianca ho, che gonna gialla,
come stringo il cestino per non cadere dal quadro,
come sfoggio un destino altrui
e mi riposo dai misteri vivi.

Anche se mi chiamassi, non ti sentirei,
e anche se ti udissi, non mi volterei,
e anche se io facessi quel gesto impossibile,
il tuo viso mi parrebbe estraneo.

Conosco il mondo per sei miglia intorno.
Conosco erbe ed esorcismi per ogni malanno.
Dio guarda ancora il mio cucuzzolo.
Continuo a pregare di non morire all'improvviso.
La guerra è castigo, e la pace premio.
I sogni vergognosi vengono da Satana.
Ho un'anima ovvia come un nocciolo di prugna.

Non conosco i giochi del cuore.
Non conosco le nudità del padre dei miei figli.
Non credo che il Cantico dei Cantici
abbia una brutta copia contorta e tormentata.
Quello che voglio dire è in frasi fatte.
Non uso la disperazione, non è cosa mia,
me l'hanno solo affidata in custodia.

Choćbyś zabiegł mi drogę,
choćbyś zajrzał w oczy,
minę cię samym skrajem przepaści cieńszej niż włos.

Na prawo jest mój dom, który znam dookoła
razem z jego schodkami i wejściem do środka,
gdzie dzieją się historie nie namalowane:
kot skacze na ławę,
słońce pada na cynowy dzban,
za stołem siedzi kościsty mężczyzna
i reperuje zegar.

Anche se mi tagliassi la strada,
anche se mi guardassi negli occhi,
ti scanserei sull'orlo d'un abisso più sottile d'un capello.

A destra c'è la mia casa, che conosco da ogni lato,
insieme ai suoi scalini e all'entrata,
e dentro accadono storie non dipinte:
il gatto salta sulla panca,
il sole cade sulla brocca di zinco,
dietro al tavolo siede un uomo ossuto
e aggiusta un orologio.

ALBUM

Nikt w rodzinie nie umarł z miłości.
Co tam było to było, ale nic dla mitu.
Romeowie gruźlicy? Julie dyfterytu?
Niektórzy wręcz dożyli zgrzybiałej starości.
Żadnej ofiary braku odpowiedzi
na list pokropiony łzami!
Zawsze w końcu zjawiali się jacyś sąsiedzi
z różami i binoklami.
Żadnego zaduszenia się w stylowej szafie,
kiedy to raptem wraca mąż kochanki!
Nikomu te sznurówki, mantylki, falbanki
nie przeszkodziły wejść na fotografię.
I nigdy w duszy piekielnego Boscha!
I nigdy z pistoletem do ogrodu!
(Konali z kulą w czaszce, ale z innego powodu
i na polowych noszach).
Nawet ta, z ekstatycznym kokiem
i oczami podkutymi jak po balu,
odpłynęła wielkim krwotokiem
nie do ciebie danserze i nie z żalu.
Może ktoś, dawniej, przed dagerotypem –
ale z tych, co w albumie, nikt, o ile wiem.
Rozśmieszały się smutki, leciał dzień za dniem,
a oni, pocieszeni, znikali na grypę.

ALBUM

Nessuno in famiglia è mai morto per amore.
Nulla di quel passato potrebbe farsi mito.
Romei tisici? Giuliette malate di cuore?
C'è chi anzi è diventato un vecchio raggrinzito.
Nessuna vittima d'una risposta non giunta
a una lettera bagnata di pianto!
Alla fine appariva sempre un vicino
con pince-nez e rose di giardino.
Nessun soffocamento in un armadio elegante
per il ritorno del marito dell'amante!
Questi corsetti, queste gale, la mantiglia
non impedivano di entrare nella foto di famiglia.
E mai nell'anima un Bosch infernale!
E mai in un parco con la pistola in mano!
(Morivano, ma per altre ragioni, con una palla
nel cranio e barelle da campo per guanciale).
Perfino questa, con un pudico décolleté
e gli occhi cerchiati come dopo una soirée,
è defluita con una grande emorragia
non verso di te, o cavaliere, e non per nostalgia.
Prima della fotografia, forse qualcuno,
ma di quelli dell'album, a quanto so, nessuno.
Le pene volgevano in riso, i giorni volavano,
e loro, placati, per un'influenza se ne andavano.

ŚMIECH

Dziewczynka, którą byłam –
znam ją, oczywiście.
Mam kilka fotografii
z jej krótkiego życia.
Czuję wesołą litość
dla paru wierszyków.
Pamiętam kilka zdarzeń.

Ale,
żeby ten, co jest tu ze mną,
roześmiał się i objął mnie,
wspominam tylko jedną historyjkę:
dziecinną miłość
tej małej brzyduli.

Opowiadam,
jak kochała się w studencie,
to znaczy chciała,
żeby spojrzał na nią.

Opowiadam,
jak mu wybiegła naprzeciw
z bandażem na zdrowej głowie,
żeby chociaż, och, zapytał,
co się stało.

Zabawna mała.
Skądże mogła wiedzieć,
że nawet rozpacz przynosi korzyści,
jeżeli dobrym trafem
pożyje się dłużej.

Dałabym jej na ciastko.
Dałabym na kino.
Idź sobie, nie mam czasu.

RISO

La ragazzina che ero –
la conosco, ovviamente.
Ho qualche fotografia
della sua breve vita.
Provo un'allegra pietà
per un paio di poesiole.
Ricordo alcuni fatti.

Ma,
perché quello che è qui con me
rida e mi abbracci
rammento solo una storiella:
l'amore infantile
di quella bruttina.

Racconto
del suo amore per uno studente,
cioè voleva
che lui la guardasse.

Racconto
di come gli corse incontro
con una benda sulla testa sana
perché almeno, ah, le chiedesse
cos'era successo.

Buffa piccina.
Come poteva sapere
che anche la disperazione dà benefici
se si ha la fortuna
di vivere più a lungo.

Le pagherei un dolcetto.
Le pagherei il cinema.
Vattene, non ho tempo.

No przecież widzisz,
że światło zgaszone.
Chyba rozumiesz,
że zamknięte drzwi.
Nie szarp za klamkę –
ten, co się roześmiał,
ten, co mnie objął,
to nie jest twój student.

Najlepiej, gdybyś wróciła,
skąd przyszłaś.
Nic ci nie jestem winna,
zwyczajna kobieta,
która tylko wie,
kiedy
zdradzić cudzy sekret.

Nie patrz tak na nas
tymi swoimi oczami
zanadto otwartymi,
jak oczy umarłych.

Eppure vedi
che la luce è spenta.
Certo capisci
che la porta è chiusa.
Non scuotere la maniglia –
quello che ha riso,
quello che mi ha abbracciato,
non è il tuo studente.

Faresti meglio a tornare
da dove sei venuta.
Non ti devo nulla,
donna qualunque,
che sa solo
quando
tradire un segreto altrui.

Non guardarci così
con quei tuoi occhi
troppo aperti,
come gli occhi dei morti.

DWORZEC

Nieprzyjazd mój do miasta N.
odbył się punktualnie.

Zostałeś uprzedzony
niewysłanym listem.

Zdążyłeś nie przyjść
w przewidzianej porze.

Pociąg wjechał na peron trzeci.
Wysiadło dużo ludzi.

Uchodził w tłumie do wyjścia
brak mojej osoby.

Kilka kobiet zastąpiło mnie
pośpiesznie
w tym pośpiechu.

Do jednej podbiegł
ktoś nie znany mi,
ale ona rozpoznała go
natychmiast.

Oboje wymienili
nie nasz pocałunek,
podczas czego zginęła
nie moja walizka.

Dworzec w mieście N.
dobrze zdał egzamin
z istnienia obiektywnego.

Całość stała na swoim miejscu.
Szczegóły poruszały się
po wyznaczonych torach.

LA STAZIONE

Il mio non arrivo nella città di N.
è avvenuto puntualmente.

Sei stato avvertito
con una lettera non spedita.

Hai fatto in tempo a non venire
all'ora prevista.

Il treno è arrivato sul terzo binario.
È scesa molta gente.

La mia persona, assente,
si è avviata all'uscita tra la folla.

Alcune donne mi hanno sostituito
frettolosamente
in quella fretta.

A una è corso incontro
qualcuno che non conoscevo,
ma lei lo ha riconosciuto
immediatamente.

Si sono scambiati
un bacio non nostro,
intanto si è perduta
una valigia non mia.

La stazione della città di N.
ha superato bene la prova
di esistenza oggettiva.

L'insieme restava al suo posto.
I particolari si muovevano
sui binari designati.

Odbyło się nawet
umówione spotkanie.

Poza zasięgiem
naszej obecności.

W raju utraconym
prawdopodobieństwa.

Gdzie indziej.
Gdzie indziej.
Jak te słówka dźwięczą.

È avvenuto perfino
l'incontro fissato.

Fuori dalla portata
della nostra presenza.

Nel paradiso perduto
della probabilità.

Altrove.
Altrove.
Come risuona questa parolina.

ŻYWY

Już tylko obejmujemy.
Obejmujemy żywego.
Susem już tylko serca
umiejąc go dopaść.

Ku zgorszeniu pajęczycy,
krewnej naszej po kądzieli,
on nie zostanie pożarty.

Pozwalamy jego głowie,
od wieków ułaskawionej,
spocząć na naszym ramieniu.

Z tysiąca bardzo splątanych powodów
mamy w zwyczaju
słuchać jak oddycha.

Wygwizdane z misterium.
Rozbrojone ze zbrodni.
Wydziedziczone z żeńskiej grozy.

Czasem tylko paznokcie
błysną, drasną, zgasną.
Czy wiedzą,
czy choć mogą się domyślić,
jakiej fortuny są ostatnim srebrem?

On już zapomniał
uciekać przed nami.
Nie zna, co to na karku
wielooki strach.

Wygląda,
jakby ledwie zdołał się urodzić.
Cały z nas.
Cały nasz.

VIVO

Ormai abbracciamo soltanto.
Lo abbracciamo vivo.
Capaci ormai di agguantarlo
solo con un balzo del cuore.

Con scandalo della ragna,
nostra parente per parte di madre,
non verrà divorato.

Lasciamo che la sua testa,
graziata da secoli,
riposi sulla nostra spalla.

Per mille complicate ragioni
è nostra abitudine
ascoltarlo respirare.

Scacciate a fischi dalla scena dei misteri.
Disarmate del crimine,
diseredate dell'orrore femminile.

A volte solo le unghie
brillano, scalfiscono, si spengono.
Sanno,
riescono almeno a immaginare
di quale fortuna sono l'ultima argenteria?

Lui già si è dimenticato
di fuggire da noi.
Non sa cosa sia sentirsi addosso
la paura dai cent'occhi.

Ha l'aspetto di
uno a malapena nato.
Tutto da noi.
Tutto nostro.

Z błagalnym cieniem rzęsy
na policzku.
Z rzewnym strumykiem potu
między łopatkami.

Taki nam teraz jest
i taki zaśnie.
Ufny.
W uścisku przedawnionej śmierci.

Con l'ombra implorante del ciglio
sulla guancia.
Con un mesto rivolo di sudore
tra le scapole.

Così lui è ora per noi
e così si addormenterà.
Fiducioso.
Nell'abbraccio d'una morte caduta in prescrizione.

URODZONY

Więc to jest jego matka.
Ta mała kobieta.
Szarooka sprawczyni.

Łódka, w której przed laty
przypłynął do brzegu.

To z niej się wydobywał
na świat,
na niewieczność.

Rodzicielka mężczyzny,
z którym skaczę przez ogień.

Więc to ona, ta jedyna,
co go sobie nie wybrała
gotowego, zupełnego.

Sama go pochwyciła
w znajomą mi skórę,
przywiązała do kości
ukrytych przede mną.

Sama mu wypatrzyła
jego szare oczy,
jakimi spojrzał na mnie.

Więc to ona, alfa jego.
Dlaczego mi ją pokazał.

Urodzony.
Więc jednak i on urodzony.
Urodzony jak wszyscy.
Jak ja, która umrę.

NATO

Dunque è sua madre.
Questa piccola donna.
Artefice dagli occhi grigi.

La barca su cui, anni fa,
lui approdò alla riva.

È da lei che si è tirato fuori
nel mondo,
nella non-eternità.

Genitrice dell'uomo
con cui salto attraverso il fuoco.

È dunque lei, l'unica
che non lo scelse
pronto, compiuto.

Da sola lo tirò
dentro la pelle a me nota,
lo attaccò alle ossa
a me nascoste.

Da sola gli cercò
gli occhi grigi
con cui mi ha guardato.

Dunque è lei, la sua Alfa.
Perché mai me l'ha mostrata?

Nato.
Così è nato, anche lui.
Nato come tutti.
Come me, che morirò.

Syn prawdziwej kobiety.
Przybysz z głębin ciała.
Wędrowiec do omegi.

Narażony
na nieobecność swoją
zewsząd,
w każdej chwili.

A jego głowa
to jest głowa w mur
ustępliwy do czasu.

A jego ruchy
to są uchylenia
od powszechnego wyroku.

Zrozumiałam,
że uszedł już połowę drogi.

Ale mi tego nie powiedział,
nie.

– To moja matka –
powiedział mi tylko.

Figlio d'una donna reale.
Uno giunto dalle profondità del corpo.
In viaggio verso l'Omega.

Esposto
alla propria assenza
da ogni dove,
in ogni istante.

E la sua testa
è una testa contro un muro
cedevole per ora.

E le sue mosse
sono tentativi di eludere
il verdetto universale.

Ho capito
che è già a metà cammino.

Ma questo a me non l'ha detto,
no.

«Questa è mia madre»
mi ha detto soltanto.

SPIS LUDNOŚCI

Na wzgórzu, gdzie stała Troja,
odkopano siedem miast.
Siedem miast. O sześć za dużo
jak na jedną epopeję.
Co z nimi zrobić, co zrobić.
Pękają heksametry,
afabularna cegła wyziera ze szczelin,
w ciszy filmu niemego obalone mury,
zwęglone belki, zerwane ogniwa,
dzbanki wypite do utraty dna,
amulety płodności, pestki sadów
i czaszki dotykalne jak jutrzejszy księżyc.

Przybywa nam dawności,
robi się w niej tłoczno,
rozpychają się w dziejach dzicy lokatorzy,
zastępy mięsa mieczowego,
reszki orła-Hektora dorównujące mu męstwem,
tysiące i tysiące poszczególnych twarzy,
a każda pierwsza i ostatnia w czasie,
a w każdej dwoje niebywałych oczu.
Tak lekko było nic o tym nie wiedzieć,
tak rzewnie, tak przestronnie.

Co z nimi robić, co im dać?
Jakiś wiek mało zaludniony do tej pory?
Trochę uznania dla sztuki złotniczej?
Za późno przecież na sąd ostateczny.
My, trzy miliardy sędziów,
mamy swoje sprawy,
własne nieartykułowane rojowiska,
dworce, trybuny sportowe, pochody,
liczebne zagranice ulic, pięter, ścian.

CENSIMENTO

Sul colle dove sorgeva Troia
hanno dissotterrato sette città.
Sette città. Sei di troppo
per una epopea.
Che farne, che farne?
Gli esametri si spaccano,
il mattone non narrativo affiora dalle fessure,
muri abbattuti nel silenzio d'un film muto,
travi carbonizzate, anelli spezzati,
brocche bevute a perdifondo,
amuleti della fertilità, noccioli di frutteti
e crani tangibili come la luna di domani.

Cresce la nostra dose di antichità,
dentro ci si sta stretti,
inquilini abusivi sgomitano nella storia,
schiere di carne da spada,
rovesci della medaglia di Ettore, a lui pari per valore,
migliaia e migliaia di singoli volti,
ciascuno il primo e l'ultimo nel tempo,
e in ciascuno due occhi insoliti.
Era così facile non saperne niente,
così tenero, così arioso.

Che fare di loro, cosa dargli?
Un secolo finora poco popolato?
Un riconoscimento per l'oreficeria?
In fondo è tardi per il giudizio universale.
Noi, tre miliardi di giudici,
abbiamo le nostre faccende,
i nostri brulichii inarticolati,
stazioni, spalti negli stadi, cortei,
oltrefrontiera di strade, piani, pareti.

Mijamy się na wieczność w domach towarowych
kupując nowy dzbanek.
Homer pracuje w biurze statystycznym.
Nikt nie wie, co robi w domu.

Ci incrociamo per l'eternità nei grandi magazzini
comprando una nuova brocca.
Omero lavora in un istituto di statistica.
Nessuno sa cosa faccia a casa.

MONOLOG DLA KASANDRY

To ja, Kasandra.
A to jest moje miasto pod popiołem.
A to jest moja laska i wstążki prorockie.
A to jest moja głowa pełna wątpliwości.

To prawda, tryumfuję.
Moja racja aż łuną uderzyła w niebo.
Tylko prorocy, którym się nie wierzy,
mają takie widoki.
Tylko ci, którzy źle zabrali się do rzeczy,
i wszystko mogło spełnić się tak szybko,
jakby nie było ich wcale.

Wyraźnie teraz przypominam sobie,
jak ludzie, widząc mnie, milkli w pół słowa.
Rwał się śmiech.
Rozplatały się ręce.
Dzieci biegły do matki.
Nawet nie znałam ich nietrwałych imion.
A ta piosenka o zielonym listku –
nikt jej nie kończył przy mnie.

Kochałam ich.
Ale kochałam z wysoka.
Sponad życia.
Z przyszłości. Gdzie zawsze jest pusto
i skąd cóż łatwiejszego jak zobaczyć śmierć.
Żałuję, że mój głos był twardy.
Spójrzcie na siebie z gwiazd – wołałam –
spójrzcie na siebie z gwiazd.
Słyszeli i spuszczali oczy.

Żyli w życiu.
Podszyci wielkim wiatrem.
Przesądzeni.

MONOLOGO PER CASSANDRA

Sono io, Cassandra.
E questa è la mia città sotto le ceneri.
E questi i miei nastri e la verga di profeta.
E questa è la mia testa piena di dubbi.

È vero, sto trionfando.
I miei giusti presagi hanno acceso il cielo.
Solamente i profeti inascoltati
godono di simili viste.
Solo quelli partiti con il piede sbagliato,
e tutto poté compiersi tanto in fretta
come se mai fossero esistiti.

Ora rammento con chiarezza:
la gente al vedermi si fermava a metà.
Le risate morivano.
Le mani si scioglievano.
I bambini correvano dalle madri.
Non conoscevo neppure i loro effimeri nomi.
E quella canzoncina sulla foglia verde –
nessuno la finiva in mia presenza.

Li amavo.
Ma dall'alto.
Da sopra la vita.
Dal futuro. Dove è sempre vuoto
e nulla è più facile che vedere la morte.
Mi spiace che la mia voce fosse dura.
Guardatevi dall'alto delle stelle – gridavo –
guardatevi dall'alto delle stelle.
Sentivano e abbassavano gli occhi.

Vivevano nella vita.
Permeati da un grande vento.
Con sorti già decise.

Od urodzenia w pożegnalnych ciałach.
Ale była w nich jakaś wilgotna nadzieja,
własną migotliwością sycący się płomyk.
Oni wiedzieli, co to takiego jest chwila,
och bodaj jedna jakakolwiek
zanim –

Wyszło na moje.
Tylko że z tego nie wynika nic.
A to jest moja szatka ogniem osmalona.
A to są moje prorockie rupiecie.
A to jest moja wykrzywiona twarz.
Twarz, która nie wiedziała, że mogła być piękna.

Fin dalla nascita in corpi da commiato.
Ma c'era in loro un'umida speranza,
una fiammella nutrita del proprio luccichio.
Loro sapevano cos'è davvero un istante,
oh, almeno uno, uno qualunque
prima di –

È andata come dicevo io.
Solo che non ne viene nulla.
E questa è la mia veste bruciacchiata.
E questo è il mio ciarpame di profeta.
E questo è il mio viso stravolto.
Un viso che non sapeva di poter essere bello.

MOZAIKA BIZANTYJSKA

– Małżonko Teotropio.

– Małżonku Teodendronie.

– O jakżeś piękna, wąskolica moja.

– O jakżeś urodziwy, sinousty mój.

– Wdzięcznieś znikoma
pod szatą jak dzwon,
którą zdejmować
hałas na całe cesarstwo.

– Wybornieś umartwiony,
mężu mój i panie,
wzajemny cieniu cienia mego.

– Upodobałem sobie
w dłoniach pani mej,
jako w suchych palemkach
do opończy wpiętych.

– Aliści wznieść bym je chciała do nieba
i błagać dla synaczka naszego litości,
iż nie jest jako my, Teodendronie.

– Wszelki duch, Teotropio.
Jakiż by miał być
spłodzon w godziwym
dostojeństwie naszym?

– Wyznamć, a ty posłuchaj.
Grzeszniczka zrodziłam.
Naguśki jak prosiątko,
a tłusty a żwawy,

MOSAICO BIZANTINO

– O Teotropia, mia consorte.

– O Teodendrone, mio consorte.

– Come sei bella, o mia diletta dalle smunte gote.

– Come sei leggiadro, o mio sposo dalle livide labbra.

– Mirabile è la gracilità tua
sotto la veste a campana,
che a toglierla
l'impero rimbomberebbe tutto.

– Squisita è la mortificazione tua,
mio signore e padrone,
ombra reciproca della mia ombra.

– Mi sono compiaciuto
nelle mani della mia signora,
come in palmette secche
appuntate sul mantello.

– Epperò vorrei elevarle al cielo
e implorare pietà per il nostro figlioletto,
giacché non è come noi, o Teodendrone.

– Ce ne scampi Iddio, Teotropia.
E come dovrebbe mai essere,
procreato nella retta
dignità nostra?

– Confesserò, e tu porgimi ascolto.
Ho generato un peccatore.
Ignudo come un porcellino,
e grasso e vivace,

cały w fałdkach przegubkach
przytoczył się nam.

– Pyzaty-li?

– Pyzaty.

– Żarłoczny-li?

– Żarłoczny.

– Krew-li z mlekiem?

– Tyś rzekł.

– Co na to archimandryta,
mąż przenikliwej gnozy?
Co na to eremitki,
szkielecice święte?
Jakoż im diablęcego
rozwinąć z jedwabi?

– Wszelako w bożej mocy
cud metamorfozy.
Widząc tedy szpetotę
dziecięcia onego,
nie zakrzykniesz,
a licha za wcześnie nie zbudzisz?

– Bliźniętamiśmy w zgrozie.
Prowadź, Teotropio.

tutto fossette e pieghe
è rotolato a noi.

– Paffuto egli è?

– Paffuto.

– Vorace egli è?

– Vorace.

– Sangue e latte egli è?

– Tu l'hai detto.

– Che ne dirà l'archimandrita,
uomo di penetrante gnosi?
Che ne diranno le eremite,
scheletrine sante?
Come scioglieranno dalle sete
il diabolico infante?

– Nondimeno il miracolo della metamorfosi
è nella potestà divina.
Vedendo ordunque la laidezza
di cotesto pargolo,
non griderai,
svegliando il demonio anzitempo?

– Gemelli siamo nell'orrore.
Guidami, Teotropia.

ŚCIĘCIE

Dekolt pochodzi od decollo,
decollo znaczy ścinam szyję.
Królowa szkocka Maria Stuart
przyszła na szafot w stosownej koszuli,
koszula była wydekoltowana
i czerwona jak krwotok.

W tym samym czasie
w odludnej komnacie
Elżbieta Tudor Królowa Angielska
stała przy oknie w sukni białej.
Suknia była zwycięsko zapięta pod brodę
i zakończona krochmaloną kryzą.

Myślały chórem:
„Boże zmiłuj się nade mną"
„Słuszność po mojej stronie"
„Żyć czyli zawadzać"
„W pewnych okolicznościach sowa jest córką piekarza"
„To się nigdy nie skończy"
„To się już skończyło"
„Co ja tu robię, tu gdzie nie ma nic".

Różnica stroju – tak, tej bądźmy pewni.
Szczegół
jest niewzruszony.

DECAPITAZIONE

Décolleté deriva da decollo,
decollo, ovvero taglio il collo.
La regina di Scozia Maria Stuarda
salì sul patibolo con la camicia adatta.
Una camicia scollata
e rossa come un'emorragia.

Nello stesso momento
in una sala appartata
Elisabetta Tudor regina d'Inghilterra
stava accanto alla finestra con un vestito bianco.
Vestito trionfalmente chiuso sotto il mento
e con al bordo una gala inamidata.

Pensavano all'unisono:
«Signore, abbi pietà di me».
«La ragione è dalla mia parte».
«Vivere ossia essere d'intralcio».
«In determinate circostanze la civetta è figlia d'un
                                            fornaio».
«Non finirà mai».
«È già finita».
«Che faccio qui, dove non c'è nulla».

La differenza d'abito – sì, di questa si può essere certi.
Il particolare
è inflessibile.

PIETÀ

W miasteczku, gdzie urodził się bohater,
obejrzeć pomnik, pochwalić, że duży,
spłoszyć dwie kury z progu pustego muzeum,
dowiedzieć się, gdzie mieszka matka,
zapukać, pchnąć skrzypiące drzwi.
Trzyma się prosto, czesze gładko, patrzy jasno.
Powiedzieć, że się przyjechało z Polski.
Pozdrowić. Pytać głośno i wyraźnie.
Tak, bardzo go kochała. Tak, zawsze był taki.
Tak, stała wtedy pod murem więzienia.
Tak, słyszała tę salwę.
Żałować, że nie wzięło się magnetofonu
i aparatu filmowego. Tak, zna te przyrządy.
W radiu czytała jego list ostatni.
W telewizji śpiewała stare kołysanki.
Raz nawet przedstawiała w kinie, aż do łez
wpatrzona w jupitery. Tak, wzrusza ją pamięć.
Tak, trochę jest zmęczona. Tak, to przejdzie.
Wstać. Podziękować. Pożegnać się. Wyjść
mijając w sieni kolejnych turystów.

PIETÀ

Nella cittadina, dove è nato l'eroe,
guardare il monumento, lodarne la grandezza,
cacciare due galline dalla soglia del museo deserto,
chiedere dove abita la madre,
bussare, spingere la porta che cigola.
Si mantiene dritta, capelli lisci, sguardo limpido.
Dire che si è arrivati dalla Polonia.
Salutare. Fare le domande a voce alta e chiara.
Sì, lo amava molto. Sì, era sempre stato così.
Sì, lei allora si trovava sotto il muro della prigione.
Sì, aveva sentito la scarica.
Dispiacersi di non aver portato un registratore
e una cinepresa. Sì, conosce quegli arnesi.
Ha letto alla radio la sua ultima lettera.
Ha cantato alla TV le ninnenanne d'un tempo.
Ha perfino preso parte a un film, in lacrime
per via dei riflettori. Sì, la memoria la commuove.
Sì, è un po' stanca. Sì, passerà.
Alzarsi. Ringraziare. Accomiatarsi. Uscire,
incrociando nell'atrio i turisti successivi.

NIEWINNOŚĆ

Poczęta na materacu z ludzkich włosów.
Gerda. Eryka. Może Margareta.
Nie wie, naprawdę nie wie o tym nic.
Ten rodzaj wiadomości nie nadaje się
ani do udzielenia, ani do przyjęcia.
Greckie Erynie są zbyt sprawiedliwe.
Drażniłaby nas dzisiaj ich ptasia przesada.

Irma. Brygida. Może Fryderyka.
Ma lat dwadzieścia dwa albo niewiele więcej.
Zna trzy języki obce konieczne w podróżach.
Firma, w której pracuje, poleca na eksport
najlepsze materace tylko z włókien sztucznych.
Eksport zbliża narody.

Berta. Ulryka. Może Hildegarda.
Piękna nie, ale wysoka i szczupła.
Policzki, szyja, piersi, uda, brzuch
w pełnym właśnie rozkwicie i blasku nowości.
Radośnie bosa na plażach Europy
rozpuszcza jasne włosy, długie aż do kolan.

Nie radzę ścinać – powiedział jej fryzjer –
raz ścięte, już tak bujnie nie odrosną nigdy.
Proszę mi wierzyć.
To jest rzecz sprawdzona
tausend- und tausendmal.

INNOCENZA

Concepita su un materasso di capelli umani.
Gerda. Erika. Forse Margarete.
Non sa, davvero non ne sa nulla.
Questo genere di notizie non è adatto
a essere trasmesso o ricevuto.
Le Erinni greche sono troppo giuste.
La loro esagerazione da pennuti oggi ci irriterebbe.

Irma. Brigitta. Forse Frederike.
Ha ventidue anni o poco più.
Conosce le tre lingue straniere necessarie nei viaggi.
La ditta in cui lavora consiglia per l'esportazione
i migliori materassi solo in fibre sintetiche.
L'esportazione avvicina i popoli.

Berta. Ulrike. Forse Hildegard.
Bella no, ma alta e sottile.
Guance, collo, seni, cosce, ventre
ora in pieno rigoglio e nello splendore del nuovo.
Gioiosamente scalza sulle spiagge d'Europa
scioglie i capelli chiari, lunghi fino alle ginocchia.

Sconsiglio di tagliarli – le ha detto il parrucchiere –
tagliati, non ricresceranno mai più tanto rigogliosi.
Mi creda.
È una cosa sperimentata
tausend- und tausendmal.

WIETNAM

Kobieto, jak się nazywasz? – Nie wiem.
Kiedy się urodziłaś, skąd pochodzisz? – Nie wiem.
Dlaczego wykopałaś sobie norę w ziemi? – Nie wiem.
Odkąd się tu ukrywasz? – Nie wiem.
Czemu ugryzłaś mnie w serdeczny palec? – Nie wiem.
Czy wiesz, że nie zrobimy ci nic złego? – Nie wiem.
Po czyjej jesteś stronie? – Nie wiem.
Teraz jest wojna, musisz wybrać? – Nie wiem.
Czy twoja wieś jeszcze istnieje? – Nie wiem.
Czy to są twoje dzieci? – Tak.

VIETNAM

Donna, come ti chiami? – Non lo so.
Quando sei nata, da dove vieni? – Non lo so.
Perché ti sei scavata una tana sottoterra? – Non lo so.
Da quando ti nascondi qui? – Non lo so.
Perché mi hai morso la mano? – Non lo so.
Sai che non ti faremo del male? – Non lo so.
Da che parte stai? – Non lo so.
Ora c'è la guerra, devi scegliere. – Non lo so.
Il tuo villaggio esiste ancora? – Non lo so.
Questi sono i tuoi figli? – Sì.

PISANE W HOTELU

Kioto ma szczęście,
szczęście i pałace,
skrzydlate dachy,
schodki w gamach.
Sędziwe a zalotne,
kamienne a żywe,
drewniane
a tak jakby z nieba w ziemię rosło.
Kioto jest miastem pięknym
aż do łez.

Prawdziwych łez
pewnego pana,
znawcy zabytków, miłośnika,
który w rozstrzygającej chwili,
przy zielonym stole
zawołał,
że jest przecież tyle gorszych miast –
i rozpłakał się nagle
na swoim krzesełku.

Tak ocalało Kioto
od Hiroszimy stanowczo piękniejsze.

Ale to dawne dzieje.
Nie mogę wiecznie myśleć tylko o tym
ani pytać bez przerwy
co będzie, co będzie.

Na co dzień wierzę w trwałość,
w perspektywy historii.
Nie potrafię gryźć jabłek
w nieustannej grozie.

SCRITTO IN UN ALBERGO

Kyoto ha fortuna,
fortuna e palazzi,
tetti alati,
gradini in scala musicale.
Attempata ma civettuola,
di pietra ma viva,
di legno,
ma come crescesse dal cielo alla terra.
Kyoto è una città bella
fino alle lacrime.

Vere lacrime
d'un certo signore,
un intenditore, un amatore di antichità,
che in un momento decisivo
al tavolo delle conferenze
esclamò
che in fondo ci sono tante città peggiori –
e d'improvviso scoppiò in lacrime
sulla sua sedia.

Così si salvò Kyoto,
decisamente più bella di Hiroshima.

Ma questa è storia vecchia.
Non posso pensare sempre solo a questo
né chiedere di continuo
cosa accadrà, cosa accadrà.

Nel quotidiano credo alla durata,
alle prospettive della storia.
Non riesco ad addentare le mele
in un continuo orrore.

Słyszę, że Prometeusz ten i ów
chodzi w kasku strażackim
i cieszy się z wnucząt.

Pisząc te swoje wiersze
zastanawiam się,
co w nich, za ile lat
wyda się śmieszne.

Już tylko czasem
ogarnia mnie strach.
W podróży.
W obcym mieście.

Gdzie z cegły mur jak mur,
wieża stara bo stara,
łupina tynku pod byle zbyć gzymsem,
pudła mieszkalne nowych dzielnic,
nic,
drzewko bezradne.

Co by tu robił
ten wrażliwy pan,
miłośnik, znawca.

Pożal się z gipsu boże.
Westchnij klasyku
fabrycznym popiersiem.

Już tylko czasem
w mieście, jakich wiele.
W pokoju hotelowym
z widokiem na rynnę
i z niemowlęcym krzykiem
kota pod gwiazdami.

W mieście, gdzie dużo ludzi,
więcej niż na dzbanach,
na filiżankach, spodkach, parawanach.

Sento dire che certi Prometei
girano con l'elmetto da pompiere
e gioiscono dei loro nipotini.

Scrivendo questi versi
mi chiedo
cosa in essi fra quanti anni
sembrerà ridicolo.

Ormai solo a volte
mi prende la paura.
In viaggio.
In una città straniera.

Con un muro di mattoni come tutti i muri,
una torre vecchia perché vecchia,
una buccia di intonaco sotto un cornicione sciatto,
scatole d'abitazione di nuovi quartieri,
nulla,
un alberello impotente.

Cosa avrebbe fatto qui
quel signore sensibile,
quell'amatore, quell'intenditore.

Dio di gesso, abbi pietà.
Sospira, classico,
col tuo busto in serie.

Ormai solo a volte
in una città, una delle tante.
In una stanza d'albergo
con vista sulla grondaia
e il grido da neonato
d'un gatto sotto le stelle.

In una città dove c'è molta gente,
più che su brocche,
tazze, piattini, paraventi.

W mieście, o którym wiem
tę jedną rzecz,
że to nie Kioto,
nie Kioto na pewno.

In una città di cui so
questa sola cosa,
che non è Kyoto,
di certo non è Kyoto.

Ten dorosły mężczyzna. Ten człowiek na ziemi.
Dziesięć miliardów komórek nerwowych.
Pięć litrów krwi na trzysta gramów serca.
Taki przedmiot powstawał trzy miliardy lat.

Z początku zjawił się w formie chłopczyka.
Chłopczyk kładł główkę na kolanach cioci.
Gdzie jest ten chłopczyk. Gdzie są te kolana.
Chłopczyk zrobił się duży. Ach to już nie to.
Te lustra są okrutne i gładkie jak jezdnia.
Wczoraj przejechał kota. Tak, to była myśl.
Kot został wyzwolony z piekła tej epoki.
Dziewczyna w samochodzie spojrzała spod rzęs.
Nie, nie miała tych kolan, o które mu chodzi.
Właściwie to by sobie dyszał leżąc w piasku.
On i świat nic nie mają ze sobą wspólnego.
Czuje się uchem urwanym od dzbana,
Choć dzban nic o tym nie wie i wciąż nosi wodę.
To jest zdumiewające. Ktoś jeszcze się trudzi.
Ten dom jest zbudowany. Ta klamka rzeźbiona.
To drzewo zaszczepione. Ten cyrk będzie grał.
Ta całość chce się trzymać chociaż jest z kawałków.
Jak klej ciężkie i gęste sunt lacrimae rerum.
Ale to wszystko w tle i tylko obok.
W nim jest ciemność okropna a w ciemności
                                        chłopczyk.

Boże humoru, zrób z nim coś koniecznie.
Boże humoru, zrób z nim coś nareszcie.

FILM – ANNI SESSANTA

Quest'uomo adulto. Quest'uomo sulla terra.
Dieci miliardi di cellule nervose. Cinque litri
di sangue per trecento grammi di cuore.
Un tal oggetto si è formato in tre miliardi d'anni.

All'inizio è apparso sotto forma d'un bimbo.
Poggiava la testolina sulle ginocchia della zia.
Dov'è quel bimbo. Dove quelle ginocchia.
Il bimbo è cresciuto. Ah, non è più la stessa cosa.
Questi specchi crudeli e lisci come asfalto.
Ieri ha investito un gatto. Sì, non male come idea.
Il gatto è stato liberato dall'inferno presente.
La ragazza nell'auto gli ha lanciato un'occhiata.
No, non aveva le ginocchia che lui cercava.
In verità, meglio giacere sulla sabbia ansando.
Lui e il mondo non hanno nulla in comune.
Si sente come un manico strappato dalla secchia,
benché la secchia ignara continui ad andare al pozzo.
È sorprendente. Qualcuno ancora si affatica.
Questa casa è costruita. Questa maniglia lavorata.
Quest'albero innestato. Questo circo farà uno spettacolo.
Questo tutto vuol reggersi, benché fatto di pezzi.
Pesanti e dense come colla sunt lacrimae rerum.
Ma tutto questo sta sullo sfondo e solo a lato.
In lui c'è un'orrenda oscurità e in essa un bimbo.

Dio dello humour, fa' di lui qualcosa alla svelta.
Dio dello humour, fanne qualcosa una buona volta.

RELACJA ZE SZPITALA

Ciągnęliśmy zapałki, kto ma pójść do niego.
Wypadło na mnie. Wstałem od stolika.
Zbliżała się już pora odwiedzin w szpitalu.

Nie odpowiedział nic na powitanie.
Chciałem go wziąć za rękę – cofnął ją
jak głodny pies, co nie da kości.

Wyglądał, jakby się wstydził umierać.
Nie wiem, o czym się mówi takiemu jak on.
Mijaliśmy się wzrokiem jak w fotomontażu.

Nie prosił ani zostań, ani odejdź.
Nie pytał o nikogo z naszego stolika.
Ani o ciebie, Bolku. Ani o ciebie, Tolku.
Ani o ciebie, Lolku.

Rozbolała mnie głowa. Kto komu umiera?
Chwaliłem medycynę i trzy fiołki w szklance.
Opowiadałem o słońcu i gasłem.

Jak dobrze, że są schody, którymi się zbiega.
Jak dobrze, że jest brama, którą się otwiera.
Jak dobrze, że czekacie na mnie przy stoliku.

Szpitalna woń przyprawia mnie o mdłości.

RELAZIONE DALL'OSPEDALE

Tirammo a sorte chi ci doveva andare.
Toccò a me. Mi alzai dal tavolino.
L'ora della visita in ospedale si avvicinava.

Non rispose nulla al mio saluto.
Volevo prendergli la mano – la ritrasse
come un cane affamato che non molla l'osso.

Sembrava vergognarsi di morire.
Non so cosa si dica a uno come lui.
Gli sguardi divergevano, come in un fotomontaggio.

Non disse né resta, né va' via.
Non chiese di nessuno del nostro tavolino.
Né di te, Bolek. Né di te, Tolek.
Né di te, Lolek.

Mi venne il mal di testa. Chi stava morendo a chi?
Lodavo la medicina e le tre violette nel bicchiere.
Raccontavo del sole e mi spegnevo.

Che bellezza le scale da scendere di corsa.
Che bellezza il portone che si apre.
Che bellezza voi in attesa al tavolino.

L'odore dell'ospedale mi fa venire nausea.

PRZYLOT

Tej wiosny, znowu ptaki wróciły za wcześnie.
Ciesz się, rozumie, instynkt też się myli.
Zagapi się, przeoczy – i spadają w śnieg,
i giną licho, giną nie na miarę
budowy swojej krtani i arcypazurków,
rzetelnych chrząstek i sumiennych błon,
dorzecza serca, labiryntu jelit,
nawy żeber i kręgów w świetnej amfiladzie,
piór godnych pawilonu w muzeum wszechrzemiosł
i dzioba mniszej cierpliwości.

To nie jest lament, to tylko zgorszenie,
że anioł z prawdziwego białka,
latawiec o gruczołach z pieśni nad pieśniami,
pojedynczy w powietrzu, nieprzeliczony w ręce,
tkanka po tkance związany we wspólność
miejsca i czasu jak sztuka klasyczna
w brawach skrzydeł –
spada i kładzie się obok kamienia,
który w swój archaiczny i prostacki sposób
patrzy na życie jak na odrzucane próby.

RITORNO

È primavera, e riecco gli uccelli troppo presto.
Rallegrati, o ragione, anche l'istinto sbaglia.
Si imbambola, non vede – e cadono nella neve,
e periscono miseramente, in modo inadeguato
alla struttura della loro laringe, delle splendide
                                    unghiette,
e oneste cartilagini e coscienziose membrane,
e bacino del cuore e labirinto dei visceri,
navata delle costole e vertebre in splendida infilata,
penne degne d'un museo dei mestieri,
e becco di certosina pazienza.

Questo non è un lamento, è solo indignazione
che un angelo di reale proteina,
un volatore con ghiandole da Cantico dei Cantici,
singolo nell'aria, incalcolabile nella mano,
tessuto dopo tessuto annodato in unità
di luogo e tempo come un dramma classico
tra gli applausi delle ali –
cada e giaccia accanto a una pietra
che nel suo modo arcaico e rozzo
vede la vita come tentativi falliti.

TOMASZ MANN

Drogie syreny, tak musiało być,
kochane fauny, wielmożne anioły,
ewolucja stanowczo wyparła się was.
Nie brak jej wyobraźni, ale wy i wasze
płetwy z głębi dewonu a piersi z aluwium,
wasze dłonie palczaste a u nóg kopytka,
te ramiona nie zamiast ale oprócz skrzydeł,
te wasze, strach pomyśleć, szkieletki-dwutworki
nie w porę ogoniaste, rogate z przekory
albo na gapę ptasie, te zlepki, te zrostki,
te składanki-cacanki, te dystychy
rymujące człowieka z czaplą tak kunsztownie,
że fruwa i nieśmiertelny jest i wszystko wie
– przyznacie chyba same, że byłby to żart
i nadmiar wiekuisty, i kłopoty,
których przyroda mieć nie chce i nie ma.

Dobrze, że choć pozwala pewnej rybie latać
z wyzywającą wprawą. Każdy taki wzlot
to pociecha w regule, to ułaskawienie
z powszechnej konieczności, dar
hojniejszy niż potrzeba, żeby świat był światem.

Dobrze, że choć dopuszcza do scen tak zbytkownych,
jak dziobak mlekiem karmiący pisklęta.
Mogłaby się sprzeciwić – i któż by z nas odkrył,
że jest obrabowany?

                 A najlepsze to,
że przeoczyła moment, kiedy pojawił się ssak
z cudownie upierzoną watermanem ręką.

THOMAS MANN

Care sirene, così doveva andare,
diletti fauni, egregi angeli,
l'evoluzione vi ha decisamente rinnegati.
Non è priva d'immaginazione, ma voi e le vostre
pinne del devoniano e i petti dell'olocene,
le vostre mani con le dita e i piedi a zoccoletto,
quelle braccia non al posto di, ma oltre alle ali,
quei vostri, Dio ce ne scampi, scheletrini-bicreature
con code a sproposito, cornuti per dispetto
o a scrocco da uccello, quei miscugli e aderenze,
quei puzzle-pourri, quei distici
che rimano uomo con airone con tale maestria
che egli svolazza ed è immortale e tutto sa
– voi stessi ammetterete che sarebbe uno scherzo
e un eccesso eterno, e fastidi
che la natura non vuole e che non ha.

È già tanto se permette a un certo pesce di volare
con abilità provocante. Ognuno di questi voli
è una consolazione nella norma, un annullamento
della necessità universale, un dono più munifico
del dovuto, perché il mondo sia il mondo.

È già tanto se permette scene così sfarzose,
l'ornitorinco che allatta i suoi piccoli.
Poteva opporsi – e chi di noi si sarebbe accorto,
di essere stato derubato?

                    Ma il più bello
è che le è sfuggito l'istante in cui è spuntato
                         un mammifero
con la mano prodigiosamente pennuta
                    d'una Waterman.

243

TARSJUSZ

Ja tarsjusz syn tarsjusza,
wnuk tarsjusza i prawnuk,
zwierzątko małe, złożone z dwóch źrenic
i tylko bardzo już koniecznej reszty;
cudownie ocalony od dalszej przeróbki,
bo przysmak ze mnie żaden,
na kołnierz są więksi,
gruczoły moje nie przynoszą szczęścia,
koncerty odbywają się bez moich jelit;
ja tarsjusz
siedzę żywy na palcu człowieka.

Dzień dobry, wielki panie,
co mi za to dasz,
że mi niczego nie musisz odbierać?
Swoją wspaniałomyślność czym mi wynagrodzisz?
Jaką mi, bezcennemu, przyznasz cenę
za pozowanie do twoich uśmiechów?

Wielki pan dobry –
wielki pan łaskawy –
któż by mógł o tym świadczyć, gdyby brakło
zwierząt niewartych śmierci?
Wy sami może?
Ależ to, co już o sobie wiecie,
starczy na noc bezsenną od gwiazdy do gwiazdy.

I tylko my nieliczne, z futer nie odarte,
nie zdjęte z kości, nie strącone z piór,
uszanowane w kolcach, łuskach, rogach, kłach,
i co tam które jeszcze ma
z pomysłowego białka,
jesteśmy – wielki panie – twoim snem,
co uniewinnia cię na krótką chwilę.

TARSIO

Io, tarsio, figlio di tarsio,
nipote e pronipote di tarsio,
piccola bestiola, fatta di due pupille
e d'un resto di stretta necessità;
scampato per miracolo ad altre trasformazioni,
perché come leccornia non valgo niente,
per i colli di pelliccia ce n'è di più grandi,
le mie ghiandole non portano fortuna,
i concerti si tengono senza le mie budella;
io, tarsio,
siedo vivo sul dito d'un uomo.

Buongiorno, mio signore,
che cosa mi darai
per non dovermi togliere nulla?
Per la tua magnanimità con che mi premierai?
Che prezzo darai a me, che non ho prezzo,
per le pose che assumo per farti sorridere?

Il mio signore è buono –
il mio signore è benigno –
chi ne darebbe testimonianza, se non ci fossero
animali immeritevoli di morte?
Voi stessi, forse?
Ma ciò che già di voi sapete
basterà per una notte insonne da stella a stella.

E solo noi, pochi, non spogliati della pelliccia,
non staccati dalle ossa, non privati delle piume,
rispettati in aculei, scaglie, corna, zanne,
e in ogni altra cosa che ci venga
dall'ingegnosa proteina,
siamo – mio signore – il tuo sogno
che ti assolve per un breve istante.

Ja tarsjusz, ojciec i dziadek tarsjusza,
zwierzątko małe, prawie że półczegoś,
co jednak jest całością od innych nie gorszą;
tak lekki, że gałązki wznoszą się pode mną
i mogłyby mnie dawno w niebo wziąć,
gdybym nie musiał raz po raz
spadać kamieniem z serc
ach, roztkliwionych;
ja tarsjusz
wiem, jak bardzo trzeba być tarsjuszem.

Io, tarsio, padre e nonno di tarsio,
piccola bestiola, quasi metà di qualcosa,
il che comunque è un insieme non peggiore di altri;
così lieve che i rametti si sollevano sotto di me
e da tempo avrebbero potuto portarmi in cielo,
se non dovessi ancora e ancora
cadere come una pietra dai cuori
ah, inteneriti;
io, tarsio,
so bene quanto occorra essere un tarsio.

DO SERCA W NIEDZIELĘ

Dziękuję ci, serce moje,
że nie marudzisz, że się uwijasz,
bez pochlebstw, bez nagrody,
z wrodzonej pilności.

Masz siedemdziesiąt zasług na minutę.
Każdy twój skurcz
jest jak zepchnięcie łodzi
na pełne morze
w podróż dookoła świata.

Dziękuję ci, serce moje,
że raz po raz
wyjmujesz mnie z całości
nawet we śnie osobną.

Dbasz, żebym nie prześniła się na wylot,
na wylot,
do którego skrzydeł nie potrzeba.

Dziękuję ci, serce moje,
że obudziłam się znowu
i chociaż jest niedziela,
dzień odpoczywania,
pod żebrami
trwa zwykły przedświąteczny ruch.

AL MIO CUORE, DI DOMENICA

Ti ringrazio, cuore mio:
non ciondoli, ti dai da fare
senza lusinghe, senza premio,
per innata diligenza.

Hai settanta meriti al minuto.
Ogni tua sistole
è come spingere una barca
in mare aperto
per un viaggio intorno al mondo.

Ti ringrazio, cuore mio:
volta per volta
mi estrai dal tutto,
separata anche nel sonno.

Badi che sognando non trapassi in quel volo,
nel volo
per cui non occorrono le ali.

Ti ringrazio, cuore mio:
mi sono svegliata di nuovo
e benché sia domenica,
giorno di riposo,
sotto le costole
continua il solito viavai prefestivo.

AKROBATA

Z trapezu na
na trapez, w ciszy po
po nagle zmilkłym werblu, przez
przez zaskoczone powietrze, szybszy niż
niż ciężar ciała, które znów
znów nie zdążyło spaść.

Sam. Albo jeszcze mniej niż sam,
mniej, bo ułomny, bo mu brak
brak skrzydeł, brak mu bardzo,
brak, który go zmusza
do wstydliwych przefrunięć na nieupierzonej
już tylko nagiej uwadze.

Mozolnie lekko,
z cierpliwą zwinnością,
w wyrachowanym natchnieniu. Czy widzisz,
jak on się czai do lotu, czy wiesz,
jak on spiskuje od głowy do stóp
przeciw takiemu jakim jest; czy wiesz, czy widzisz

jak chytrze się przez dawny kształt przewleka i
żeby pochwycić w garść rozkołysany świat
nowo zrodzone z siebie wyciąga ramiona –

piękniejsze ponad wszystko w jednej tej
w tej jednej, która zresztą już minęła, chwili.

L'ACROBATA

Da trapezio a
a trapezio, nel silenzio dopo
dopo un rullo di tamburo di colpo muto, attraverso
attraverso l'aria stupefatta, più veloce del
del peso del suo corpo che di nuovo
di nuovo non ha fatto in tempo a cadere.

Solo. O anche meno che solo,
meno, perché imperfetto, perché manca di
manca di ali, gli mancano molto,
una mancanza ché lo costringe
a voli imbarazzati su una attenzione
senza piume ormai soltanto nuda.

Con faticosa leggerezza,
con paziente agilità,
con calcolata ispirazione. Vedi
come si acquatta per il volo? Sai
come congiura dalla testa ai piedi
contro quello che è? Lo sai, lo vedi

con quanta astuzia passa attraverso la sua
                              vecchia forma e
per agguantare il mondo dondolante
protende le braccia di nuovo generate?

Belle più di ogni cosa proprio in questo
proprio in questo momento, del resto già passato.

FETYSZ PŁODNOŚCI Z PALEOLITU

Wielka Matka nie ma twarzy.
Na co Wielkiej Matce twarz.
Twarz nie potrafi wiernie należeć do ciała,
twarz się naprzykrza ciału, jest nieboska,
narusza jego uroczystą jedność.
Obliczem Wielkiej Matki jest wypukły brzuch
z ślepym pępkiem pośrodku.

Wielka Matka nie ma stóp.
Na co Wielkiej Matce stopy.
A gdzież to jej wędrować.
A po cóż by miała wchodzić w szczegóły świata.
Ona już zaszła tam, gdzie chciała zajść
i waruje w pracowniach pod napiętą skórą.

Jest świat? No to i dobrze.
Obfity? Tym lepiej.
Mają się dokąd porozbiegać dziatki,
mają ku czemu wznosić głowy? Pięknie.
Tyle go, że istnieje nawet kiedy śpią,
aż do przesady cały i prawdziwy?
I zawsze, nawet za plecami, jest?
To dużo, bardzo dużo z jego strony.

Wielka Matka dwie rączki ledwie ledwie ma,
dwie cienkie, skrzyżowane leniwie na piersiach.
Po cóż by miały życiu błogosławić,
obdarowywać obdarowanego!
Jedyną ich powinnością
jest podczas ziemi i nieba
wytrwać na wszelki wypadek,
który się nigdy nie zdarzy.
Zygzakiem leżeć na treści.
Być prześmiechem ornamentu.

UN FETICCIO DI FERTILITÀ DEL PALEOLITICO

La Grande Madre non ha faccia.
Che se ne fa la Grande Madre d'una faccia.
La faccia non sa appartenere fedelmente al corpo,
la faccia infastidisce il corpo, è non divina,
disturba la sua solenne unità.
Il volto della Grande Madre è il suo ventre sporgente
con l'ombelico cieco al centro.

La Grande Madre non ha piedi.
Che se ne fa la Grande Madre dei piedi.
Dove mai dovrebbe andare.
E perché dovrebbe entrare nei dettagli del mondo.
Lei è già arrivata dove voleva arrivare,
e fa la guardia nei laboratori sotto la pelle tesa.

C'è un mondo? Va bene così.
Abbondante? Tanto meglio.
I bimbi hanno dove correre intorno,
qualcosa verso cui alzare la testa? Magnifico.
Ce n'è così tanto che esiste anche quando dormono,
fin troppo intero e reale?
E c'è sempre, anche dietro le spalle?
È molto, moltissimo da parte sua.

La Grande Madre ha appena due manine,
due sottili manine pigramente incrociate sui seni.
Perché dovrebbero benedire la vita,
fare doni a chi già ha avuto doni!
Il loro unico obbligo
è di durare quanto la terra e il cielo
per ogni evenienza
che non capiterà mai.
Giacere a zigzag sopra il contenuto.
Essere la burla dell'ornamento.

JASKINIA

Na ścianach nic
i tylko wilgoć spływa.
Ciemno i zimno tu.

Ale ciemno i zimno
po wygasłym ogniu.
Nic – ale po bizonie
ochrą malowanym.

Nic – ale nic zaległe
po długim oporze
pochylonego łba.
A więc Nic Piękne.
Godne dużej litery.
Herezja wobec potocznej nicości,
nienawrócona i dumna z różnicy.

Nic – ale po nas,
którzyśmy tu byli
i serca swoje jedli,
i krew swoją pili.

Nic, czyli taniec nasz
niedotańczony.
Twoje pierwsze u płomienia
uda, ręce, karki, twarze.
Moje pierwsze święte brzuchy
z maleńkimi paskalami.

Cisza – ale po głosach.
Nie z rodu cisz gnuśnych.
Cisza, co kiedyś swoje gardła miała,
piszczałki i bębenki.
Szczepił ją tu jak dziczkę
skowyt, śmiech.

GROTTA

Sulle pareti nulla
e solo l'umidità cola.
Qui è buio e fa freddo.

Ma è buio e fa freddo
dopo un fuoco spento.
Nulla – ma un nulla dopo un bisonte
dipinto con l'ocra.

Nulla – ma un nulla avanzato
dopo una lunga resistenza
d'una testa d'animale chinata.
E dunque un Nulla Bello.
Degno della maiuscola.
Un'eresia di fronte al comune niente,
non convertita e fiera della differenza.

Nulla – ma dopo di noi,
che qui siamo stati
e i nostri cuori abbiamo mangiato
e il nostro sangue abbiamo bevuto.

Nulla, ossia la nostra danza
incompiuta.
Le tue prime cosce, mani, nuche, facce
accanto al fuoco.
I miei primi sacri ventri
con minuscoli pascal.

Silenzio – ma dopo voci.
Non del genere dei silenzi pigri.
Un silenzio che un tempo aveva le sue gole,
pifferi e tamburelli.
Lo innestava qui come un albero selvatico
il mugolio, il riso.

Cisza – ale w ciemnościach
wywyższonych powiekami.
Ciemności – ale w chłodzie
przez skórę, przez kość.
Chłód – ale śmierci.

Na ziemi może jednej
w niebie? może siódmym?

Wygłowiłeś się z pustki
i bardzo chcesz wiedzieć.

Silenzio – ma nelle tenebre
esaltate dalle palpebre.
Tenebre – ma nel freddo
dentro la pelle e le ossa.
Freddo – ma della morte.

Sulla terra, che è forse una
nel cielo? che è forse il settimo?

Sei emerso con la testa dal vuoto
e vuoi tanto sapere.

RUCH

Ty tu płaczesz, a tam tańczą.
A tam tańczą w twojej łzie.
Tam się bawią, tam wesoło,
Tam nie wiedzą nic a nic.
Omalże migoty luster.
Omalże płomyki świec.
Prawie schodki i krużganki.
Jakby mankiet, jakby gest.
Ten lekkoduch wodór z tlenem.
Te gagatki chlor i sód.
Fircyk azot w korowodach
spadających, wzlatujących,
wirujących pod kopułą.
Ty tu płaczesz, w to im grasz.
Eine kleine Nachtmusik.
Kim jesteś piękna maseczko.

MOVIMENTO

Tu qui piangi, là si balla.
Nella tua lacrima, cioè.
Là si ride, c'è allegria.
Là non sanno alcun perché.
Come un brillio di specchi.
Come guizzi di candele.
Quasi portici e scalini.
Scatto bianco di polsini.
Quei leggeri O e H.
Cloro e sodio, bei soggetti.
E l'azoto damerino
in cortei piroettanti
su e giù sotto la volta.
Tu qui piangi, e ben gli suona.
Eine kleine Nachtmusik.
Chi sei bella mascherina.

STO POCIECH

Zachciało mu się szczęścia,
zachciało mu się prawdy,
zachciało mu się wieczności,
patrzcie go!

Ledwie rozróżnił sen od jawy,
ledwie domyślił się, że on to on,
ledwie wystrugał ręką z płetwy rodem
krzesiwo i rakietę,
łatwy do utopienia w łyżce oceanu,
za mało nawet śmieszny, żeby pustkę śmieszyć,
oczami tylko widzi,
uszami tylko słyszy,
rekordem jego mowy jest tryb warunkowy,
rozumem gani rozum,
słowem: prawie nikt,
ale wolność mu w głowie, wszechwiedza i byt
poza niemądrym mięsem,
patrzcie go!

Bo przecież chyba jest,
naprawdę się wydarzył
pod jedną z gwiazd prowincjonalnych.
Na swój sposób żywotny i wcale ruchliwy.
Jak na marnego wyrodka kryształu –
dość poważnie zdziwiony.
Jak na trudne dzieciństwo w koniecznościach stada –
nieźle już poszczególny.
Patrzcie go!

Tylko tak dalej, dalej choć przez chwilę,
bodaj przez mgnienie galaktyki małej!
Niechby się wreszcie z grubsza okazało,
czym będzie, skoro jest.
A jest – zawzięty.

UNO SPASSO

Gli è venuta voglia di felicità,
gli è venuta voglia di verità,
gli è venuta voglia di eternità,
guardatelo un po'!

Ha appena distinto il sonno dalla veglia,
ha appena intuito di essere sé,
ha appena intagliato con mano nata da pinna
un acciarino e un missile,
facile da affogare in un cucchiaio d'oceano,
non tanto ridicolo da far ridere il vuoto,
vede solo con gli occhi,
sente solo con le orecchie,
sua lingua ottimale è il condizionale,
con la ragione biasima la ragione:
in breve: è quasi una nullità,
ma ha la testa piena di libertà, onniscienza, essere
al di là d'una carne stolta,
guardatelo un po'!

Eppure sembra esistere,
è accaduto davvero
sotto una delle stelle di provincia.
A modo suo è vivace e assai attivo.
Per un misero figlio degenerato del cristallo –
è davvero alquanto stupito.
Per un'infanzia dura nei rigori del branco –
è già non poco individuale.
Guardatelo un po'!

Ma avanti così, non fosse che per un istante,
per il palpito d'una galassia distante!
Che almeno si possa intravedere
cosa ne sarà, visto che è.
Ed è – accanito.

Zawzięty, trzeba przyznać, bardzo.
Z tym kółkiem w nosie, w tej todze, w tym swetrze.
Sto pociech, bądź co bądź.
Niebożę.
Istny człowiek.

Accanito, va ammesso, e tanto.
Con quell'anello al naso, la toga, il maglione.
Uno spasso, comunque.
Un poverino qualunque.
Un vero uomo.

WSZELKI WYPADEK

OGNI CASO
(1972)

WSZELKI WYPADEK

Zdarzyć się mogło.
Zdarzyć się musiało.
Zdarzyło się wcześniej. Później.
Bliżej. Dalej.
Zdarzyło się nie tobie.

Ocalałeś, bo byłeś pierwszy.
Ocalałeś, bo byłeś ostatni.
Bo sam. Bo ludzie.
Bo w lewo. Bo w prawo.
Bo padał deszcz. Bo padał cień.
Bo panowała słoneczna pogoda.

Na szczęście był tam las.
Na szczęście nie było drzew.
Na szczęście szyna, hak, belka, hamulec,
framuga, zakręt, milimetr, sekunda.
Na szczęście brzytwa pływała po wodzie.

Wskutek, ponieważ, a jednak, pomimo.
Co by to było, gdyby ręka, noga,
o krok, o włos
od zbiegu okoliczności.

Więc jesteś? Prosto z uchylonej jeszcze chwili?
Sieć była jednooka, a ty przez to oko?
Nie umiem się nadziwić, namilczeć się temu.
Posłuchaj,
jak mi prędko bije twoje serce.

OGNI CASO

Poteva accadere.
Doveva accadere.
È accaduto prima. Dopo.
Più vicino. Più lontano.
È accaduto non a te.

Ti sei salvato perché eri il primo.
Ti sei salvato perché eri l'ultimo.
Perché da solo. Perché la gente.
Perché a sinistra. Perché a destra.
Perché la pioggia. Perché un'ombra.
Perché splendeva il sole.

Per fortuna là c'era un bosco.
Per fortuna non c'erano alberi.
Per fortuna una rotaia, un gancio, una trave, un freno,
un telaio, una curva, un millimetro, un secondo.
Per fortuna sull'acqua galleggiava un rasoio.

In seguito a, poiché, eppure, malgrado.
Che sarebbe accaduto se una mano, una gamba,
a un passo, a un pelo
da una coincidenza.

Dunque ci sei? Dritto dall'attimo ancora socchiuso?
La rete aveva solo un buco, e tu proprio da lì?
Non c'è fine al mio stupore, al mio tacerlo.
Ascolta
come mi batte forte il tuo cuore.

SPADAJĄCE Z NIEBA

Przemija magia, chociaż wielkie moce
jak były, są. W sierpniowe noce
nie wiesz, czy gwiazda spada, czy rzecz inna.
I nie wiesz, czy to właśnie rzecz, co spaść powinna.
I nie wiesz, czy przystoi bawić się w życzenia,
wróżyć? Z gwiezdnego nieporozumienia?
Tak jakby wciąż stulecie było niedwudzieste?
Który błysk ci przysięgnie: iskra, iskra jestem,
iskra naprawdę z ogona komety,
nic tylko iskra, co łagodnie znika –
to nie ja spadam w jutrzejsze gazety,
to tamta druga, obok, ma defekt silnika.

CADENTI DAL CIELO

La magia se ne va, benché le grandi forze
restino al loro posto. Nelle notti d'agosto
non sai se la cosa che cade sia una stella,
né se a dover cadere sia proprio quella.
E non sai se convenga bene augurare
o trarre vaticini. Da un equivoco astrale?
Quasi non fosse ancor giunta la modernità?
Quale lampo ti dirà: sono una scintilla,
davvero una scintilla d'una coda di cometa,
solo una scintilla che dolcemente muore –
non io sto cadendo sui giornali del pianeta,
è quell'altra, accanto, ha un guasto al motore.

POMYŁKA

Rozdzwonił się telefon w galerii obrazów,
rozdzwonił się przez pustą salę o północy;
śpiących, gdyby tu byli, zbudziłby od razu,
ale tu sami tylko bezsenni prorocy,
sami tylko królowie od księżyca bledną
i z tchem zapartym patrzą we wszystko im jedno,
a ruchliwa z pozoru małżonka lichwiarza
akurat w ten dzwoniący przedmiot na kominku,
ale nie, nie odkłada swojego wachlarza,
jak inni pochwycona tkwi na nieuczynku.
Wyniośle nieobecni, w szatach albo nago,
zbywają nocny alarm z nieuwagą,
w której więcej, przysięgam, czarnego humoru,
niż gdyby z ramy zstąpił sam marszałek dworu
(nic zresztą oprócz ciszy w uszach mu nie dzwoni).
A to, że ktoś tam w mieście już od dłuższej chwili
trzyma naiwnie słuchawkę przy skroni
nakręciwszy zły numer? Żyje, więc się myli.

NUMERO SBAGLIATO

Nella pinacoteca squillò il telefono,
squillò a mezzanotte tra i quadri alle pareti;
poteva svegliare i dormienti, se c'erano,
ma qui abitano solo insonni profeti,
soltanto re sbiancano al chiarore lunare,
del tutto indifferenti a quel che c'è da guardare
e, vivace all'aspetto, la moglie del notaio
osserva l'aggeggio che squilla sul caminetto,
ma no, non mette via il suo bel ventaglio,
come gli altri resta appesa, colta sul non fatto.
Superbamente assenti, con ricche vesti o senza,
trattano quell'allarme con noncuranza,
e in essa c'è, lo giuro, assai più humour nero
che se dalla cornice scendesse un condottiero
(a cui solo il silenzio fa fischiare le orecchie).
E il fatto che qualcuno continui a richiamare,
provando in buona fede all'apparecchio
un numero inesatto? È vivo, e può sbagliare.

WRAŻENIA Z TEATRU

Najważniejszy w tragedii jest dla mnie akt szósty:
zmartwychwstawanie z pobojowisk sceny,
poprawianie peruk, szatek,
wyrywanie noża z piersi,
zdejmowanie pętli z szyi,
ustawianie się w rzędzie pomiędzy żywymi
twarzą do publiczności.

Ukłony pojedyncze i zbiorowe:
biała dłoń na ranie serca,
dyganie samobójczyni,
kiwanie ściętej głowy.

Ukłony parzyste:
wściekłość podaje ramię łagodności,
ofiara patrzy błogo w oczy kata,
buntownik bez urazy stąpa przy boku tyrana.

Deptanie wieczności noskiem złotego trzewiczka.
Rozpędzanie morałów rondem kapelusza.
Niepoprawna gotowość rozpoczęcia od jutra na nowo.

Wejście gęsiego zmarłych dużo wcześniej,
bo w akcie trzecim, czwartym, oraz pomiędzy aktami.
Cudowny powrót zaginionych bez wieści.

Myśl, że za kulisami czekali cierpliwie,
nie zdejmując kostiumu,
nie zmywając szminki,
wzrusza mnie bardziej niż tyrady tragedii.

Ale naprawdę podniosłe jest opadanie kurtyny
i to, co widać jeszcze w niskiej szparze:
tu oto jedna ręka po kwiat spiesznie sięga,
tam druga chwyta upuszczony miecz.

IMPRESSIONI TEATRALI

Per me l'atto più importante della tragedia è il sesto:
il risorgere dalle battaglie della scena,
l'aggiustare le parrucche, le vesti,
l'estrarre il coltello dal petto,
il togliere il cappio dal collo,
l'allinearsi tra i vivi
con la faccia al pubblico.

Inchini individuali e collettivi:
la mano bianca sulla ferita al cuore,
la riverenza della suicida,
il piegarsi della testa mozzata.

Inchini in coppia:
la rabbia porge il braccio alla mitezza,
la vittima guarda beata gli occhi del carnefice,
il ribelle cammina senza rancore a fianco del tiranno.

Il calpestare l'eternità con la punta della scarpina dorata.
Lo scacciare la morale con la falda del cappello.
L'incorreggibile intento di ricominciare domani da capo.

L'entrare in fila indiana di morti già da un pezzo,
e cioè negli atti terzo, quarto, e tra gli atti.
Il miracoloso ritorno di quelli spariti senza traccia.

Il pensiero che abbiano atteso pazienti dietro le quinte,
senza togliersi il costume,
senza levarsi il trucco,
mi commuove più delle tirate della tragedia.

Ma davvero sublime è il calare del sipario
e quello che si vede ancora nella bassa fessura:
ecco, qui una mano si affretta a prendere un fiore,
là un'altra afferra la spada abbandonata.

Dopiero wtedy trzecia, niewidzialna,
spełnia swoją powinność:
ściska mnie za gardło.

Solo allora una terza, invisibile,
fa il suo dovere
e mi stringe alla gola.

GŁOSY

Ledwie ruszysz nogą, zaraz jak spod ziemi
Aboryginowie, Marku Emiliuszu.

W sam środek Rutulów już ci grzęźnie pięta.
W Sabinów, Latynów wpadasz po kolana.
Już po pas, po szyję, już po dziurki w nosie
Ekwów masz i Wolsków, Lucjuszu Fabiuszu.

Do uprzykrzenia pełno tych małych narodów,
do przesytu i mdłości, Kwintusie Decjuszu.

Jedno miasto, drugie, sto siedemdziesiąte.
Upór Fidenatów. Zła wola Felisków.
Ślepota Ecetran. Chwiejność Antemnatów.
Obraźliwa niechęć Labikan, Pelignów.
Oto co nas łagodnych zmusza do surowości
za każdym nowym wzgórzem, Gajuszu Kleliuszu.

Gdybyż nie zawadzali, ale zawadzają
Aurunkowie, Marsowie, Spuriuszu Manliuszu.

Tarkwiniowie stąd zowąd, Etruskowie zewsząd.
Wolsyńczycy ponadto. Na domiar Wejenci.
Ponad sens Aulerkowie. Item Sappianaci
ponad ludzką cierpliwość, Sekstusie Oppiuszu.

Narody małe rozumieją mało.
Otacza nas tępota coraz szerszym kręgiem.
Naganne obyczaje. Zacofane prawa.
Nieskuteczni bogowie, Tytusie Wiliuszu.

Kopce Herników. Roje Murrycynów.
Owadzia mnogość Westynów, Samnitów.
Im dalej, tym ich więcej, Serwiuszu Folliuszu.

VOCI

Non puoi fare un passo e subito gli Aborigeni
sbucano fuori come dal nulla, o Marco Emilio.

Ti si impantana il tallone nel bel mezzo dei Rutuli.
Sprofondi fino alle ginocchia nei Sabini e Latini.
Hai già fino alla cintola, al collo, fin sopra i capelli
gli Equi e i Volsci, o Lucio Fabio.

Di questi piccoli popoli ce n'è da non poterne più,
fino alla sazietà, fino alla nausea, o Quinto Decio.

Una città, un'altra, la centosettantesima.
L'ostinazione dei Fidenati. La cattiva volontà dei Falisci.
La cecità degli Ecetrani. La volubilità degli Antemnati.
L'offensivo malanimo dei Labicani, dei Peligni.
Ecco cosa costringe noi, uomini miti, a essere severi
al di là d'ogni nuovo colle, o Gaio Clelio.

Se non intralciassero, ma intralciano,
gli Aurunci, i Marsi, o Spurio Manlio.

I Tarquiniesi di qua e di là, gli Etruschi ovunque.
Inoltre i Volsiniesi. In aggiunta i Veienti.
Oltre ogni ragione gli Aulerci. Item i Salpinati,
oltre l'umana sopportazione, o Sesto Oppio.

I piccoli popoli capiscono poco.
Il cerchio dell'ottusità si allarga intorno a noi.
Costumi riprovevoli. Leggi retrograde.
Dèi inefficaci, o Tito Vilio.

Cumuli di Ernici. Sciami di Marricini.
Numerosi come formiche i Vestini, i Sanniti.
Più in là vai, più ce n'è, o Servio Follio.

Godne ubolewania są małe narody.
Ich lekkomyślność wymaga nadzoru
za każdą nową rzeką, Aulusie Juniuszu.

Czuję się zagrożony wszelkim horyzontem.
Tak bym ujął tę kwestię, Hostiuszu Meliuszu.

Na to ja, Hostiusz Meliusz, Appiuszu Papiuszu,
powiadam tobie: Naprzód. Gdzieś wreszcie jest
koniec świata.

I piccoli popoli sono deplorevoli.
La loro sventatezza richiede vigilanza
al di là d'ogni nuovo fiume, o Aulo Iunio.

Mi sento minacciato da ogni orizzonte.
Così formulerei la cosa, o Ostio Melio.

E io, Ostio Melio, ti rispondo così, o Appio Papio:
Avanti! Da qualche parte il mondo
deve pur finire.

LISTY UMARŁYCH

Czytamy listy umarłych jak bezradni bogowie,
ale jednak bogowie, bo znamy późniejsze daty.
Wiemy, które pieniądze nie zostały oddane.
Za kogo prędko za mąż powychodziły wdowy.
Biedni umarli, zaślepieni umarli,
oszukiwani, omylni, niezgrabnie zapobiegliwi.
Widzimy miny i znaki robione za ich plecami.
Łowimy uchem szelest dartych testamentów.
Siedzą przed nami śmieszni jak na bułkach z masłem,
albo rzucają się w pogoń za zwianymi z głów
                                        kapeluszami.
Ich zły gust, Napoleon, para i elektryczność,
ich zabójcze kuracje na uleczalne choroby,
niemądra apokalipsa według świętego Jana,
fałszywy raj na ziemi według Jana Jakuba...
Obserwujemy w milczeniu ich pionki na szachownicy,
tyle że przesunięte o trzy pola dalej.
Wszystko, co przewidzieli, wypadło zupełnie inaczej,
albo trochę inaczej, czyli także zupełnie inaczej.
Najgorliwsi wpatrują się nam ufnie w oczy,
bo wyszło im z rachunku, że ujrzą w nich doskonałość.

LE LETTERE DEI MORTI

Leggiamo le lettere dei morti come dèi impotenti,
ma dèi, comunque, perché conosciamo il seguito.
Sappiamo quali debiti non furono pagati.
Con chi corsero a rimaritarsi le vedove.
Poveri morti, morti accecati,
ingannati, fallibili, goffamente previdenti.
Vediamo le smorfie e i segni fatti alle loro spalle.
Cogliamo il fruscio dei testamenti stracciati.
Ci siedono davanti buffi come su tartine al burro,
o rincorrono i cappelli portati via dal vento.
Il loro cattivo gusto, Napoleone, il vapore e l'elettricità,
le loro cure micidiali per malattie guaribili,
la sciocca apocalisse secondo san Giovanni,
il falso paradiso in terra secondo Jean-Jacques...
Osserviamo in silenzio i loro pedoni sulla scacchiera,
però spostati tre caselle più in là.
Ogni loro previsione è andata in modo totalmente
                                        diverso,
o un po' diverso, ossia totalmente diverso.
I più zelanti ci fissano fiduciosi negli occhi,
perché secondo i loro calcoli in essi vedranno
                                        la perfezione.

W PRZYTUŁKU

Jabłońska, tej to dobrze, ze wszystkim się godzi,
a jeszcze niby księżna między nami chodzi.
Jeszcze wiąże chusteczki i kręci fryzury –
że trzech synów ma w niebie, to nuż wyjrzy który.

„Gdyby wojnę przeżyli, to bym tu nie była.
Na zimę do jednego, latem do drugiego."
Tak sobie wymyśliła.
Taka pewna tego.

I jeszcze kiwa nad nami tą głową,
i pyta o te nasze niezabite dzieci,
bo ją,
„to by na święta zaprosił ten trzeci".

Pewnie by jeszcze zjechał złocistą karocą
zaprzężoną, a jakże, w białe gołębice,
żeby wszyscy widzieli
i nie zapomnieli.

Aż się czasem uśmieje sama panna Mania,
panna Mania do pielęgnowania,
litość nad nami na stałym etacie
z prawem do wczasów i wolnej niedzieli.

ALL'OSPIZIO

La Jabłońska se la passa bene, a tutto s'inchina,
e in più gira tra noi quasi fosse una regina.
In più si acconcia il capo e il fazzolettino –
con tre figli in cielo, che uno faccia capolino?

«Se non fossero morti in guerra non sarei qui.
L'estate dal primo, dal secondo a svernare».
Se l'era pensata così.
Certa di poterci contare.

E in più scrolla su noi la testa,
e chiede dei nostri figli che l'hanno scampata,
perché quanto a lei, per le feste
«il terzo l'avrebbe invitata».

Certo sarebbe arrivato su un cocchio d'oro
trainato, eccome, da bianche colombe,
perché tutti vedessero
e non scordassero.

Sicché a volte sorride la signorina Vera,
la signorina Vera, l'infermiera,
pietà di noi a tempo pieno,
con diritto alle ferie e a un giorno di libertà.

PROSPEKT

Jestem pastylka na uspokojenie.
Działam w mieszkaniu,
skutkuję w urzędzie,
siadam do egzaminów,
staję na rozprawie,
starannie sklejam rozbite garnuszki –
tylko mnie zażyj,
rozpuść pod językiem,
tylko mnie połknij,
tylko popij wodą.

Wiem, co robić z nieszczęściem,
jak znieść złą nowinę,
zmniejszyć niesprawiedliwość,
rozjaśnić brak Boga,
dobrać do twarzy kapelusz żałobny.
Na co czekasz –
zaufaj chemicznej litości.

Jesteś jeszcze młody (młoda),
powinieneś (powinnaś) urządzić się jakoś.
Kto powiedział,
że życie ma być odważnie przeżyte?

Oddaj mi swoją przepaść –
wymoszczę ją snem,
będziesz mi wdzięczny (wdzięczna)
za cztery łapy spadania.

Sprzedaj mi swoją duszę.
Inny się kupiec nie trafi.

Innego diabła już nie ma.

FOGLIETTO ILLUSTRATIVO

Sono un tranquillante.
Agisco in casa,
funziono in ufficio,
affronto gli esami,
mi presento all'udienza,
incollo con cura le tazze rotte –
devi solo prendermi,
farmi sciogliere sotto la lingua,
devi solo mandarmi giù
con un sorso d'acqua.

So come trattare l'infelicità,
come sopportare una cattiva notizia,
ridurre l'ingiustizia,
rischiarare l'assenza di Dio,
scegliere un bel cappellino da lutto.
Che cosa aspetti –
fidati della pietà chimica.

Sei un uomo (una donna) ancora giovane,
dovresti sistemarti in qualche modo.
Chi ha detto
che la vita va vissuta con coraggio?

Consegnami il tuo abisso –
lo imbottirò di sonno.
Mi sarai grato (grata)
per la caduta in piedi.

Vendimi la tua anima.
Un altro acquirente non capiterà.

Un altro diavolo non c'è più.

SPACER WSKRZESZONEGO

Pan profesor już umarł trzy razy.
Po pierwszej śmierci kazano mu poruszać głową.
Po drugiej śmierci kazano mu siadać.
Po trzeciej – postawiono go nawet na nogi,
podparto grubą zdrową nianią:
Pójdziemy sobie teraz na mały spacerek.

Głęboko uszkodzony po wypadku mózg
i proszę, aż dziw bierze, ile pokonał trudności:
Lewa prawa, jasno ciemno, drzewo trawa, boli jeść.

Dwa plus dwa, profesorze?
Dwa – mówi profesor.
Jest to odpowiedź lepsza od poprzednich.

Boli, trawa, siedzieć, ławka.
A na końcu alei znowu ta stara jak świat
niejowialna, nierumiana,
trzy razy stąd przepędzana,
podobno niania prawdziwa.

Pan profesor chce do niej.
Znów się nam wyrywa.

LA PASSEGGIATA DEL RISUSCITATO

Il professore è già morto tre volte.
Dopo la prima gli hanno fatto muovere la testa.
Dopo la seconda lo hanno fatto sedere.
Dopo la terza – l'hanno perfino rimesso in piedi,
sorretto da una robusta sana tata:
E ora andiamo a farci una bella passeggiata.

Il cervello gravemente leso dopo l'incidente
ed ecco, da non crederci, quante difficoltà ha superato:
sinistra destra, luce buio, erba fiore, male mangiare.

Professore, due più due?
Due – dice il professore.
È una risposta migliore delle precedenti.

Male, fiore, panchina, seduto.
E in fondo al viale rieccola, vecchia come il mondo,
dal viso non gioviale, non rubicondo,
tre volte da qui scacciata,
quella tata vera, a quanto pare.

Ci sfugge un'altra volta il professore.
È da lei che vuole andare.

FOTOGRAFIA TŁUMU

Na fotografii tłumu
moja głowa siódma z kraja,
a może czwarta na lewo
albo dwudziesta od dołu;

moja głowa nie wiem która,
już nie jedna, nie jedyna,
już podobna do podobnych,
ni to kobieca, ni męska;

znaki, które mi daje,
to znaki szczególne żadne;

może widzi ją Duch Czasu,
ale się jej nie przygląda;

moja głowa statystyczna,
co spożywa stal i kable
najspokojniej, najglobalniej;

bez wstydu, że jakakolwiek,
bez rozpaczy, że wymienna;

jakbym wcale jej nie miała
po swojemu i z osobna;

jakby cmentarz odkopano
pełen bezimiennych czaszek
o niezłej zachowalności
pomimo umieralności;
jakby ona już tam była,
moja głowa wszelka, cudza –

gdzie, jeżeli coś wspomina,
to chyba przyszłość głęboką.

FOTOGRAFIA DELLA FOLLA

Nella foto della folla
la mia testa è la quarta dal bordo
o forse la settima da sinistra
o la ventesima dal basso;

la mia testa non so quale,
non più una, non più unica,
già simile alle simili,
né femminile, né maschile;

i segni che lei mi manda
non sono affatto particolari;

forse lo Spirito del Tempo
la vede, però non la guarda;

la mia testa statistica,
che consuma acciaio e cavi
tranquillamente, globalmente;

è qualunque e non si vergogna,
è scambiabile, e non si dispera;

è come se non l'avessi affatto
a parte, a modo mio;

è come se si scavasse un cimitero
pieno di crani anonimi
di buona conservabilità
nonostante la mortalità;
come se lei fosse già là,
la mia testa d'altri, di chiunque –

dove, se qualcosa ricorda,
è il suo avvenire profondo.

POWROTY

Wrócił. Nic nie powiedział.
Było jednak jasne, że spotkała go przykrość.
Położył się w ubraniu.
Schował głowę pod kocem.
Podkurczył kolana.
Ma około czterdziestki, ale nie w tej chwili.
Jest – ale tylko tyle, ile w brzuchu matki
za siedmioma skórami, w obronnej ciemności.
Jutro wygłosi odczyt o homeostazie
w kosmonautyce metagalaktycznej.
Na razie zwinął się, zasnął.

RITORNI

È ritornato. Non ha detto nulla.
Era chiaro però che aveva avuto un dispiacere.
Si è coricato vestito.
Ha messo la testa sotto le coperte.
Ha ripiegato le gambe.
È sulla quarantina, ma non ora.
Esiste – ma solo quanto nel ventre di sua madre,
al di là di sette pelli, al riparo del buio.
Domani terrà una conferenza sull'omeostasi
nella cosmonautica metagalattica.
Per il momento si è raggomitolato, dorme.

ODKRYCIE

Wierzę w wielkie odkrycie.
Wierzę w człowieka, który dokona odkrycia.
Wierzę w przestrach człowieka, który dokona odkrycia.

Wierzę w bladość jego twarzy,
w mdłości, w zimny pot na wardze.

Wierzę w spalenie notatek,
w spalenie ich na popiół,
w spalenie co do jednej.

Wierzę w rozsypanie liczb,
w rozsypanie ich bez żalu.

Wierzę w pośpiech człowieka,
w dokładność jego ruchów,
w nieprzymuszoną wolę.

Wierzę w stłuczenie tablic,
w wylanie płynów,
w zgaszenie promienia.

Twierdzę, że to się uda
i że nie będzie za późno,
i rzecz rozegra się w nieobecności świadków.

Nikt się nie dowie, jestem tego pewna,
ani żona, ani ściana,
nawet ptak, bo nuż wyśpiewa.

Wierzę w nieprzyłożoną rękę,
wierzę w złamaną karierę,
wierzę w zaprzepaszczoną pracę wielu lat.
Wierzę w sekret zabrany do grobu.

SCOPERTA

Credo nella grande scoperta.
Credo nell'uomo che farà la scoperta.
Credo nello sgomento dell'uomo che la farà.

Credo nel pallore del suo viso,
nella sua nausea, nel sudore gelato sul suo labbro.

Credo nei suoi appunti bruciati,
ridotti in cenere,
bruciati fino all'ultimo.

Credo nelle cifre sparpagliate,
sparpagliate senza rimpianto.

Credo nella fretta dell'uomo,
nei suoi gesti precisi,
nel suo libero arbitrio.

Credo nelle lavagne fracassate,
nei liquidi versati,
nei raggi spenti.

Affermo che ciò riuscirà,
che non sarà troppo tardi,
e che avverrà in assenza di testimoni.

Nessuno lo saprà, ne sono certa,
né la moglie, né la parete,
e neppure l'uccello – potrebbe cantare.

Credo nella mano che non si presta,
credo nella carriera spezzata,
credo nel lavoro di molti anni sprecato.
Credo nel segreto portato nella tomba.

Szybują mi te słowa ponad regułami.
Nie szukają oparcia w jakichkolwiek przykładach.
Moja wiara jest silna, ślepa i bez podstaw.

Queste parole mi veleggiano sopra le regole.
Non cercano appoggio negli esempi.
La mia fede è forte, cieca e senza fondamento.

SZKIELET JASZCZURA

Kochani Bracia,
widzimy tutaj przykład złych proporcji:
oto szkielet jaszczura piętrzy się przed nami –

Drodzy Przyjaciele,
na lewo ogon w jedną nieskończoność,
na prawo szyja w drugą –

Szanowni Towarzysze,
pośrodku cztery łapy, co ugrzęzły w mule
pod pagórem tułowia –

Łaskawi Obywatele,
przyroda się nie myli, ale lubi żarty:
proszę zwrócić uwagę na tę śmieszną główkę –

Panie, Panowie,
taka główka niczego nie mogła przewidzieć
i dlatego jest główką wymarłego gada –

Czcigodni Zgromadzeni,
za mało mózgu, za duży apetyt,
więcej głupiego snu niż mądrej trwogi –

Dostojni Goście,
pod tym względem jesteśmy w dużo lepszej formie,
życie jest piękne i ziemia jest nasza –

Wyborni Delegaci,
niebo gwiaździste nad myślącą trzciną,
prawo moralne w niej –

Prześwietna Komisjo,
udało się raz
i może tylko pod tym jednym słońcem –

SCHELETRO DI DINOSAURO

Diletti Fratelli,
ecco un esempio di proporzioni sbagliate:
di fronte a noi si erge uno scheletro di dinosauro –

Cari Amici,
a sinistra la coda verso un infinito,
a destra il collo verso un altro –

Egregi Compagni,
nel mezzo quattro zampe che affondarono nella melma
sotto il dosso del tronco –

Gentili Cittadini,
la natura non sbaglia, ma ama gli scherzi:
vogliate notare questa ridicola testolina –

Signore, Signori,
una testolina così nulla poteva prevedere,
e per questo è la testolina di un rettile estinto –

Rispettabili Convenuti,
un cervello troppo piccolo, un appetito troppo grande,
più stupido sonno che assennato timore –

Illustri Ospiti,
in questo senso noi siamo assai più in forma,
la vita è bella e la terra ci appartiene –

Esimi Delegati,
il cielo stellato sopra la canna pensante,
la legge morale dentro di lei –

Onorevole Commissione,
è andata bene per una volta
e forse soltanto sotto questo sole –

Naczelna Rado,
jakie zręczne ręce,
jakie wymowne usta,
ile głowy na karku –

Najwyższa Instancjo,
cóż za odpowiedzialność na miejsce ogona –

Altissimo Consiglio,
che mani abili,
che labbra eloquenti,
quanta testa sulle spalle –

Suprema Corte,
che responsabilità al posto di una coda –

POGOŃ

Wiem, że powita mnie cisza, a jednak.
Nie wrzawa, nie fanfary, nie poklask, a jednak.
Ani dzwony na trwogę, ani sama trwoga.

Nie liczę nawet na listeczek suchy,
cóż mówić o pałacach srebrnych i ogrodach,
czcigodnych starcach, sprawiedliwych prawach,
mądrości w kulach z kryształu, a jednak.

Rozumiem, że nie po to chodzę po księżycu,
żeby szukać pierścionków, pogubionych wstążek.
Oni wszystko zawczasu zabierają z sobą.

Niczego, co by mogło świadczyć, że.
Śmieci, gratów, obierków, szpargałów, okruszyn,
odłamków, wiórków, stłuczków, ochłapów, rupieci.

Ja, naturalnie, schylam się tylko po kamyk,
z którego nie odczytam dokąd się udali.
Nie lubią mi zostawiać znaku.
Są niezrównani w sztuce zacierania śladów.

Od wieków znam ich talent do znikania w porę,
ich boską nieuchwytność za rogi, za ogon,
za rąbek szatki rozdętej w odlocie.
Nigdy im włos nie spadnie z głowy, abym miał.

Wszędzie o myśl chytrzejsi niż ja sam,
zawsze o krok przede mną nim dobiegnąć zdążę,
wystawiany szyderczo na trudy pierwszeństwa.

Nie ma ich, nigdy nie było, a jednak
muszę to sobie raz po raz powtarzać,
starać się nie być dzieckiem, któremu się zdaje.

INSEGUIMENTO

So che mi accoglierà il silenzio, eppure.
Non chiasso, non fanfare, non applausi, eppure.
Né campane a martello di terrore, né il terrore.

Non conto neppure su una fogliolina secca,
per non dire di palazzi d'argento e di giardini,
onorevoli vecchi, leggi giuste,
saggezza in sfere di cristallo, eppure.

Mi rendo conto che non sto camminando sulla luna
in cerca d'anelli, nastri perduti.
Loro si portano via tutto innanzitempo.

Niente che possa testimoniare che.
Spazzatura, roba vecchia, bucce, cartacce, briciole,
frammenti, trucioli, cocci, avanzi, ciarpame.

Io, è ovvio, raccolgo solo un sassolino,
da cui non capirò dove sono finiti.
Non amano lasciarmi qualche segno.
Sono impareggiabili nel cancellare tracce.

Da secoli conosco il loro talento di sparire per tempo,
quel divino non farsi prendere per le corna o la coda,
per l'orlo d'una veste rigonfia nel sollevarsi in volo.
Mai sarà tolto loro un capello perché io possa averlo.

Ovunque in vantaggio su di me d'un pensiero,
sempre avanti a me d'un passo prima che io arrivi,
beffardamente esposto alle fatiche di essere primo.

Essi non esistono, non sono mai esistiti, eppure
devo ripetermelo di continuo,
cercare di non essere un bambino, a cui sembra.

A to, co mi spod nóg tak nagle uskoczyło,
nie uskoczyło daleko, bo przydeptane upadło,
i choć wyrywa się jeszcze
i wydaje ze siebie przeciągłe milczenie,
to cień – nazbyt mój własny, bym czuł się u celu.

E ciò che d'un tratto mi è saltato da sotto i piedi,
non è saltato lontano, perché calpestato è caduto,
e benché ancora si svincoli
ed emetta un prolungato silenzio,
è un'ombra – troppo mia perché mi senta alla meta.

PRZEMÓWIENE W BIURZE
ZNALEZIONYCH RZECZY

Straciłam kilka bogiń w drodze z południa na północ,
a także wielu bogów w drodze ze wschodu na zachód.
Zgasło mi raz na zawsze parę gwiazd, rozstąp się niebo.
Zapadła mi się w morze wyspa jedna, druga.
Nie wiem nawet dokładnie, gdzie zostawiłam pazury,
kto chodzi w moim futrze, kto mieszka w mojej
skorupie.
Pomarło mi rodzeństwo, kiedy wypełzłam na ląd
i tylko któraś kostka świętuje we mnie rocznicę.
Wyskakiwałam ze skóry, trwoniłam kręgi i nogi,
odchodziłam od zmysłów bardzo dużo razy.
Dawno przymknęłam na to wszystko trzecie oko,
machnęłam na to płetwą, wzruszyłam gałęziami.

Podziało się, przepadło, na cztery wiatry rozwiało.
Sama się sobie dziwię, jak mało ze mnie zostało:
pojedyncza osoba w ludzkim chwilowo rodzaju,
która tylko parasol zgubiła wczoraj w tramwaju.

DISCORSO ALL'UFFICIO
OGGETTI SMARRITI

Ho perso qualche dea per via dal Sud al Nord,
e anche molti dèi per via dall'Est all'Ovest.
Mi si è spenta per sempre qualche stella, svanita.
Mi è sprofondata nel mare un'isola, e un'altra.
Non so neanche dove mai ho lasciato gli artigli,
chi gira nella mia pelliccia, chi abita il mio guscio.
Mi morirono i fratelli quando strisciai a riva
e solo un ossicino festeggia in me la ricorrenza.
Non stavo nella pelle, sprecavo vertebre e gambe,
me ne uscivo di senno più e più volte.
Da tempo ho chiuso su tutto ciò il mio terzo occhio,
ci ho messo una pinna sopra, ho scrollato le fronde.

Perduto, smarrito, ai quattro venti se n'è volato.
Mi stupisco io stessa del poco di me che è restato:
una persona singola per ora di genere umano,
che ha perso solo ieri l'ombrello sul treno.

ZDUMIENIE

Czemu w zanadto jednej osobie?
Tej a nie innej? I co tu robię?
W dzień co jest wtorkiem? W domu nie gnieździe?
W skórze nie łusce? Z twarzą nie liściem?
Dlaczego tylko raz osobiście?
Właśnie na ziemi? Przy małej gwieździe?
Po tylu erach nieobecności?
Za wszystkie czasy i wszystkie glony?
Za jamochłony i nieboskłony?
Akurat teraz? Do krwi i kości?
Sama u siebie z sobą? Czemu
nie obok ani sto mil stąd,
nie wczoraj, ani sto lat temu
siedzę i patrzę w ciemny kąt
– tak jak z wzniesionym nagle łbem
patrzy warczące zwane psem?

STUPORE

Perché mai a tal punto singolare?
Questa e non quella? E qui che ci sto a fare?
Di martedì? In una casa e non nel nido?
Pelle e non squame? Non foglia, ma viso?
Perché di persona una volta soltanto?
E sulla terra? Con una stella accanto?
Dopo tante ere di non presenza?
Per tutti i tempi e per tutti gli ioni?
Per i vibrioni e le costellazioni?
E proprio adesso? Fino all'essenza?
Sola da me con me? Perché, mi chiedo,
non a lato né a miglia di distanza,
non ieri, né cent'anni addietro, siedo
e guardo un angolo buio della stanza
– come, rizzato il capo, sta a guardare
la cosa ringhiante che chiamano cane?

URODZINY

Tyle naraz świata ze wszystkich stron świata:
moreny, mureny i morza i zorze,
i ogień i ogon i orzeł i orzech –
jak ja to ustawię, gdzie ja to położę?
Te chaszcze i paszcze i leszcze i deszcze,
bodziszki, modliszki – gdzie ja to pomieszczę?
Motyle, goryle, beryle i trele –
dziękuję, to chyba o wiele za wiele.
Do dzbanka jakiego ten łopian i łopot
i łubin i popłoch i przepych i kłopot?
Gdzie zabrać kolibra, gdzie ukryć to srebro,
co zrobić na serio z tym żubrem i zebrą?
Już taki dwutlenek rzecz ważna i droga,
a tu ośmiornica i jeszcze stonoga!
Domyślam się ceny, choć cena z gwiazd zdarta –
dziękuję, doprawdy nie czuję się warta.
Nie szkoda to dla mnie zachodu i słońca?
Jak ma się w to bawić osoba żyjąca?
Na chwilę tu jestem i tylko na chwilę:
co dalsze przeoczę, a resztę pomylę.
Nie zdążę wszystkiego odróżnić od próżni.
Pogubię te bratki w pośpiechu podróżnym.
Już choćby najmniejszy – szalony wydatek:
fatyga łodygi i listek i płatek
raz jeden w przestrzeni, od nigdy, na oślep,
wzgardliwie dokładny i kruchy wyniośle.

COMPLEANNO

Tanto mondo a un tratto da tutto il mondo:
morene, murene e marosi e mimose,
e il fuoco e il fuco e il falco e il frutto –
come e dove potrò mettere il tutto?
Queste foglie e scaglie, questi merli e tarli,
lamponi e scorpioni – dove sistemarli?
Lapilli, mirtilli, berilli e zampilli –
grazie, ma ce n'è fin sopra i capelli.
Dove andranno questo tripudio e trifoglio,
tremore e cespuglio e turgore e scompiglio?
Dove porti un ghiro e nascondi l'oro,
che fare sul serio dell'uro e del toro?
Già il biossido è cosa ben preziosa e cara,
aggiungi la piovra, e in più la zanzara!
Immagino il prezzo, benché esagerato –
grazie, io davvero non l'ho meritato.
Non è troppo per me il sole, l'aurora?
Che cosa può farne l'umana creatura?
Sono qui un istante, un solo minuto:
non saprò del dopo, non l'avrò vissuto.
Come distinguere il tutto dal vuoto?
Dirò addio alle viole nel viaggio affrettato.
Pur la più piccola – è una spesa folle:
fatica di stelo, e il petalo, e il pistillo,
una volta, a caso, in questa immensità,
sprezzante e precisa, fiera fragilità.

WYWIAD Z DZIECKIEM

Mistrz od niedawna jest wśród nas.
Dlatego czai się ze wszystkich kątów.
Zasłania twarz rękami i patrzy przez szparkę.
Staje czołem do ściany, potem odwraca się nagle.

Mistrz odrzuca z niesmakiem absurdalną myśl,
że stół spuszczony z oka musi być stołem bez przerwy,
że krzesło za plecami tkwi w granicach krzesła
i nawet nie próbuje skorzystać z okazji.

To prawda, trudno świat przyłapać na inności.
Jabłoń wraca pod okno tuż przed okamgnieniem.
Tęczowe wróble zawsze pociemnieją w porę.
Ucho dzbanuszka złowi każdy szmer.
Szafa nocna udaje bierność szafy dziennej.
Szuflada stara się przekonać Mistrza,
że jest w niej tylko to, co do niej wcześniej włożono.
Nawet w książce z bajkami otwartej znienacka
królewna zawsze zdąży usiąść na obrazku.

Czują we mnie przybysza – wzdycha Mistrz –
nie chcą obcego przyjąć do wspólnej zabawy.

Bo żeby wszystko, cokolwiek istnieje,
musiało istnieć tylko w jeden sposób,
w sytuacji okropnej, bo bez wyjścia z siebie,
bez pauzy i odmiany? W pokornym stąd – dotąd?
Mucha w pułapce muchy? Mysz w potrzasku myszy?
Pies nigdy nie spuszczany z utajonego łańcucha?
Ogień, który nie może zdobyć się na nic innego,
jak sparzyć po raz drugi ufny palec Mistrza?
Czy to jest ten właściwy ostateczny świat:

INTERVISTA A UN BAMBINO

È poco che il Maestro è tra noi.
Perciò fa la posta da tutti gli angoli.
Si copre il volto e guarda tra le dita.
Ha la faccia rivolta al muro, poi si gira di scatto.

Il Maestro respinge con disgusto l'assurdo pensiero
che un tavolo perso di vista debba restare un tavolo,
che una sedia alle sue spalle stia nei confini d'una sedia,
e nemmeno cerca di approfittare dell'occasione.

Vero, è difficile sorprenderlo diverso, questo mondo.
Il melo torna sotto la finestra prima d'un batter
                                    d'occhio.
I passeri iridati scuriscono sempre in tempo.
Le orecchie del secchio catturano ogni fruscio.
L'armadio notturno finge la passività di quello diurno.
Il cassetto cerca di convincere il Maestro
che lì c'è solo ciò che v'era stato messo prima.
Perfino nel libro di fiabe aperto all'improvviso
la principessa torna sempre per tempo
                            sull'illustrazione.

Sentono in me un forestiero – sospira il Maestro –
non vogliono che un estraneo giochi con loro.

Come è possibile che tutto ciò che esiste
debba esistere in un solo modo,
in una situazione orribile, senza uscita da sé,
senza pausa e mutamento? In un umile da qui – a lì?
Mosca acchiappata in una mosca? Topo
                    intrappolato in un topo?
Un cane mai liberato da una catena celata?
Un fuoco che altro non può fare
se non scottare di nuovo il dito fiducioso del Maestro?
È questo quel mondo vero, definitivo:

rozsypane bogactwo nie do pozbierania,
bezużyteczny przepych, wzbroniona możliwość?
Nie – krzyczy Mistrz i tupie tyloma nogami
iloma rozporządza – w tak wielkiej rozpaczy,
że mało by tu było i sześciu nóg chrząszcza.

ricchezza sparsa che non si può raccogliere,
sfarzo inutile, possibilità vietata?
No – grida il Maestro e batte tutti i piedi
di cui dispone – con una tale disperazione
che non basterebbero le sei zampe d'un coleottero.

ALLEGRO MA NON TROPPO

Jesteś piękne – mówię życiu –
bujniej już nie można było,
bardziej żabio i słowiczo,
bardziej mrówczo i nasiennie.

Staram się mu przypodobać,
przypochlebić, patrzeć w oczy.
Zawsze pierwsza mu się kłaniam
z pokornym wyrazem twarzy.

Zabiegam mu drogę z lewej,
zabiegam mu drogę z prawej,
i unoszę się w zachwycie,
i upadam od podziwu.

Jaki polny jest ten konik,
jaka leśna ta jagoda –
nigdy bym nie uwierzyła,
gdybym się nie urodziła!

Nie znajduję – mówię życiu –
z czym mogłabym cię porównać.
Nikt nie zrobił drugiej szyszki
ani lepszej, ani gorszej.

Chwalę hojność, pomysłowość,
zamaszystość i dokładność,
i co jeszcze – i co dalej –
czarodziejstwo, czarnoksięstwo.

Byle tylko nie urazić,
nie rozgniewać, nie rozpętać.
Od dobrych stu tysiącleci
nadskakuję uśmiechnięta.

ALLEGRO MA NON TROPPO

Sei bella – dico alla vita –
è impensabile più rigoglio,
più rane e più usignoli,
più formiche e più germogli.

Cerco di accattivarmela,
di blandirla, vezzeggiarla.
La saluto sempre per prima
con umile espressione.

Le taglio la strada da sinistra,
le taglio la strada da destra,
e mi innalzo nell'incanto,
e cado per lo stupore.

Quanto è di campo questo grillo,
e di bosco questo frutto –
mai l'avrei creduto
se non avessi vissuto!

Non trovo nulla – le dico –
a cui paragonarti.
Nessuno ha fatto un'altra pigna
né migliore, né peggiore.

Lodo la tua larghezza,
inventiva ed esattezza,
e cos'altro – e cosa più –
magia, stregoneria.

Mai vorrei recarti offesa,
né adirarti per dileggio.
Da centomila anni almeno
sorridendo ti corteggio.

Szarpię życie za brzeg listka:
przystanęło? dosłyszało?
Czy na chwilę, choć raz jeden,
dokąd idzie – zapomniało?

Tiro la vita per una foglia:
si è fermata? Se n'è accorta?
Si è scordata dove corre,
almeno per una volta?

AUTOTOMIA

Pamięci Haliny Poświatowskiej

W niebezpieczeństwie strzykwa dzieli się na dwoje:
jedną siebie oddaje na pożarcie światu,
drugą sobą ucieka.

Rozpada się gwałtownie na zgubę i ratunek,
na grzywnę i nagrodę, na co było i będzie.

W połowie ciała strzykwy roztwiera się przepaść
o dwóch natychmiast obcych sobie brzegach.

Na jednym brzegu śmierć, na drugim życie.
Tu rozpacz, tam otucha.

Jeśli istnieje waga, szale się nie chwieją.
Jeśli jest sprawiedliwość, oto ona.

Umrzeć ile konieczne, nie przebrawszy miary.
Odrosnąć ile trzeba z ocalonej reszty.

Potrafimy się dzielić, och prawda, my także.
Ale tylko na ciało i urwany szept.
Na ciało i poezję.

Po jednej stronie gardło, śmiech po drugiej,
lekki, szybko milknący.

Tu ciężkie serce, tam non omnis moriar,
trzy tylko słówka jak trzy piórka wzlotu.

Przepaść nas nie przecina.
Przepaść nas otacza.

AUTOTOMIA

Alla memoria di Halina Poświatowska

In caso di pericolo, l'oloturia si divide in due:
dà un sé in pasto al mondo,
e con l'altro fugge.

Si scinde d'un colpo in rovina e salvezza,
in ammenda e premio, in ciò che è stato e ciò che sarà.

Nel mezzo del suo corpo si apre un abisso
con due sponde subito estranee.

Su una la morte, sull'altra la vita.
Qui la disperazione, là la fiducia.

Se esiste una bilancia, ha piatti immobili.
Se c'è una giustizia, eccola.

Morire quanto necessario, senza eccedere.
Ricrescere quanto occorre da ciò che si è salvato.

Già, anche noi sappiamo dividerci in due.
Ma solo in corpo e sussurro interrotto.
In corpo e poesia.

Da un lato la gola, il riso dall'altro,
un riso leggero, di già soffocato.

Qui il cuore pesante, là non omnis moriar,
tre piccole parole, soltanto, tre piume d'un volo.

L'abisso non ci divide.
L'abisso circonda.

ZNIERUCHOMIENIE

Miss Duncan, tancerka,
jaki tam obłok, zefirek, bachantka,
blask księżyca na fali, kołysanie, tchnienie.

Kiedy tak stoi w atelier fotograficznym,
z ruchu, z muzyki – ciężko, cieleśnie wyjęta,
na pastwę pozy porzucona,
na fałszywe świadectwo.

Grube ramiona wzniesione nad głową,
węzeł kolana spod krótkiej tuniki,
lewa noga do przodu, naga stopa, palce,
5 (słownie pięć) paznokci.

Jeden krok z wiecznej sztuki w sztuczną wieczność –
z trudem przyznaję, że lepszy niż nic
i słuszniejszy niż wcale.

Za parawanem różowy gorset, torebka,
w torebce bilet na statek parowy,
odjazd nazajutrz, czyli sześćdziesiąt lat temu;
już nigdy, ale za to punkt dziewiąta rano.

MOVIMENTO IRRIGIDITO

Miss Duncan, la danzatrice,
ma quale nuvola, zeffiro, baccante,
chiaro di luna sull'onda, alito, dondolio!

Quando sta dritta nell'atelier del fotografo,
strappata, pesante di carne, al movimento, alla musica,
data in pasto a una posa,
a una falsa testimonianza.

Le grosse braccia sollevate sulla testa,
il nodo del ginocchio che sporge dalla tunica corta,
la gamba sinistra in avanti, il piede nudo, le dita,
5 (in lettere cinque) unghie.

Un passo dall'arte eterna all'eternità artificiale –
con riluttanza ammetto che è meglio di niente
e più giusto che no.

Dietro il paravento un busto rosa, una borsetta,
nella borsetta un biglietto per un piroscafo,
partenza l'indomani, ossia sessant'anni fa;
mai più, però alle nove esatte del mattino.

PEWNOŚĆ

– Więc jesteś pewien, że nasz okręt przybił
do pustyń czeskich? – Jestem pewien, panie.
To jest z Szekspira, który, jestem pewna,
nie był kim innym. Kilka faktów, data,
portret omal za życia... Twierdzić, że to mało?
Czekać na dowód, który Wielkie już Morze porwało
i rzuciło na czeskie brzegi tego świata?

CERTEZZA

– Sei tu certo allora che il nostro vascello è giunto
ai deserti di Boemia? – Sì, mio signore.
È Shakespeare, che, ne sono certa,
non fu qualcun altro. Pochi fatti, una data,
un ritratto quasi coevo... Ma può non bastare?
Attendere una prova, già rapita dal Grande Mare
e sui lidi boemi in questo mondo gettata?

KLASYK

Kilka grud ziemi a będzie zapomniane życie.
Muzyka wyswobodzi się z okoliczności.
Ucichnie kaszel mistrza nad menuetami.
I oderwane będą kataplazmy.
Ogień strawi perukę pełną kurzu i wszy.
Znikną plamy inkaustu z koronkowego mankietu.
Pójdą na śmietnik trzewiki, niewygodni świadkowie.
Skrzypce zabierze sobie uczeń najmniej zdolny.
Powyjmowane będą z nut rachunki od rzeźnika.
Do mysich brzuchów trafią listy biednej matki.
Unicestwiona zgaśnie niefortunna miłość.
Oczy przestaną łzawić.
Różowa wstążka przyda się córce sąsiadów.
Czasy, chwalić Boga, nie są jeszcze romantyczne.
Wszystko, co nie jest kwartetem,
będzie jako piąte odrzucone.
Wszystko, co nie jest kwintetem,
będzie jako szóste zdmuchnięte.
Wszystko, co nie jest chórem czterdziestu aniołów,
zmilknie jako psi skowyt i czkawka żandarma.
Zabrany będzie z okna wazon z aloesem,
talerz z trutką na muchy i słoik z pomadą,
i odsłoni się widok – ależ tak! – na ogród,
ogród, którego nigdy tu nie było.
No i teraz słuchajcie, słuchajcie, śmiertelni,
w zdumieniu pilnie nadstawiajcie ucha,
o pilni, o zdumieni, o zasłuchani śmiertelni,
słuchajcie – słuchający – zamienieni w słuch –

IL CLASSICO

Qualche zolla di terra, e la vita sarà dimenticata.
La musica si libererà dalle circostanze.
Si calmerà la tosse del maestro sui minuetti.
E saranno tolti i cataplasmi.
Il fuoco divorerà la parrucca piena di polvere
                                    e pidocchi.
Spariranno le macchie d'inchiostro dal polsino di pizzo.
Finiranno tra i rifiuti le scarpe, scomode testimoni.
Il violino verrà preso dall'allievo meno dotato.
Saranno tolti dagli spartiti i conti del macellaio.
Le lettere della povera madre finiranno in pancia
                                    ai topi.
L'amore sfortunato svanirà nel nulla.
Gli occhi smetteranno di lacrimare.
Il nastro rosa servirà alla figlia dei vicini.
I tempi, grazie a Dio, non sono ancora romantici.
Tutto ciò che non è un quartetto
come quinto sarà scartato.
Tutto ciò che non è un quintetto
in quanto sesto sarà soffiato via.
Tutto ciò che non è un coro di quaranta angeli
tacerà come guaito di cane e singulto di gendarme.
Verrà tolto dalla finestra il vaso con l'aloe,
il piatto con il moschicida e il vasetto di pomata,
e apparirà – ma sì – la vista sul giardino,
il giardino che lì non c'era mai stato.
E ora ascoltate, ascoltate, o mortali,
stupefatti tendete attenti l'orecchio,
o assorti, o stupiti, o rapiti mortali,
ascoltate – ascoltatori – mutati in udito –

POCHWAŁA SNÓW

We śnie
maluję jak Vermeer van Delft.

Rozmawiam biegle po grecku
i nie tylko z żywymi.

Prowadzę samochód,
który jest mi posłuszny.

Jestem zdolna,
piszę wielkie poematy.

Słyszę głosy
nie gorzej niż poważni święci.

Bylibyście zdumieni
świetnością mojej gry na fortepianie.

Fruwam jak się powinno,
czyli sama z siebie.

Spadając z dachu
umiem spaść miękko w zielone.

Nie jest mi trudno
oddychać pod wodą.

Nie narzekam:
udało mi się odkryć Atlantydę.

Cieszy mnie, że przed śmiercią
zawsze potrafię się zbudzić.

Natychmiast po wybuchu wojny
odwracam się na lepszy bok.

ELOGIO DEI SOGNI

In sogno
dipingo come Vermeer.

Parlo correntemente il greco
e non soltanto con i vivi.

Guido l'automobile,
che mi obbedisce.

Ho talento,
scrivo grandi poemi.

Odo voci
non peggio di autorevoli santi.

Sareste sbalorditi
dal mio virtuosismo al pianoforte.

Volo come si deve,
ossia da sola.

Cadendo da un tetto
so cadere dolcemente sul verde.

Non ho difficoltà
a respirare sott'acqua.

Non mi lamento:
sono riuscita a trovare l'Atlantide.

Mi rallegro di sapermi sempre svegliare
prima di morire.

Non appena scoppia una guerra
mi giro sul fianco preferito.

Jestem, ale nie muszę
być dzieckiem epoki.

Kilka lat temu
widziałam dwa słońca.

A przedwczoraj pingwina.
Najzupełniej wyraźnie.

Sono, ma non devo
esserlo, una figlia del secolo.

Qualche anno fa
ho visto due soli.

E l'altro ieri un pinguino.
Con la massima chiarezza.

MIŁOŚĆ SZCZĘŚLIWA

Miłość szczęśliwa. Czy to jest normalne,
czy to poważne, czy to pożyteczne –
co świat ma z dwojga ludzi,
którzy nie widzą świata?

Wywyższeni ku sobie bez żadnej zasługi,
pierwsi lepsi z miliona, ale przekonani,
że tak stać się musiało – w nagrodę za co? za nic;
światło pada znikąd –
dlaczego właśnie na tych, a nie innych?
Czy to obraża sprawiedliwość? Tak.
Czy narusza troskliwie piętrzone zasady,
strąca ze szczytu morał? Narusza i strąca.

Spójrzcie na tych szczęśliwych:
gdyby się chociaż maskowali trochę,
udawali zgnębienie krzepiąc tym przyjaciół!
Słuchajcie, jak się śmieją – obraźliwie.
Jakim językiem mówią – zrozumiałym na pozór.
A te ich ceremonie, ceregiele,
wymyślne obowiązki względem siebie –
wygląda to na zmowę za plecami ludzkości!

Trudno nawet przewidzieć, do czego by doszło,
gdyby ich przykład dał się naśladować.
Na co liczyć by mogły religie, poezje,
o czym by pamiętano, czego zaniechano,
kto by chciał zostać w kręgu.

Miłość szczęśliwa. Czy to jest konieczne?
Takt i rozsądek każą milczeć o niej
jak o skandalu z wysokich sfer Życia.
Wspaniałe dziatki rodzą się bez jej pomocy.
Przenigdy nie zdołałaby zaludnić ziemi,
zdarza się przecież rzadko.

UN AMORE FELICE

Un amore felice. È normale?
È serio? È utile?
Che se ne fa il mondo di due esseri
che non vedono il mondo?

Innalzati l'uno verso l'altro senza alcun merito,
i primi qualunque tra un milione, ma convinti
che doveva andare così – in premio di che? Di nulla;
la luce giunge da nessun luogo –
perché proprio su questi, e non su altri?
Ciò offende la giustizia? Sì.
Ciò infrange i princìpi accumulati con cura?
Butta giù la morale dal piedistallo? Sì, infrange
                                        e butta giù.

Guardate i due felici:
se almeno dissimulassero un po',
si fingessero depressi, confortando così gli amici!
Sentite come ridono – è un insulto.
In che lingua parlano – comprensibile all'apparenza.
E tutte quelle loro cerimonie, smancerie,
quei bizzarri doveri reciproci che s'inventano –
sembra un complotto contro l'umanità!

È difficile immaginare dove si finirebbe
se il loro esempio fosse imitabile.
Su cosa potrebbero contare religioni, poesie,
di che ci si ricorderebbe, a che si rinuncerebbe,
chi vorrebbe restare più nel cerchio?

Un amore felice. Ma è necessario?
Il tatto e la ragione impongono di tacerne
come d'uno scandalo nelle alte sfere della Vita.
Magnifici pargoli nascono senza il suo aiuto.
Mai e poi mai riuscirebbe a popolare la terra,
capita, in fondo, di rado.

Niech ludzie nie znający miłości szczęśliwej
twierdzą, że nigdzie nie ma miłości szczęśliwej.

Z tą wiarą lżej im będzie i żyć, i umierać.

Chi non conosce l'amore felice
dica pure che in nessun luogo esiste l'amore felice.

Con tale fede gli sarà più lieve vivere e morire.

Nicość przenicowała się także i dla mnie.
Naprawdę wywróciła się na drugą stronę.
Gdzież ja się to znalazłam –
od stóp do głowy wśród planet,
nawet nie pamiętając, jak mi było nie być.

O mój tutaj spotkany, tutaj pokochany,
już tylko się domyślam z ręką na twoim ramieniu,
ile po tamtej stronie pustki na nas przypada,
ile tam ciszy na jednego tu świerszcza,
ile tam braku łąki na jeden tu listeczek szczawiu,
a słońce po ciemnościach jak odszkodowanie
w kropli rosy – za jakie głębokie tam susze!

Gwiezdne na chybił trafił! Tutejsze na opak!
Rozpięte na krzywiznach, ciężarach, szorstkościach
                              i ruchach!
Przerwa w nieskończoności dla bezkresnego nieba!
Ulga po nieprzestrzeni w kształcie chwiejnej brzozy!

Teraz albo nigdy wiatr porusza chmurą,
bo wiatr to właśnie to, co tam nie wieje.
I wkracza żuk na ścieżkę w ciemnym garniturze
                              świadka
na okoliczność długiego na krótkie życie czekania.

A mnie tak się złożyło, że jestem przy tobie.
I doprawdy nie widzę w tym nic
zwyczajnego.

* * *

Il nulla si è rivoltato anche per me.
Si è davvero rovesciato all'incontrario.
Dove mai sono finita –
dalla testa ai piedi tra i pianeti,
neppure ricordando come fosse il non esserci.

O mio qui incontrato, o mio qui amato,
posso solo intuire, la mano sulla tua spalla,
quanto vuoto ci spetta da quell'altra parte,
quanto silenzio là per un grillo qui,
quanta assenza di prato là per un filo d'erba qui,
e il sole dopo il buio come risarcimento
in una goccia di rugiada – per quali arsure là!

Ciò che è stellare a casaccio! Il di qui alla rovescia!
Disteso su curvature, pesi, ruvidità e moti!
Intervallo nell'infinito per il cielo sconfinato!
Conforto dal non-spazio in forma di betulla!

Ora o mai il vento scuote una nuvola,
perché il vento è proprio ciò che là non soffia.
E lo scarabeo s'avvia per il sentiero in abito scuro
                                    da testimone
dell'evento d'una lunga attesa d'una vita breve.

E a me è capitato di esserti accanto.
E davvero non vedo in questo nulla
di ordinario.

POD JEDNĄ GWIAZDKĄ

Przepraszam przypadek, że nazywam go koniecznością.
Przepraszam konieczność, jeśli jednak się mylę.
Niech się nie gniewa szczęście, że biorę je jak swoje.
Niech mi zapomną umarli, że ledwie tlą się w pamięci.
Przepraszam czas za mnogość przeoczonego świata
                                    na sekundę.
Przepraszam dawną miłość, że nową uważam za
                                    pierwszą.
Wybaczcie mi, dalekie wojny, że noszę kwiaty do
                                    domu.
Wybaczcie, otwarte rany, że kłuję się w palec.
Przepraszam wołających z otchłani za płytę z
                                    menuetem.
Przepraszam ludzi na dworcach za sen o piątej rano.
Daruj, szczuta nadziejo, że śmieję się czasem.
Darujcie mi, pustynie, że z łyżką wody nie biegnę.
I ty, jastrzębiu, od lat ten sam, w tej samej klatce,
zapatrzony bez ruchu zawsze w ten sam punkt,
odpuść mi, nawet gdybyś był ptakiem wypchanym.
Przepraszam ścięte drzewo za cztery nogi stołowe.
Przepraszam wielkie pytania za małe odpowiedzi.
Prawdo, nie zwracaj na mnie zbyt bacznej uwagi.
Powago, okaż mi wspaniałomyślność.
Ścierp, tajemnico bytu, że wyskubuję nitki z twego
                                    trenu.
Nie oskarżaj mnie, duszo, że rzadko cię miewam.
Przepraszam wszystko, że nie mogę być wszędzie.
Przepraszam wszystkich, że nie umiem być każdym
                                    i każdą.
Wiem, że póki żyję, nic mnie nie usprawiedliwia,
ponieważ sama sobie stoję na przeszkodzie.
Nie miej mi za złe, mowo, że pożyczam patetycznych
                                    słów,
a potem trudu dokładam, żeby wydały się lekkie.

SOTTO UNA PICCOLA STELLA

Chiedo scusa al caso se lo chiamo necessità.
Chiedo scusa alla necessità se tuttavia mi sbaglio.
Non si arrabbi la felicità se la prendo per mia.
Mi perdonino i morti se ardono appena nella mia memoria.
Chiedo scusa al tempo per tutto il mondo che mi sfugge
                              a ogni istante.
Chiedo scusa al vecchio amore se do la precedenza
                              al nuovo.
Perdonatemi, guerre lontane, se porto fiori a casa.
Perdonatemi, ferite aperte, se mi pungo un dito.
Chiedo scusa a chi grida dagli abissi per il disco
                              col minuetto.
Chiedo scusa alla gente nelle stazioni se dormo
                              alle cinque del mattino.
Perdonami, speranza braccata, se a volte rido.
Perdonatemi, deserti, se non corro con un cucchiaio
                              d'acqua.
E tu, falcone, da anni lo stesso, nella stessa gabbia,
immobile, con lo sguardo fisso sempre nello stesso punto,
assolvimi, anche se tu fossi un uccello impagliato.
Chiedo scusa all'albero abbattuto per le quattro
                              gambe del tavolo.
Chiedo scusa alle grandi domande per le piccole risposte.
Verità, non prestarmi troppa attenzione.
Serietà, sii magnanima con me.
Sopporta, mistero dell'esistenza, se tiro via fili dal tuo
                              strascico.
Non accusarmi, anima, se ti possiedo di rado.
Chiedo scusa al tutto se non posso essere ovunque.
Chiedo scusa a tutti se non so essere ognuno
                              e ognuna.
So che finché vivo niente mi giustifica,
perché io stessa mi sono d'ostacolo.
Non avermene, lingua, se prendo in prestito
parole patetiche, e poi fatico per farle sembrare leggere.

WIELKA LICZBA

GRANDE NUMERO
(1976)

WIELKA LICZBA

Cztery miliardy ludzi na tej ziemi,
a moja wyobraźnia jest jak była.
Źle sobie radzi z wielkimi liczbami.
Ciągle ją jeszcze wzrusza poszczególność.
Fruwa w ciemnościach jak światło latarki,
wyjawia tylko pierwsze z brzegu twarze,
tymczasem reszta w prześlepienie idzie,
w niepomyślenie, w nieodżałowanie.
Ale tego sam Dante nie zatrzymałby.
A cóż dopiero kiedy nie jest się.
I choćby nawet wszystkie muzy do mnie.

Non omnis moriar – przedwczesne strapienie.
Czy jednak cała żyję i czy to wystarcza.
Nie wystarczało nigdy, a tym bardziej teraz.
Wybieram odrzucając, bo nie ma innego sposobu,
ale to, co odrzucam, liczebniejsze jest,
gęstsze jest, natarczywsze jest niż kiedykolwiek.
Kosztem nieopisanych strat – wierszyk, westchnienie.
Na gromkie powołanie odzywam się szeptem.
Ile przemilczam, tego nie wypowiem.
Mysz u podnóża macierzystej góry.
Życie trwa kilka znaków pazurkiem na piasku.

Sny moje – nawet one nie są, jak należałoby, ludne.
Więcej w nich samotności niż tłumów i wrzawy.
Wpadnie czasem na chwilę ktoś dawno umarły.
Klamką porusza pojedyncza ręka.
Obrasta pusty dom przybudówkami echa.

Zbiegam z progu w dolinę
cichą, jakby niczyją, już anachroniczną.

Skąd się jeszcze ta przestrzeń bierze we mnie –
nie wiem.

GRANDE NUMERO

Quattro miliardi di uomini su questa terra,
ma la mia immaginazione è uguale a prima.
Se la cava male con i grandi numeri.
Continua a commuoverla la singolarità.
Svolazza nel buio come la luce d'una pila,
illumina solo i primi visi che capitano,
mentre il resto se ne va nel non visto,
nel non pensato, nel non rimpianto.
Ma questo neanche Dante potrebbe impedirlo.
E figuriamoci quando non lo si è.
Anche se tutte le Muse venissero a me.

Non omnis moriar – un cruccio precoce.
Ma vivo intera? E questo può bastare?
Non è mai bastato, e tanto meno adesso.
Scelgo scartando, perché non c'è altro modo,
ma quello che scarto è più numeroso,
è più denso, più esigente che mai.
A costo di perdite indicibili – una poesiola, un sospiro.
Alla chiamata tonante rispondo con un sussurro.
Non dirò di quante cose taccio.
Un topo ai piedi della montagna materna.
La vita dura qualche segno d'artiglio sulla sabbia.

Neppure i miei sogni sono popolati come dovrebbero.
C'è più solitudine che folle e schiamazzo.
Vi capita a volte qualcuno morto da tempo.
Una singola mano scuote la maniglia.
La casa vuota si amplia di annessi dell'eco.

Dalla soglia corro giù nella valle
silenziosa, come di nessuno, già anacronistica.

Da dove venga ancora questo spazio in me
non so.

PODZIĘKOWANIE

Wiele zawdzięczam
tym, których nie kocham.

Ulgę, z jaką się godzę,
że bliżsi są komu innemu.

Radość, że nie ja jestem
wilkiem ich owieczek.

Pokój mi z nimi
i wolność mi z nimi,
a tego miłość ani dać nie może,
ani brać nie potrafi.

Nie czekam na nich
od okna do drzwi.
Cierpliwa
prawie jak słoneczny zegar,
rozumiem
czego miłość nie rozumie,
wybaczam,
czego miłość nie wybaczyłaby nigdy.

Od spotkania do listu
nie wieczność upływa,
ale po prostu kilka dni albo tygodni.

Podróże z nimi zawsze są udane,
koncerty wysłuchane,
katedry zwiedzone,
krajobrazy wyraźne.

A kiedy nas rozdziela
siedem gór i rzek,
są to góry i rzeki
dobrze znane z mapy.

RINGRAZIAMENTO

Devo molto
a quelli che non amo.

Il sollievo con cui accetto
che siano più vicini a un altro.

La gioia di non essere io
il lupo dei loro agnelli.

Mi sento in pace con loro
e in libertà con loro,
e questo l'amore non può darlo,
né riesce a toglierlo.

Non li aspetto
dalla porta alla finestra.
Paziente
quasi come una meridiana,
capisco
ciò che l'amore non capisce,
perdono
ciò che l'amore mai perdonerebbe.

Da un incontro a una lettera
passa non un'eternità,
ma solo qualche giorno o settimana.

I viaggi con loro vanno sempre bene,
i concerti sono ascoltati fino in fondo,
le cattedrali visitate,
i paesaggi nitidi.

E quando ci separano
sette monti e fiumi,
sono monti e fiumi
che trovi su ogni atlante.

Ich jest zasługą,
jeżeli żyję w trzech wymiarach,
w przestrzeni nielirycznej i nieretorycznej,
z prawdziwym, bo ruchomym horyzontem.

Sami nie wiedzą,
ile niosą w rękach pustych.

„Nic im nie jestem winna" –
powiedziałaby miłość
na ten otwarty temat.

È merito loro
se vivo in tre dimensioni,
in uno spazio non lirico e non retorico,
con un orizzonte vero, perché mobile.

Loro stessi non sanno
quanto portano nelle mani vuote.

«Non devo loro nulla» –
direbbe l'amore
sulla questione aperta.

PSALM

O, jakże są nieszczelne granice ludzkich państw!
Ile to chmur nad nimi bezkarnie przepływa,
ile piasków pustynnych przesypuje się z kraju do kraju,
ile górskich kamyków stacza się w cudze włości
w wyzywających podskokach!

Czy muszę tu wymieniać ptaka za ptakiem jak leci,
albo jak właśnie przysiada na opuszczonym szlabanie?
Niechby to nawet był wróbel – a już ma ogon ościenny,
choć dzióbek jeszcze tutejszy. W dodatku ależ się
                                        wierci!

Z nieprzeliczonych owadów poprzestanę na mrówce,
która pomiędzy lewym a prawym butem strażnika
na pytanie: skąd dokąd – nie poczuwa się do
                                    odpowiedzi.

Och, zobaczyć dokładnie cały ten nieład naraz,
na wszystkich kontynentach!
Bo czy to nie liguster z przeciwnego brzegu
przemyca poprzez rzekę stutysięczny listek?
Bo kto, jeśli nie mątwa zuchwale długoramienna,
narusza świętą strefę wód terytorialnych?

Czy można w ogóle mówić o jakim takim porządku,
jeżeli nawet gwiazd nie da się porozsuwać,
żeby było wiadomo, która komu świeci?

I jeszcze to naganne rozpościeranie się mgły!
I pylenie się stepu na całej przestrzeni,
jak gdyby nie był wcale w pół przecięty!

SALMO

Oh, come sono permeabili le frontiere umane!
Quante nuvole vi scorrono sopra impunemente,
quanta sabbia del deserto passa da un paese all'altro,
quanti ciottoli di montagna rotolano su terre altrui
con provocanti saltelli!

Devo menzionare qui uno a uno gli uccelli
                              che trasvolano,
o che si posano sulla sbarra abbassata?
Foss'anche un passero – la sua coda è già all'estero,
benché il becco sia ancora in patria. E per giunta,
                              quanto si agita!

Tra gli innumerevoli insetti mi limiterò alla formica,
che tra la scarpa sinistra e la destra del doganiere
non si sente tenuta a rispondere alle domande
                    «Da dove?» e «Dove?».

Oh, afferrare con un solo sguardo tutta questa
                              confusione,
su tutti i continenti!
Non è forse il ligustro che dalla sponda opposta
contrabbanda attraverso il fiume la sua
                    centomillesima foglia?
E chi se non la piovra, con le lunghe braccia
                              sfrontate,
viola i sacri limiti delle acque territoriali?

Come si può parlare d'un qualche ordine,
se non è nemmeno possibile scostare le stelle
e sapere per chi brilla ciascuna?

E poi questo riprovevole diffondersi della nebbia!
E la polvere che si posa su tutta la steppa,
come se non fosse affatto divisa a metà!

I rozleganie się głosów na usłużnych falach powietrza:
przywoływawczych pisków i znaczących bulgotów!

Tylko co ludzkie potrafi być prawdziwie obce.
Reszta to lasy mieszane, krecia robota i wiatr.

E il risuonare delle voci sulle servizievoli onde dell'aria:
quei pigolii seducenti e gorgoglii allusivi!

Solo ciò che è umano può essere davvero straniero.
Il resto è bosco misto, lavorio di talpa e vento.

ŻONA LOTA

Obejrzałam się podobno z ciekawości.
Ale prócz ciekawości mogłam mieć inne powody.
Obejrzałam się z żalu za miską ze srebra.
Przez nieuwagę – wiążąc rzemyk u sandała.
Aby nie patrzeć dłużej w sprawiedliwy kark
męża mojego, Lota.
Z nagłej pewności, że gdybym umarła,
nawet by nie przystanął.
Z nieposłuszeństwa pokornych.
W nadsłuchiwaniu pogoni.
Tknięta ciszą, w nadziei, że Bóg się rozmyślił.
Dwie nasze córki znikały już za szczytem wzgórza.
Poczułam w sobie starość. Oddalenie.
Czczość wędrowania. Senność.
Obejrzałam się kładąc na ziemi tobołek.
Obejrzałam się z trwogi, gdzie uczynić krok.
Na mojej ścieżce zjawiły się węże,
pająki, myszy polne i pisklęta sępów.
Już ani dobre, ani złe – po prostu wszystko, co żyło,
pełzało i skakało w gromadnym popłochu.
Obejrzałam się z osamotnienia.
Ze wstydu, że uciekam chyłkiem.
Z chęci krzyku, powrotu.
Albo wtedy dopiero, gdy zerwał się wiatr,
rozwiązał włosy moje i suknię zadarł do góry.
Miałam wrażenie, że widzą to z murów Sodomy
i wybuchają gromkim śmiechem, raz i jeszcze raz.
Obejrzałam się z gniewu.
Aby nasycić się ich wielką zgubą.
Obejrzałam się z wszystkich podanych wyżej powodów.
Obejrzałam się bez własnej woli.
To tylko głaz obrócił się, warcząc pode mną.
To szczelina raptownie odcięła mi drogę.
Na brzegu dreptał chomik wspięty na dwóch łapkach.

LA MOGLIE DI LOT

Guardai indietro, dicono, per curiosità,
ma, curiosità a parte, potevo avere altri motivi.
Guardai indietro rimpiangendo la mia coppa d'argento.
Per distrazione – mentre allacciavo il sandalo.
Per non dover più guardare la nuca proba
di mio marito, Lot.
Per l'improvvisa certezza che se fossi morta
non si sarebbe neppure fermato.
Per la disobbedienza degli umili.
Per tendere l'orecchio agli inseguitori.
Colpita dal silenzio, sperando che Dio ci avesse ripensato.
Le nostre due figlie stavano già sparendo oltre la
                                          cima del colle.
Sentii in me la vecchiaia. Il distacco.
La futilità del vagare. Il torpore.
Guardai indietro posando per terra il fagotto.
Guardai indietro non sapendo dove mettere il piede.
Sul mio sentiero erano apparsi serpenti,
ragni, topi di campo, piccoli di avvoltoio.
Non più buoni né cattivi – ogni cosa vivente
strisciava e saltava in un panico collettivo, semplicemente.
Guardai indietro per solitudine.
Per la vergogna di fuggire di nascosto.
Per la voglia di gridare, di tornare.
O forse solo quando si alzò il vento
che mi sciolse i capelli e sollevò la veste.
Mi parve che dalle mura di Sodoma lo vedessero
e scoppiassero in risa fragorose più e più volte.
Guardai indietro per l'ira.
Per saziarmi della loro grande rovina.
Guardai indietro per queste ragioni.
Guardai indietro non per mia volontà.
Fu solo una roccia a girarsi, ringhiando sotto di me.
Fu un crepaccio a tagliarmi d'improvviso la strada.
Sul bordo trotterellava un criceto ritto su due zampette.

I wówczas to oboje spojrzeliśmy wstecz.
Nie, nie. Ja biegłam dalej,
czołgałam się i wzlatywałam,
dopóki ciemność nie runęła z nieba,
a z nią gorący żwir i martwe ptaki.
Z braku tchu wielokrotnie okręcałam się.
Kto mógłby to zobaczyć, myślałby, że tańczę.
Nie wykluczone, że oczy miałam otwarte.
Możliwe, że upadłam twarzą zwróconą ku miastu.

E fu allora che entrambi ci voltammo a guardare.
No, no. Io continuavo a correre,
mi trascinavo e sollevavo,
finché il buio non piombò dal cielo,
e con esso ghiaia ardente e uccelli morti.
Mancandomi l'aria, mi rigirai più volte.
Chi mi avesse visto poteva pensare che danzassi.
Non escludo che i miei occhi fossero aperti.
È possibile che sia caduta con il viso rivolto verso la città.

WIDZIANE Z GÓRY

Na polnej drodze leży martwy żuk.
Trzy pary nóżek złożył na brzuchu starannie.
Zamiast bezładu śmierci – schludność i porządek.
Groza tego widoku jest umiarkowana,
zakres ściśle lokalny od perzu do mięty.
Smutek się nie udziela.
Niebo jest błękitne.

Dla naszego spokoju, śmiercią jakby płytszą
nie umierają, ale zdychają zwierzęta
tracąc – chcemy w to wierzyć – mniej czucia i świata,
schodząc – jak nam się zdaje – z mniej tragicznej sceny.
Ich potulne duszyczki nie straszą nas nocą,
szanują dystans,
wiedzą, co to mores.

I oto ten na drodze martwy żuk
w nieopłakanym stanie ku słonku polśniewa.
Wystarczy o nim tyle pomyśleć, co spojrzeć:
wygląda, że nie stało mu się nic ważnego.
Ważne związane jest podobno z nami.
Na życie tylko nasze, naszą tylko śmierć,
śmierć, która wymuszonym cieszy się pierwszeństwem.

VISTO DALL'ALTO

Su un viottolo giace uno scarabeo morto.
Tre paia di zampette ripiegate con cura sul ventre.
Invece del disordine della morte – ordine e pulizia.
L'orrore di questo spettacolo è moderato,
la sua portata locale, dalla gramigna alla menta.
La tristezza non si trasmette.
Il cielo è azzurro.

Per nostra tranquillità – gli animali non muoiono
ma crepano d'una morte per così dire più piatta,
perdendo – vogliamo crederlo – meno sensibilità
                                        e mondo,
uscendo – così ci pare – da una scena meno tragica.
Le loro animucce mansuete non ci ossessionano
                                        la notte,
mantengono la distanza,
conoscono i mores.

E così questo scarabeo morto sul viottolo
brilla non compianto verso il sole.
Basta pensarci per la durata di uno sguardo:
sembra che non gli sia accaduto nulla d'importante.
L'importante, pare, riguarda noi.
Solo la nostra vita, solo la nostra morte,
una morte che gode d'una forzata precedenza.

SEN STAREGO ŻÓŁWIA

Śni się żółwiowi listek sałaty,
a koło listka – sam Cesarz, znienacka,
zaistniał żywy jak przed stu iks laty.
Żółw nawet nie wie, jaka to sensacja.

Cesarz zaistniał co prawda nie cały,
w czarnych trzewikach przegląda się słońce,
wyżej dwie łydki, zgrabne dość, w pończochach
                                        białych.
Żółw nawet nie wie, że to wstrząsające.

Dwie nogi na przystanku z Austerlitz do Jeny,
a w górze mgła, skąd śmiechu słychać terkot.
Możecie wątpić w prawdziwość tej sceny
i czy cesarski ten trzewik z klamerką.

Trudno osobę poznać po fragmentach:
po stopie prawej albo stopie lewej.
Żółw niezbyt wiele z dzieciństwa pamięta
i kogo wyśnił – nie wie.

Cesarz nie Cesarz. Czy przez to się zmienia
fenomen snu żółwiego? Ktoś, postać nieznana,
potrafił urwać się na chwilkę z zatracenia
i światem się przemyka! Od piet po kolana.

IL SOGNO DELLA VECCHIA TARTARUGA

La tartaruga sogna una foglia d'insalata,
e accanto – l'Imperatore in persona, d'un tratto,
è apparso come cent'anni fa e oltre tal data.
La tartaruga ignora la portata del fatto.

L'Imperatore invero è apparso non tutto,
nelle scarpe nere si specchia il sole lucente,
più su due polpacci, in calze bianche, ben fatti.
La tartaruga neppur sa che ciò è sconvolgente.

Due gambe alla fermata da Austerlitz a Jena,
e in alto lo scoppiettar del riso nella nebbia.
Potete dubitare se sia vera la scena
e se d'imperatore la scarpa con la fibbia.

È arduo riconoscere qualcuno dai pezzi:
dal piede destro o dal piede sinistro.
La tartaruga ricorda l'infanzia a sprazzi
e non sa chi in sogno abbia visto.

Imperatore o no. Ciò forse muta
il fenomeno del sogno della tartaruga?
Uno, ignoto, è sfuggito per un po' alla perdizione
e se la svigna pel mondo. Dal ginocchio al tallone.

EKSPERYMENT

Jako dodatek przed właściwym filmem,
w którym aktorzy robili, co mogli,
żeby mnie wzruszyć, a nawet rozśmieszyć,
wyświetlano ciekawy eksperyment
z głową.

Głowa
przed chwilą jeszcze należała do –
teraz była odcięta,
każdy mógł widzieć, że nie ma tułowia.
Z karku zwisały rurki aparatu,
dzięki któremu krew krążyła nadal.
Głowa
dobrze się miała.

Bez oznak bólu czy choćby zdziwienia
wodziła wzrokiem za ruchem latarki.
Strzygła uszami, kiedy rozlegał się dzwonek.
Wilgotnym nosem umiała rozróżnić
zapach słoniny od bezwonnego niebytu
i oblizując się z wyraźnym smakiem
toczyła ślinę na cześć fizjologii.

Wierna psia głowa,
poczciwa psia głowa,
gdy ją głaskano, przymrużała ślepia
z wiarą, że nadal jest częścią całości,
która ugina pod pieszczotą grzbiet
i wymachuje ogonem.

Pomyślałam o szczęściu i poczułam strach.
Bo gdyby tylko o to w życiu szło,
głowa
była szczęśliwa.

ESPERIMENTO

Come un cortometraggio prima del film,
in cui gli attori facevano del loro meglio
per commuovermi, e anche farmi ridere,
fu proiettato un interessante esperimento
con una testa.

La testa
un attimo prima era ancora attaccata al –
adesso era mozzata,
ognuno poteva vedere che non aveva tronco.
Dal collo pendevano i tubi di una macchina
grazie alla quale il sangue circolava ancora.
La testa
stava bene.

Senza segni di dolore o almeno di sorpresa,
seguiva con gli occhi il movimento d'una pila.
Drizzava le orecchie al suono d'un campanello.
Col naso umido sapeva distinguere
il profumo del lardo dal nulla inodore,
e leccandosi le labbra con evidente piacere
salivava in omaggio alla fisiologia.

Una fedele testa di cane,
una affettuosa testa di cane,
quando veniva carezzata, socchiudeva gli occhi,
convinta di essere ancora parte di un tutto
che piega il dorso se lisciato
e dimena la coda.

Ho pensato alla felicità e ho avuto paura.
Perché se la vita fosse tutta qui,
la testa
era felice.

UŚMIECHY

Z większą nadzieją świat patrzy niż słucha.
Mężowie stanu muszą się uśmiechać.
Uśmiech oznacza, że nie tracą ducha.
Choć gra zawiła, interesy sprzeczne,
wynik niepewny – zawsze to pociecha,
gdy uzębienie białe i serdeczne.

Muszą życzliwe pokazywać czoło
na sali obrad i płycie lotniska.
Ruszać się żwawo, wyglądać wesoło.
Ów tego wita, ten owego żegna.
Twarz uśmiechnięta bardzo jest potrzebna
dla obiektywów i dla zbiegowiska.

Stomatologia w służbie dyplomacji
spektakularny gwarantuje skutek.
Kłów dobrej woli i siekaczy zgodnych
nie może braknąć w groźnej sytuacji.
Jeszcze nie mamy czasów tak pogodnych,
żeby na twarzach widniał zwykły smutek.

Ludzkość braterska, zdaniem marzycieli,
zamieni ziemię w krainę uśmiechu.
Wątpię. Mężowie stanu, dajmy na to,
uśmiechać by się tyle nie musieli.
Tylko czasami: że wiosna, że lato,
bez nerwowego skurczu i pośpiechu.
Istota ludzka smutna jest z natury.
Na taką czekam i cieszę się z góry.

SORRISI

Il mondo vuol vedere la speranza sul viso.
Per gli statisti si fa d'obbligo il sorriso.
Sorridere vuol dire non darsi allo sconforto.
Anche se il gioco è complesso, l'esito incerto,
gli interessi contrastanti – è sempre consolante
che la dentatura sia bianca e ben smagliante.

Devono mostrare una fronte rasserenata
sulla pista e nella sala delle conferenze.
Un'andatura svelta, un'espressione distesa.
Quello dà il benvenuto, quest'altro si accomiata.
È quanto mai opportuno un volto sorridente
per gli obiettivi e tutta la gente lì in attesa.

La stomatologia in forza alla diplomazia
garantisce sempre un risultato impressionante.
Canini di buona volontà e incisivi lieti
non possono mancare quando l'aria è pesante.
I nostri tempi non sono ancora così allegri
perché sui visi traspaia la malinconia.

Un'umanità fraterna, dicono i sognatori,
trasformerà la terra nel paese del sorriso.
Ho qualche dubbio. Gli statisti, se fosse vero,
non dovrebbero sorridere il giorno intero.
Solo a volte: perché è primavera, tanti i fiori,
non c'è fretta alcuna, né tensione in viso.
Gli esseri umani sono tristi per natura.
È quanto mi aspetto, e non è poi così dura.

PARADA WOJSKOWA

Ziemia – ziemia,
ziemia – powietrze – ziemia,
powietrze – woda – ziemia – ziemia – woda,
woda – powietrze – ziemia – powietrze – powietrze,
ziemia – woda – powietrze – woda – powietrze – ziemia,
powietrze – ziemia – ziemia – ziemia – ziemia – ziemia,

Ziemi Wody Powietrza –

PARATA MILITARE

Terra – terra,
terra – aria – terra,
aria – acqua – terra – terra – acqua,
acqua – aria – terra – aria – aria,
terra – acqua – aria – acqua – aria – terra,
aria – terra – terra – terra – terra – terra,

della Terra dell'Acqua dell'Aria –

TERRORYSTA, ON PATRZY

Bomba wybuchnie w barze trzynasta dwadzieścia.
Teraz mamy dopiero trzynastą szesnaście.
Niektórzy zdążą jeszcze wejść,
niektórzy wyjść.

Terrorysta już przeszedł na drugą stronę ulicy.
Ta odległość go chroni od wszelkiego złego
no i widok jak w kinie:

Kobieta w żółtej kurtce, ona wchodzi.
Mężczyzna w ciemnych okularach, on wychodzi.
Chłopaki w dżinsach, oni rozmawiają.
Trzynasta siedemnaście i cztery sekundy.
Ten niższy to ma szczęście i wsiada na skuter,
a ten wyższy to wchodzi.

Trzynasta siedemnaście i czterdzieści sekund.
Dziewczyna, ona idzie z zieloną wstążką we włosach.
Tylko że ten autobus nagle ją zasłania.

Trzynasta osiemnaście.
Już nie ma dziewczyny.
Czy była taka głupia i weszła, czy nie,
to się zobaczy, jak będą wynosić.

Trzynasta dziewiętnaście.
Nikt jakoś nie wchodzi.
Za to jeszcze wychodzi jeden gruby łysy.
Ale tak, jakby szukał czegoś po kieszeniach i
o trzynastej dwadzieścia bez dziesięciu sekund
on wraca po te swoje marne rękawiczki.

Jest trzynasta dwadzieścia.
Czas, jak on się wlecze.
Już chyba teraz.

IL TERRORISTA, LUI GUARDA

La bomba esploderà nel bar alle tredici e venti.
Adesso sono appena le tredici e sedici.
Alcuni faranno in tempo a entrare,
alcuni a uscire.

Il terrorista ha già attraversato la strada.
Questa distanza lo protegge da ogni male,
e poi la vista è come al cinema:

Una donna con il giaccone giallo, lei entra.
Un uomo con gli occhiali scuri, lui esce.
Ragazzi in jeans, loro parlano.
Le tredici e diciassette e quattro secondi.
Quello più basso è fortunato e sale sulla vespa,
quello più alto invece entra.

Le tredici e diciassette e quaranta secondi.
La ragazza, lei cammina con un nastro verde nei capelli.
Ma quell'autobus d'improvviso la nasconde.

Le tredici e diciotto.
La ragazza non c'è più.
Se è stata così stupida da entrare, oppure no,
si vedrà quando li porteranno fuori.

Le tredici e diciannove.
Più nessuno che entri, pare.
Invece esce un grassone calvo.
Sembra che si frughi nelle tasche e
alle tredici e venti meno dieci secondi
rientra a cercare quei suoi miseri guanti.

Sono le tredici e venti.
Il tempo, come scorre lentamente.
Deve essere ora.

Jeszcze nie teraz.
Tak, teraz.
Bomba, ona wybucha.

No, non ancora.
Sì, ora.
La bomba, lei esplode.

MINIATURA ŚREDNIOWIECZNA

Po najzieleńszym wzgórzu,
najkonniejszym orszakiem,
w płaszczach najjedwabniejszych.

Do zamku o siedmiu wieżach,
z których każda najwyższa.

Na przedzie xiążę
najpochlebniej niebrzuchaty,
przy xiążęciu xiężna pani
cudnie młoda, młodziusieńka.

Za nimi kilka dworek
jak malowanie zaiste
i paź najpacholętszy,
a na ramieniu pazia
coś nad wyraz małpiego
z przenajśmieszniejszym pyszczkiem
i ogonkiem.

Zaraz potem trzej rycerze,
a każdy się dwoi, troi,
i jak który z miną gęstą
prędko inny z miną tęgą,
a jak pod kim rumak gniady,
to najgniadszy moiściewy,
a wszystkie kopytkami jakoby muskając
stokrotki najprzydrożniejsze.

Kto zasię smutny, strudzony,
z dziurą na łokciu i z zezem,
tego najwyraźniej brak.

Najżadniejszej też kwestii
mieszczańskiej czy kmiecej
pod najlazurowszym niebem.

MINIATURA MEDIOEVALE

Sulla più verde delle colline,
nel più equestre dei cortei,
coi più setosi dei mantelli.

Verso un castello dalle sette torri,
ciascuna la più alta.

In testa un principe
il più lodevolmente non panciuto,
al suo fianco, la principessa,
giovane, leggiadrissima.

Dietro di loro, le dame di corte,
da incorniciare, in verità,
e un paggio, il più donzello,
e sulla spalla del paggio
qualcosa di assai scimmiesco
con il più strabuffo dei musetti
e una codina.

Seguono tre cavalieri,
e ognuno si fa in quattro,
e se uno ha l'aria dura,
l'altro tosto ha l'aria rude,
e se uno cavalca un baio,
di più bai non ce n'è,
e tutti come sfiorando con gli zoccoli
le margherite le più al ciglio della strada.

Chi è invece triste, stanco,
strabico e con un gomito stracciato,
manca nel modo più evidente.

Nessunissimo problema
borghese o contadino
sotto il più azzurro dei cieli.

Szubieniczki nawet tyciej
dla najsokolszego oka
i nic nie rzuca cienia wątpliwości.

Tak sobie przemile jadą
w tym realizmie najfeudalniejszym.

Onże wszelako dbał o równowagę:
piekło dla nich szykował na drugim obrazku.
Och, to się rozumiało
arcysamo przez się.

Neanche una forca piccinissima
per il più aquilino degli occhi,
e nulla getta un'ombra di dubbio.

Così avanzano stragraziosamente
in questo realismo il più feudale.

Lo stesso, nondimeno, badava all'equilibrio:
gli preparava l'inferno su un altro quadretto.
Ah, questo andava
arci da sé.

STARY ŚPIEWAK

„On dzisiaj śpiewa tak: trala tra la.
A ja śpiewałem tak: trala tra la.
Słyszy pani różnicę?
I zamiast stanąć tu, on staje tu
i patrzy tam, nie tam,
choć stamtąd, a nie stamtąd
wbiegała, nie jak teraz pampa rampa pam,
ale całkiem po prostu pampa rampa pam,
niezapomniana Tschubeck-Bombonieri,
tylko że
kto ją pamięta –"

VECCHIO CANTANTE

«Lui oggi canta così: trala tra la.
E io cantavo così: trala tra la.
Sente la differenza, signora?
E invece di mettersi qui, lui si mette qui
e guarda là, non là,
anche se lei entrava di corsa di là,
e non di là, non come adesso pampa rampa pam,
ma semplicemente pampa rampa pam,
la indimenticabile Tschubeck-Bombonieri,
ma
chi se la ricorda –».

POCHWAŁA SIOSTRY

Moja siostra nie pisze wierszy
i chyba już nie zacznie nagle pisać wierszy.
Ma to po matce, która nie pisała wierszy,
oraz po ojcu, który też nie pisał wierszy.
Pod dachem mojej siostry czuję się bezpieczna:
mąż siostry za nic w świecie nie pisałby wierszy.
I choć to brzmi jak utwór Adama Macedońskiego,
nikt z krewnych nie zajmuje się pisaniem wierszy.

W szufladach mojej siostry nie ma dawnych wierszy
ani w torebce napisanych świeżo.
A kiedy siostra zaprasza na obiad,
to wiem, że nie w zamiarze czytania mi wierszy.
Jej zupy są wyborne bez premedytacji,
a kawa nie rozlewa się na rękopisy.

W wielu rodzinach nikt nie pisze wierszy,
ale jak już – to rzadko jedna tylko osoba.
Czasem poezja spływa kaskadami pokoleń,
co stwarza groźne wiry w uczuciach wzajemnych.

Moja siostra uprawia niezłą prozę mówioną,
a całe jej pisarstwo to widokówki z urlopu,
z tekstem obiecującym to samo każdego roku:
że jak wróci,
to wszystko
wszystko
wszystko opowie.

IN LODE DI MIA SORELLA

Mia sorella non scrive poesie,
né penso che si metterà a scrivere poesie.
Ha preso dalla madre, che non scriveva poesie,
e dal padre, che anche lui non scriveva poesie.
Sotto il tetto di mia sorella mi sento sicura:
suo marito mai e poi mai scriverebbe poesie.
E anche se ciò suona ripetitivo come una litania,
nessuno dei miei parenti scrive poesie.

Nei suoi cassetti non ci sono vecchie poesie,
né ce n'è di recenti nella sua borsetta.
E quando mia sorella mi invita a pranzo,
so che non ha intenzione di leggermi poesie.
Fa minestre squisite senza secondi fini,
e il suo caffè non si rovescia su manoscritti.

In molte famiglie nessuno scrive poesie,
ma se accade – è raro che sia uno solo.
A volte la poesia scende a cascate per generazioni,
creando gorghi pericolosi nel mutuo sentire.

Mia sorella pratica una discreta prosa orale,
e tutta la sua opera scritta consiste in cartoline
il cui testo promette la stessa cosa ogni anno:
che al ritorno dalle vacanze
tutto quanto
tutto
tutto racconterà.

PUSTELNIA

Myślałaś, że pustelnik mieszka na pustyni,
a on w domku z ogródkiem
w wesołym lasku brzozowym,
10 minut od szosy,
ścieżką oznakowaną.

Nie musisz go podglądać z dala przez lornetkę,
możesz go widzieć, słyszeć całkiem z bliska,
jak cierpliwie wyjaśnia wycieczce z Wieliczki,
dlaczego wybrał surową samotność.

Ma bury habit,
długą siwą brodę,
rumiane liczko
i oczy niebieskie.
Chętnie zastyga na tle krzaka róż
do kolorowej fotografii.

Robi ją, właśnie Stanley Kowalik z Chicago.
Po wywołaniu obiecuje przysłać.

Tymczasem małomówna staruszka z Bydgoszczy,
której nikt nie odwiedza oprócz inkasentów,
wpisuje się do księgi pamiątkowej:
Bogu niech będą dzięki,
że pozwolił mi
zobaczyć w życiu prawdziwego pustelnika.

Młodzież wpisuje się nożem na drzewach:
Spiritualsi 75 Zbiórka na dole.

Tylko co z Barim, gdzie się podział Bari.
Bari leży pod ławką i udaje wilka.

L'EREMO

Credevi che un eremita vivesse in un eremo,
e invece abita in una casetta con giardino
in un gaio boschetto di betulle,
dieci minuti dalla strada,
per un sentiero con cartelli segnaletici.

Non devi osservarlo di nascosto con un cannocchiale,
puoi vederlo e udirlo da vicino
mentre spiega paziente a un gruppo di turisti
                            di Wieliczka
perché ha scelto un'austera solitudine.

Ha una tonaca grigia,
una lunga barba bianca,
gote vermiglie
e occhi celesti.
Posa di buon grado davanti a un cespuglio di rose
per una fotografia a colori.

Chi la scatta è Stanley Kowalik di Chicago.
Promette di mandarla non appena sviluppata.

Intanto una taciturna vecchietta di Bydgoszcz,
a cui nessuno fa visita se non gli esattori,
scrive sul registro degli ospiti:
sia lode a Dio
per avermi permesso
di vedere nella mia vita un vero eremita.

Dei giovani si firmano col coltello sugli alberi:
Spirituals 75 – raduno quaggiù.

Ma che ne è di Fido, dov'è andato Fido?
Fido è sdraiato sotto la panchina e fa il lupo.

PORTRET KOBIECY

Musi być do wyboru.
Zmieniać się, żeby tylko nic się nie zmieniło.
To łatwe, niemożliwe, trudne, warte próby.
Oczy ma, jeśli trzeba, raz modre, raz szare,
czarne, wesołe, bez powodu pełne łez.
Śpi z nim jak pierwsza z brzegu, jedyna na świecie.
Urodzi mu czworo dzieci, żadnych dzieci, jedno.
Naiwna, ale najlepiej doradzi.
Słaba, ale udźwignie.
Nie ma głowy na karku, to będzie ją miała.
Czyta Jaspersa i pisma kobiece.
Nie wie po co ta śrubka i zbuduje most.
Młoda, jak zwykle młoda, ciągle jeszcze młoda.
Trzyma w rękach wróbelka ze złamanym skrzydłem,
własne pieniądze na podróż daleką i długą,
tasak do mięsa, kompres i kieliszek czystej.
Dokąd tak biegnie, czy nie jest zmęczona.
Ależ nie, tylko trochę, bardzo, nic nie szkodzi.
Albo go kocha, albo się uparła.
Na dobre, na niedobre i na litość boską.

RITRATTO DI DONNA

Deve essere a scelta.
Cambiare, purché niente cambi.
È facile, impossibile, difficile, ne vale la pena.
Ha gli occhi, se occorre, ora azzurri, ora grigi,
neri, allegri, senza motivo pieni di lacrime.
Dorme con lui come la prima venuta, l'unica al mondo.
Gli darà quattro figli, nessuno, uno.
Ingenua, ma è un'ottima consigliera.
Debole, ma sosterrà.
Non ha la testa sulle spalle, però l'avrà.
Legge Jaspers e le riviste femminili.
Non sa a che serva questa vite, e costruirà un ponte.
Giovane, come al solito giovane, sempre ancora giovane.
Tiene nelle mani un passero con l'ala spezzata,
soldi suoi per un viaggio lungo e lontano,
una mezzaluna, un impacco e un bicchierino di vodka.
Dove è che corre, non sarà stanca?
Ma no, solo un poco, molto, non importa.
O lo ama, o si è intestardita.
Nel bene, nel male, e per l'amor di Dio.

RECENZJA Z NIE NAPISANEGO WIERSZA

W pierwszych słowach utworu
autorka stwierdza, że Ziemia jest mała,
niebo natomiast duże do przesady,
a gwiazd, cytuję: „więcej w nim niż trzeba".

W opisie nieba czuć pewną bezradność,
autorka gubi się w strasznym przestworze,
uderza ją martwota wielu planet
i wkrótce w jej umyśle (dodajmy: nieścisłym)
zaczyna rodzić się pytanie,
czy aby jednak nie jesteśmy sami
pod słońcem, pod wszystkimi na świecie słońcami?

Na przekór rachunkowi prawdopodobieństwa!
I powszechnemu dzisiaj przekonaniu!
Wbrew niezbitym dowodom, które lada dzień
mogą wpaść w ludzkie ręce! Ach, poezja.

Tymczasem nasza wieszczka powraca na Ziemię,
planetę, która może „toczy się bez świadków",
jedyną „science fiction, na jaką stać kosmos".
Rozpacz Pascala (1623-1662, przyp. nasz)
wydaje się autorce nie mieć konkurencji
na żadnej Andromedzie ani Kasjopei.
Wyłączność wyolbrzymia i zobowiązuje,
wyłania się więc problem jak żyć et cetera,
albowiem „pustka tego za nas nie rozstrzygnie".
„Mój Boże, woła człowiek do Samego Siebie,
ulituj się nade mną, oświeć mnie"...

Autorkę gnębi myśl o życiu trwonionym tak lekko,
jakby go było w zapasie bez dna.
O wojnach, które – jej przekornym zdaniem –
przegrywane są zawsze po obydwu stronach.

RECENSIONE DI UNA POESIA NON SCRITTA

Nelle prime parole dell'opera
l'autrice afferma che la Terra è piccola,
il cielo invece fin troppo grande,
e, cito, «con più stelle del necessario».

Nella descrizione del cielo si avverte una certa impotenza,
l'autrice si perde nello spazio orribile,
è colpita dall'assenza di vita su molti pianeti,
e presto nella sua mente (aggiungiamo: non rigorosa)
comincia a sorgere una domanda:
e se alla fine noi fossimo soli
sotto il sole, sotto tutti i soli dell'universo?

A dispetto del calcolo delle probabilità!
E della convinzione oggi universale!
Malgrado le irrefutabili prove che uno di questi giorni
possono cadere nelle mani umane! Ah, poesia.

Intanto la nostra profetessa torna sulla Terra,
un pianeta che forse «ruota senza testimoni»,
la sola «science-fiction che il cosmo può permettersi».
La disperazione di Pascal (1623-1662, la nota è nostra)
sembra all'autrice non avere concorrenza
su nessuna Andromeda o Cassiopea.
L'esclusività ingigantisce e impegna,
sorge dunque il problema di come vivere et cetera,
dato che «il vuoto non lo risolverà al posto nostro».
«Mio Dio,» grida l'uomo a se stesso
«abbi pietà di me, illuminami...».

L'autrice si tormenta al pensiero della vita dissipata
                          con tanta leggerezza,
come se ce ne fosse una scorta inesauribile.
Delle guerre, che – secondo il suo dispettoso parere –
sono sempre perdute da entrambe le parti.

O „państwieniu się" (sic!) ludzi nad ludźmi.
Przez utwór prześwituje intencja moralna.
Pod mniej naiwnym piórem rozbłysłaby może.

Niestety, cóż. Ta z gruntu ryzykowna teza
(czy aby jednak nie jesteśmy sami
pod słońcem, pod wszystkimi na świecie słońcami)
i rozwinięcie jej w niefrasobliwym stylu
(mieszanina wzniosłości z mową pospolitą)
sprawiają, że któż temu wiarę da?
Z pewnością nikt. No właśnie.

Dell'«autorisadismo» (sic!) dell'uomo sull'uomo.
Nell'opera traspare un intento morale.
Forse sotto una penna meno ingenua avrebbe sfavillato.

Purtroppo, ahimè. Questa tesi fondamentalmente
                                        azzardata
(se alla fine noi fossimo soli
sotto il sole, sotto tutti i soli dell'universo)
e il suo sviluppo in uno stile disinvolto
(un misto di solennità e linguaggio comune)
obbligano a chiedersi chi possa crederci.
Certamente nessuno. Appunto.

OSTRZEŻENIE

Nie bierzcie w kosmos kpiarzy,
dobrze radzę.

Czternaście martwych planet,
kilka komet, dwie gwiazdy,
a już w drodze na trzecią
kpiarze stracą humor.

Kosmos jest, jaki jest,
to znaczy doskonały.
Kpiarze mu tego nigdy nie darują.

Nic ich nie będzie cieszyć:
czas – bo zbyt odwieczny,
piękno – bo nie ma skazy,
powaga – bo nie daje się obrócić w żart.
Wszyscy będą podziwiać,
oni ziewać.

W drodze na czwartą gwiazdę
będzie jeszcze gorzej.
Kwaśne uśmiechy,
zaburzenia snu i równowagi,
głupie rozmowy:
że kruk z serem w dziobie,
że muchy na portrecie Najjaśniejszego Pana
albo małpa w kąpieli
– no tak, to było życie.

Ograniczeni.
Wolą czwartek od nieskończoności.
Prymitywni.
Wolą fałszywą nutę od muzyki sfer.
Najlepiej czują się w szczelinach między
praktyką i teorią,

AVVERTIMENTO

Non portate nel cosmo i burloni,
non ve lo consiglio.

Quattordici pianeti morti,
qualche cometa, due stelle,
e già durante il viaggio per la terza
i burloni cambieranno d'umore.

Il cosmo è quel che è,
ossia perfetto.
E i burloni mai glielo perdoneranno.

Nulla li farà gioire:
non il tempo – giacché troppo eterno,
non la bellezza – giacché senza pecche,
non la gravità – giacché non si lascia volgere in scherzo.
Tutti saranno ammirati,
loro sbadiglieranno.

Sulla rotta per la quarta stella
sarà peggio ancora.
Sorrisi acidi,
disturbi del sonno e di equilibrio,
discorsi stupidi:
che il corvo col formaggio nel becco,
che le mosche sul ritratto di Sua Maestà
o la scimmia nel bagno
– be', sì, quella era vita.

Limitati.
Preferiscono il giovedì all'infinito.
Primitivi.
Preferiscono una nota stonata all'armonia delle sfere.
Stanno benissimo nelle fessure tra
teoria e pratica,

przyczyną i skutkiem,
ale tutaj nie Ziemia i wszystko przylega.

Na trzydziestej planecie
(pod względem pustynności bez zarzutu)
odmówią nawet wychodzenia z kabin,
a to że głowa, a to że palec ich boli.

Taki kłopot i wstyd.
Tyle pieniędzy wyrzuconych w kosmos.

causa ed effetto,
ma qui non è la Terra e tutto combacia.

Sul trentesimo pianeta
(ineccepibile quanto a desolazione)
rifiuteranno perfino di uscire dalle cabine,
vuoi per un mal di testa, vuoi perché un dito duole.

Che imbarazzo e vergogna.
Tutti quei soldi buttati nel cosmo.

CEBULA

Co innego cebula.
Ona nie ma wnętrzności.
Jest sobą na wskroś cebula
do stopnia cebuliczności.
Cebulasta na zewnątrz,
cebulowa do rdzenia,
mogłaby wejrzeć w siebie
cebula bez przerażenia.

W nas obczyzna i dzikość
ledwie skórą przykryta,
inferno w nas interny,
anatomia gwałtowna,
a w cebuli cebula,
nie pokrętne jelita.
Ona wielekroć naga,
do głębi itympodobna.

Byt niesprzeczny cebula,
udany cebula twór.
W jednej po prostu druga,
w większej mniejsza zawarta,
a w następnej kolejna,
czyli trzecia i czwarta.
Dośrodkowa fuga.
Echo złożone w chór.

Cebula, to ja rozumiem:
najnadobniejszy brzuch świata.
Sam się aureolami
na własną chwałę oplata.
W nas – tłuszcze, nerwy, żyły,
śluzy i sekretności.
I jest nam odmówiony
idiotyzm doskonałości.

LA CIPOLLA

La cipolla è un'altra cosa.
Interiora non ne ha.
Completamente cipolla
fino alla cipollità.
Cipolluta di fuori,
cipollosa fino al cuore,
potrebbe guardarsi dentro
senza provare timore.

In noi ignoto e selve
di pelle appena coperti,
interni d'inferno,
violenta anatomia,
ma nella cipolla – cipolla,
non visceri ritorti.
Lei più e più volte nuda,
fin nel fondo e così via.

Coerente è la cipolla,
riuscita è la cipolla.
Nell'una ecco sta l'altra,
nella maggiore la minore,
nella seguente la successiva,
cioè la terza e la quarta.
Una centripeta fuga.
Un'eco in coro composta.

La cipolla, d'accordo:
il più bel ventre del mondo.
A propria lode di aureole
da sé si avvolge in tondo.
In noi – grasso, nervi, vene,
muchi e secrezione.
E a noi resta negata
l'idiozia della perfezione.

POKÓJ SAMOBÓJCY

Myślicie pewnie, że pokój był pusty.
A tam trzy krzesła z mocnym oparciem.
Tam lampa dobra przeciw ciemności.
Biurko, na biurku portfel, gazety.
Budda niefrasobliwy, Jezus frasobliwy.
Siedem słoni na szczęście, a w szufladzie notes.
Myślicie, że tam naszych adresów nie było?

Brakło, myślicie, książek, obrazów i płyt?
A tam pocieszająca trąbka w czarnych rękach.
Saskia z serdecznym kwiatkiem.
Radość iskra bogów.
Odys na półce w życiodajnym śnie
po trudach pieśni piątej.
Moraliści,
nazwiska wypisane złotymi zgłoskami
na pięknie garbowanych grzbietach.
Politycy tuż obok trzymali się prosto.

I nie bez wyjścia, chociażby przez drzwi,
nie bez widoków, chociażby przez okno,
wydawał się ten pokój.
Okulary do spoglądania w dal leżały na parapecie.
Brzęczała jedna mucha, czyli żyła jeszcze.

Myślicie, że przynajmniej list wyjaśniał coś.
A jeżeli wam powiem, że listu nie było –
i tylu nas, przyjaciół, a wszyscy się pomieścili
w pustej kopercie opartej o szklankę.

LA STANZA DEL SUICIDA

Certo pensate che la stanza fosse vuota.
E invece c'erano tre sedie con robusti schienali.
Una lampada buona contro il buio.
Una scrivania con sopra un portafoglio, giornali.
Un Buddha sereno, un Cristo afflitto.
Sette elefanti portafortuna, nel cassetto un'agenda.
Pensate che non ci fossero i nostri indirizzi?

Pensate che mancassero libri, quadri, dischi?
E invece c'era una trombetta consolatrice in mani nere.
Saskia e il suo cordiale piccolo fiore.
La gioia, scintilla degli dèi.
Ulisse sul ripiano si ristora dormendo
dopo le fatiche del quinto canto.
I moralisti,
nomi scritti a lettere d'oro
sui dorsi ben conciati.
Lì accanto i politici stavano ben ritti.

E quella stanza
non sembrava priva di vie d'uscita, magari dalla porta,
né senza prospettive, magari dalla finestra.
Gli occhiali da vista erano sul davanzale.
Una mosca ronzava, ossia era ancora viva.

Pensate che almeno la lettera spiegasse qualcosa.
E se vi dico che non c'erano lettere –
e noi, gli amici – tanti –, ci ha tutti contenuti
la busta vuota appoggiata a un bicchiere.

JABŁONKA

W raju majowym, pod piękną jabłonką,
Co się kwiatami, jak śmiechem zanosi,

pod nieświadomą dobrego i złego,
pod wzruszającą na to gałęziami,

pod niczyją, ktokolwiek powie o niej moja;
pod obciążoną tylko przeczuciem owocu,

pod nieciekawą, który rok, jaki kraj,
co za planeta i dokąd się toczy,

pod tak mało mi krewną, tak bardzo mi inną,
że ani nie pociesza mnie, ani przeraża,

pod obojętną, cokolwiek się stanie,
pod drżącą z cierpliwości każdym listkiem,

pod niepojętą, jakby mi się śniła,
albo śniło się wszystko oprócz niej
zbyt zrozumiale i zarozumiale –

pozostać jeszcze, nie wracać do domu.
Do domu wracać chcą tylko więźniowie.

IL MELO

Nel mese di maggio, sotto un bel melo
che scoppia di fiori come di risate,

che è incosciente del bene e del male,
e scrolla in proposito i suoi rami,

che è di nessuno, chiunque sia a dire di lui «mio»;
gravato solo dal presentimento del frutto,

che non è curioso di sapere quale anno, paese,
quale pianeta e verso dove rotoli,

che è così poco a me parente, e così estraneo
da non consolarmi né spaventarmi,

che è indifferente, qualunque cosa accada,
tremante di pazienza con ogni fogliolina,

che è inconcepibile, come se lo sognassi,
o sognassi tutto eccetto lui,
un tutto troppo trasparente e arrogante –

restare ancora, non tornare a casa.
A casa vuole tornare solo il prigioniero.

POCHWAŁA ZŁEGO O SOBIE MNIEMANIA

Myszołów nie ma sobie nic do zarzucenia.
Skrupuły obce są czarnej panterze.
Nie wątpią o słuszności czynów swych piranie.
Grzechotnik aprobuje siebie bez zastrzeżeń.

Samokrytyczny szakal nie istnieje.
Szarańcza, aligator, trychina i giez
żyją jak żyją i rade są z tego.

Sto kilogramów waży serce orki,
ale pod innym względem lekkie jest.

Nic bardziej zwierzęcego
niż czyste sumienie
na trzeciej planecie Słońca.

LODE DELLA CATTIVA CONSIDERAZIONE DI SÉ

La poiana non ha nulla da rimproverarsi.
Gli scrupoli sono estranei alla pantera nera.
I piranha non dubitano della bontà delle proprie azioni.
Il serpente a sonagli si accetta senza riserve.

Uno sciacallo autocritico non esiste.
La locusta, l'alligatore, la trichina e il tafano
vivono come vivono e ne sono contenti.

Il cuore dell'orca pesa cento chili
ma sotto un altro aspetto è leggero.

Non c'è nulla di più animale
della coscienza pulita
sul terzo pianeta del Sole.

ŻYCIE NA POCZEKANIU

Życie na poczekaniu.
Przedstawienie bez próby.
Ciało bez przymiarki.
Głowa bez namysłu.

Nie znam roli, którą gram.
Wiem tylko, że jest moja, niewymienna.

O czym jest sztuka,
zgadywać muszę wprost na scenie.

Kiepsko przygotowana do zaszczytu życia,
narzucone mi tempo akcji znoszę z trudem.
Improwizuję, choć brzydzę się improwizacją.
Potykam się co krok o nieznajomość rzeczy.
Mój sposób bycia zatrąca zaściankiem.
Moje instynkty to amatorszczyzna.
Trema, tłumacząc mnie, tym bardziej upokarza.
Okoliczności łagodzące odczuwam jako okrutne.

Nie do cofnięcia słowa i odruchy,
nie doliczone gwiazdy,
charakter jak płaszcz w biegu dopinany –
oto żałosne skutki tej nagłości.

Gdyby choć jedną środę przećwiczyć zawczasu,
albo choć jeden czwartek raz jeszcze powtórzyć!
A tu już piątek nadchodzi z nie znanym mi
scenariuszem.
Czy to w porządku – pytam
(z chrypką w głosie,
bo nawet mi nie dano odchrząknąć za kulisami).

Złudna jest myśl, że to tylko pobieżny egzamin
składany w prowizorycznym pomieszczeniu. Nie.

UNA VITA ALL'ISTANTE

Una vita all'istante.
Spettacolo senza prove.
Corpo senza modifiche.
Testa senza riflessione.

Non conosco la parte che recito.
So solo che è la mia, non mutabile.

Il soggetto della pièce
va indovinato direttamente in scena.

Mal preparata all'onore di vivere,
reggo a fatica il ritmo imposto dell'azione.
Improvviso, benché detesti improvvisare.
Inciampo a ogni passo nella mia ignoranza.
Il mio modo di fare sa di provinciale.
I miei istinti hanno del dilettante.
L'agitazione, che mi scusa, tanto più mi umilia.
Sento come crudeli le attenuanti.

Parole e impulsi non revocabili,
stelle non calcolate,
il carattere come un cappotto abbottonato in corsa –
ecco gli esiti penosi di tale fulmineità.

Poter provare prima, almeno un mercoledì,
o replicare ancora una volta, almeno un giovedì!
Ma qui già sopraggiunge il venerdì
con un copione che non conosco.
Mi chiedo se sia giusto
(con voce rauca,
perché neanche l'ho potuta schiarire tra le quinte).

Illusorio pensare che sia solo un esame superficiale,
fatto in un locale provvisorio. No.

Stoję wśród dekoracji i widzę, jak są solidne.
Uderza mnie precyzja wszelkich rekwizytów.
Aparatura obrotowa działa od długiej już chwili.
Pozapalane zostały najdalsze nawet mgławice.
Och, nie mam wątpliwości, że to premiera.
I cokolwiek uczynię,
zamieni się na zawsze w to, co uczyniłam.

Sto sulla scena e vedo quant'è solida.
Mi colpisce la precisione di ogni attrezzo.
Il girevole è già in funzione da tempo.
Anche le nebulose più lontane sono state accese.
Oh, non ho dubbi che questa sia la prima.
E qualunque cosa io faccia,
si muterà per sempre in ciò che ho fatto.

NAD STYKSEM

To Styks, duszyczko indywidualna,
Styks, duszyczko zdumiona.
Usłyszysz bas Charona w megafonach,
popchnie cię ku przystani ręka niewidzialna
nimfy, z ziemskiego przepłoszonej lasu
(wszystkie tutaj pracują od pewnego czasu).
W rzęsistych reflektorach ujrzysz każdy szczegół
żelbetonowej cembrowiny brzegu
i setki motorówek zamiast tamtej łódki
ze zbutwiałego przed wiekami drewna.
Ludzkość zwielokrotniła się i to są skutki,
duszyczko moja rzewna.
Z dużą dla krajobrazu szkodą
budynki pospiętrzały się nad wodą.
Bezkolizyjny przewóz dusz
(miliony pasażerów rok po roku)
jest nie do pomyślenia już
bez magazynów, biur i doków.
Hermes, duszyczko malownicza,
przewidzieć musi na parę lat z góry,
jakie gdzie wojny, jakie dyktatury,
a potem łodzie rezerwowe zlicza.
Na drugi brzeg przejedziesz gratis
i tylko przez sentyment do antyku
są tu skarbonki opatrzone w napis:
Uprasza się nie wrzucać nam guzików.
Wsiądziesz w sektorze sigma cztery
do łodzi tau trzydzieści.
W zaduchu innych dusz zmieścisz się, zmieścisz,
konieczność tego chce i komputery.
W Tartarze też ciasnota czeka wielka,
bo nie jest on, jak trzeba, rozciągliwy.
Spętane ruchy, pogniecione szaty,

SULLO STIGE

Questo è lo Stige, animuccia individuale,
è lo Stige, animuccia esitante.
Udrai nei megafoni la voce di Caronte,
ti spingerà sul pontile la mano immateriale
di una ninfa, scacciata da un bosco terreno
(lavorano tutte qui da un po' di tempo almeno).
Nella siepe dei riflettori vedrai ogni onda
sugli argini in cemento della sponda
e motoscafi a mille invece di quel traghetto
con la chiglia da secoli marcita.
L'umanità si è moltiplicata, ed ecco l'effetto,
animuccia sfinita.
Pur col danno che al paesaggio ne deriva,
si è costruito molto sulla riva.
Un trasporto delle anime sicuro
(con milioni di passeggeri all'anno)
è inconcepibile ora e nel futuro
senza bacini, uffici e magazzini.
Ermes, animuccia floreale,
con anticipo deve saper pure
quali guerre verranno e dittature,
e quante le barche da approntare.
Sull'altra sponda arriverai gratis,
e solo per riguardo al vecchio mito
trovi salvadanai con scritto a lapis:
Non introdurre bottoni, è proibito.
Salirai nel settore sigma tre
sulla barca tau trentatré.
Nella calca ci sarà posto anche per te.
Lo vogliono necessità e computer.
Nel Tartaro si sta stretti come qua,
perché non è estensibile a piacere.
I gesti impacciati, le vesti sgualcite,

w kapsułce Lety niecała kropelka.
Duszyczko, tylko wątpiąc w zaświaty
szersze masz perspektywy.

nella capsula meno d'una goccia di Lete.
Animuccia, solo dubitando dell'aldilà
prospettive più ampie potrai avere.

UTOPIA

Wyspa, na której wszystko się wyjaśnia.

Tu można stanąć na gruncie dowodów.

Nie ma dróg innych oprócz drogi dojścia.

Krzaki aż uginają się od odpowiedzi.

Rośnie tu drzewo Słusznego Domysłu
o rozwikłanych odwiecznie gałęziach.

Olśniewająco proste drzewo Zrozumienia
przy źródle, co się zwie Ach Więc To Tak.

Im dalej w las, tym szerzej się otwiera
Dolina Oczywistości.

Jeśli jakieś zwątpienie, to wiatr je rozwiewa.

Echo bez wywołania głos zabiera
i wyjaśnia ochoczo tajemnice światów.

W prawo jaskinia, w której leży sens.

W lewo jezioro Głębokiego Przekonania.
Z dna odrywa się prawda i lekko na wierzch wypływa.

Góruje nad doliną Pewność Niewzruszona.
Ze szczytu jej roztacza się Istota Rzeczy.

Mimo powabów wyspa jest bezludna,
a widoczne po brzegach drobne ślady stóp
bez wyjątku zwrócone są w kierunku morza.

Jak gdyby tylko odchodzono stąd
i bezpowrotnie zanurzano się w topieli.

W życiu nie do pojęcia.

UTOPIA

Isola dove tutto si chiarisce.

Qui ci si può fondare su prove.

L'unica strada è quella d'accesso.

Gli arbusti fin si piegano sotto le risposte.

Qui cresce l'albero della Giusta Ipotesi
con rami districati da sempre.

Di abbagliante linearità è l'albero del Senno
presso la fonte detta Ah Dunque È Così.

Più ti addentri nel bosco, più si allarga
la Valle dell'Evidenza.

Se sorge un dubbio, il vento lo disperde.

L'eco prende la parola senza che la si desti
e chiarisce volenterosa i misteri dei mondi.

A destra una grotta in cui giace il senso.

A sinistra il lago della Profonda Convinzione.
Dal fondo si stacca la verità e lieve viene a galla.

Domina sulla valle la Certezza Incrollabile.
Dalla sua cima si spazia sull'Essenza delle Cose.

Malgrado le sue attrattive l'isola è deserta,
e le tenui orme visibili sulle rive
sono tutte dirette verso il mare.

Come se da qui si andasse soltanto via,
immergendosi irrevocabilmente nell'abisso.

Nella vita inconcepibile.

LICZBA PI

Podziwu godna liczba Pi
trzy koma jeden cztery jeden.
Wszystkie jej dalsze cyfry też są początkowe,
pięć dziewięć dwa, ponieważ nigdy się nie kończy.
Nie pozwala się objąć *sześć pięć trzy pięć* spojrzeniem
osiem dziewięć obliczeniem
siedem dziewięć wyobraźnią,
a nawet *trzy dwa trzy osiem* żartem, czyli porównaniem
cztery sześć do czegokolwiek
dwa sześć cztery trzy na świecie.
Najdłuższy ziemski wąż po kilkunastu metrach się
                                                urywa.
Podobnie, choć trochę później, czynią węże bajeczne.
Korowód cyfr składających się na liczbę Pi
nie zatrzymuje się na brzegu kartki,
potrafi ciągnąć się po stole, przez powietrze,
przez mur, liść, gniazdo ptasie, chmury, prosto w niebo,
przez całą nieba wzdętość i bezdenność.
O jak krótki, wprost mysi, jest warkocz komety!
Jak wątły promień gwiazdy, że zakrzywia się w lada
                                                przestrzeni!
A tu *dwa trzy piętnaście trzysta dziewiętnaście*
mój numer telefonu twój numer koszuli
rok tysiąc dziewięćset siedemdziesiąty trzeci szóste piętro
ilość mieszkańców sześćdziesiąt pięć groszy
obwód w biodrach dwa palce szarada i szyfr,
w którym *słowiczku mój a leć, a piej*
oraz *uprasza się zachować spokój,*
a także *ziemia i niebo przeminą,*
ale nie liczba Pi, co to to nie,
ona wciąż swoje niezłe jeszcze *pięć,*
nie byle jakie *osiem,*
nieostatnie *siedem,*
przynaglając, ach, przynaglając gnuśną wieczność
do trwania.

PI GRECO

È degno di ammirazione il Pi greco
tre virgola uno quattro uno.
Anche tutte le sue cifre successive sono iniziali,
cinque nove due, poiché non finisce mai.
Non si lascia abbracciare *sei cinque tre cinque* dallo sguardo,
otto nove dal calcolo,
sette nove dall'immaginazione,
e nemmeno *tre due tre otto* dallo scherzo, ossia dal paragone
quattro sei con qualsiasi cosa
due sei quattro tre al mondo.
Il serpente più lungo della terra dopo vari metri
                                        s'interrompe.
Lo stesso, anche se un po' dopo, fanno i serpenti delle fiabe.
Il corteo di cifre che compongono il Pi greco
non si ferma sul bordo del foglio,
è capace di srotolarsi sul tavolo, nell'aria,
attraverso il muro, la foglia, il nido, le nuvole, diritto
                                        fino al cielo,
per quanto è gonfio e smisurato il cielo.
Quanto è corta la treccia della cometa, proprio un codino!
Com'è tenue il raggio della stella, che si curva a ogni spazio!
E invece qui *due tre quindici trecentodiciannove*
il mio numero di telefono il tuo numero di collo
l'anno millenovecentosettantatré sesto piano
il numero degli inquilini sessantacinque centesimi
la misura dei fianchi due dita sciarada e cifra
in cui *vola e canta usignolo mio*
oppure *si prega di mantenere la calma,*
e anche *la terra e il cielo passeranno,*
ma non il Pi greco, oh no, niente da fare,
esso sta lì con il suo *cinque* ancora passabile,
un *otto* niente male,
un *sette* non ultimo,
incitando, ah, incitando l'oziosa eternità
a durare.

LUDZIE NA MOŚCIE

GENTE SUL PONTE
(1986)

TREMA

Poeci i pisarze.
Tak się przecież mówi.
Czyli poeci nie pisarze, tylko kto –

Poeci to poezja, pisarze to proza –

W prozie może być wszystko, również i poezja,
ale w poezji musi być tylko poezja –

Zgodnie z afiszem, który ją ogłasza
przez duże, z secesyjnym zawijasem P,
wpisane w struny uskrzydlonej liry,
powinnam raczej wefrunąć niż wejść –

I czy nie lepiej boso,
niż w tych butach z Chełmka
tupiąc, skrzypiąc
w niezdarnym zastępstwie anioła –

Gdyby chociaż ta suknia dłuższa, powłóczystsza,
a wiersze nie z torebki, ale wprost z rękawa,
od święta, od parady, od wielkiego dzwonu,
od bim do bum,
ab ab ba –

A tam na podium czyha już stoliczek
spirytystyczny jakiś, na złoconych nóżkach,
a na stoliczku kopci się lichtarzyk –

Z czego wniosek,
że będę musiała przy świecach
czytać to, co pisałam przy zwykłej żarówce
stuk stuk stuk na maszynie –

TREMARELLA

I poeti e gli scrittori.
Così infatti si dice.
Ma, se non scrittori, i poeti chi sono –

I poeti – la poesia, gli scrittori – la prosa.

Nella prosa può esserci tutto, anche poesia,
ma nella poesia deve esserci solo poesia –

In sintonia col manifesto, che l'annuncia
con lo svolazzo liberty d'una P maiuscola,
iscritta nelle corde d'una lira alata,
dovrei, più che entrare, arrivare volando –

E non sarebbe meglio scalza,
che con queste scarpe da quattro soldi,
pesanti, scricchiolanti,
goffa sostituzione d'un angelo? –

Avessi almeno un vestito più lungo, più lieve,
e versi che escono così, dalla manica,
da festa, da parata, da grande occasione,
un dan don,
ab ab ba –

Ma là sul palco già guata un tavolino
da seduta spiritica, coi piedini dorati,
su cui fuma un piccolo candeliere –

Ne deduco che
dovrò leggere al lume di candela
ciò che ho scritto a macchina
tac tac tac alla luce d'una lampadina –

Nie martwiąc się zawczasu,
czy to jest poezja
i jaka to poezja –

Czy taka, w której proza widziana jest źle –
Czy taka, która dobrze jest widziana w prozie –

I co w tym za różnica,
wyraźna już tylko w półmroku
na tle kurtyny bordo
z fioletowymi frędzlami?

Senza preoccuparmi in anticipo
se sia poesia
e quale poesia –

Se del genere in cui la prosa è malvista –
O del genere che è benvisto in prosa –

E qual è la differenza,
percepibile ormai solo nella penombra
sullo sfondo d'un sipario bordò
con frange viola?

NADMIAR

Odkryto nową gwiazdę,
co nie znaczy, że zrobiło się jaśniej
i że przybyło czegoś czego brak.

Gwiazda jest duża i daleka,
tak daleka, że mała,
nawet mniejsza od innych
dużo od niej mniejszych.
Zdziwienie nie byłoby tu niczym dziwnym,
gdybyśmy tylko mieli na nie czas.

Wiek gwiazdy, masa gwiazdy, położenie gwiazdy,
wszystko to starczy może
na jedną pracę doktorską
i skromną lampkę wina
w kołach zbliżonych do nieba:
astronom, jego żona, krewni i koledzy,
nastrój niewymuszony, strój dowolny,
przeważają w rozmowie tematy miejscowe
i gryzie się orzeszki ziemne.

Gwiazda wspaniała,
ale to jeszcze nie powód,
żeby nie wypić zdrowia naszych pań
nieporównanie bliższych.

Gwiazda bez konsekwencji.
Bez wpływu na pogodę, modę, wynik meczu,
zmiany w rządzie, dochody i kryzys wartości.

Bez skutków w propagandzie i przemyśle ciężkim.
Bez odbicia w politurze stołu obrad.
Nadliczbowa dla policzonych dni życia.

ECCESSO

Hanno scoperto una nuova stella,
ma non vuol dire che vi sia più luce
e qualche cosa che prima mancava.

La stella è grande e lontana,
tanto lontana da essere piccola,
perfino più piccola di altre
assai più piccole di lei.
Lo stupirsi non sarebbe qui affatto strano
se solo ne avessimo il tempo.

L'età della stella, massa, posizione,
tutto ciò basta forse
per una tesi di dottorato
e un piccolo rinfresco
negli ambienti vicini al cielo:
l'astronomo, sua moglie, parenti, colleghi,
atmosfera rilassata, abito informale,
si conversa soprattutto di temi locali
masticando noccioline.

Una stella magnifica,
ma non è un buon motivo
per non brindare alle nostre signore
assai più vicine.

Una stella senza conseguenze.
Ininfluente sul tempo, la moda, l'esito del match,
il governo, le entrate e la crisi dei valori.

Senza riflessi su propaganda, industria pesante e
laccatura del tavolo delle trattative.
In sovrappiù per i giorni contati della vita.

Po cóż tu pytać,
pod iloma gwiazdami człowiek rodzi się,
a pod iloma po krótkiej chwili umiera.

Nowa.
– Przynajmniej pokaż mi, gdzie ona jest.
– Między brzegiem tej burej postrzępionej chmurki
a tamtą, bardziej w lewo, gałązką akacji.
– Aha – powiadam.

A che serve qui chiedersi
sotto quante stelle nasce l'uomo,
e sotto quante dopo un attimo muore.

Nuova.
– Mostrami almeno dove sta.
– Tra l'orlo della nuvoletta bigia sfilacciata
e quel rametto, più a sinistra, di acacia.
– Ah, eccola – dico.

ARCHEOLOGIA

No cóż, biedny człowieku,
w mojej dziedzinie dokonał się postęp.
Minęły tysiąclecia,
odkąd nazwałeś mnie archeologią.

Nie są mi już potrzebni
bogowie z kamienia
i ruiny, a na nich napisy wyraźne.

Pokaż mi swoje wszystko jedno co,
a powiem ci, kim byłeś.
Jakieś od czegoś denko
i do czegoś wieczko.
Okruch silnika. Szyjkę kineskopu.
Kawałek kabla. Rozsypane palce.
Może być nawet mniej i jeszcze mniej.

Metodą,
której nie mogłeś znać wtedy,
potrafię budzić pamięć
w nieprzeliczonych żywiołach.
Ślady krwi są na zawsze.
Kłamstwo świeci.
Rozlegają się szyfry dokumentów.
Ujawniają się zwątpienia i zamiary.

Jeżeli tylko zechcę,
(bo czy zechcę,
nie powinieneś być do końca pewien),
zajrzę do gardła twojemu milczeniu,
jakie miałeś widoki,
wyczytam ci z oczodołu,
przypomnę ci z drobnymi szczegółami,
na co czekałeś w życiu oprócz śmierci.

ARCHEOLOGIA

E allora, poveruomo,
nel mio campo c'è stato un progresso.
Sono trascorsi millenni
da quando mi chiamasti archeologia.

Non mi servono più
dèi di pietra
e rovine con iscrizioni chiare.

Mostrami di te il tuo non importa che,
e ti dirò chi eri.
Di qualcosa il fondo
e per qualcosa il coperchio.
Un frammento di motore. Il collo d'un cinescopio.
Un pezzetto di cavo. Dita sparse.
Può bastare anche meno, ancora meno.

Con un metodo
che non potevi conoscere allora,
so destare la memoria
in innumerevoli elementi.
Le tracce di sangue restano per sempre.
La menzogna riluce.
Si schiudono i codici segreti.
Si palesano dubbi e intenzioni.

Se solo lo vorrò
(perché non puoi avere la certezza
che lo vorrò davvero),
guarderò in gola al tuo silenzio,
leggerò nella tua occhiaia
quali erano i tuoi panorami,
ti ricorderò in ogni dettaglio
che cosa ti aspettavi dalla vita oltre alla morte.

Pokaż mi swoje nic,
które po tobie zostało,
a złożę z tego las i autostradę,
lotnisko, podłość, czułość
i przepadły dom.

Pokaż mi swój wierszyk,
a powiem ci, czemu
nie powstał ani wcześniej, ani później.

Ach nie, źle mnie rozumiesz.
Zabierz sobie ten śmieszny papier
z literkami.
Mnie wystarczy w tym celu
twoja warstwa ziemi
i od dawna pradawna
zwietrzały swąd spalenizny.

Mostrami il tuo nulla
che ti sei lasciato dietro,
e ne farò un bosco e un'autostrada,
un aeroporto, bassezza, tenerezza
e la casa perduta.

Mostrami la tua poesiola
e ti dirò perché
non fu scritta né prima né dopo.

Ah, no, mi fraintendi.
Riprenditi quel ridicolo foglio
scribacchiato.
A me serve soltanto
il tuo strato di terra
e l'odore di bruciato
evaporato dalla notte dei tempi.

WIDOK Z ZIARNKIEM PIASKU

Zwiemy je ziarnkiem piasku.
A ono siebie ani ziarnkiem, ani piasku.
Obywa się bez nazwy
ogólnej, szczególnej,
przelotnej, trwałej,
mylnej czy właściwej.

Na nic mu nasze spojrzenie, dotknięcie.
Nie czuje się ujrzane i dotknięte.
A to, że spadło na parapet okna,
to tylko nasza, nie jego przygoda.
Dla niego to to samo, co spaść na cokolwiek,
bez pewności, czy spadło już,
czy spada jeszcze.

Z okna jest piękny widok na jezioro,
ale ten widok sam siebie nie widzi.
Bezbarwnie i bezkształtnie,
bezgłośnie, bezwonnie
i bezboleśnie jest mu na tym świecie.

Bezdennie dnu jeziora
i bezbrzeżnie brzegom.
Nie mokro ani sucho jego wodzie.
Nie pojedynczo ani mnogo falom,
co szumią głuche na swój własny szum
wokół nie małych, nie dużych kamieni.

A wszystko to pod niebem z natury bezniebnym,
w którym zachodzi słońce nie zachodząc wcale
i kryje się nie kryjąc za bezwiedną chmurę.
Targa nią wiatr bez żadnych innych powodów,
jak tylko ten, że wieje.

VISTA CON GRANELLO DI SABBIA

Lo chiamiamo granello di sabbia.
Ma lui non chiama se stesso né granello né sabbia.
Fa a meno di un nome
generale, individuale,
permanente, temporaneo,
scorretto o corretto.

Del nostro sguardo e tocco non gli importa.
Non si sente guardato e toccato.
E che sia caduto sul davanzale
è solo un'avventura nostra, non sua.
Per lui è come cadere su una cosa qualunque,
senza la certezza di essere già caduto
o di cadere ancora.

Dalla finestra c'è una bella vista sul lago,
ma quella vista, lei, non si vede.
Senza colore e senza forma,
senza voce, senza odore e senza dolore
è il suo stare in questo mondo.

Senza fondo è lo stare del fondo del lago,
e senza sponde quello delle sponde.
Né bagnato né asciutto quello della sua acqua.
Né al singolare né al plurale quello delle onde,
che mormorano sorde al proprio mormorio
intorno a pietre non piccole, non grandi.

E tutto ciò sotto un cielo per natura senza cielo,
ove il sole tramonta senza tramontare affatto
e si nasconde senza nascondersi dietro una nuvola
                                            ignara.
Il vento la scompiglia senza altri motivi
se non quello di soffiare.

Mija jedna sekunda.
Druga sekunda.
Trzecia sekunda.
Ale to tylko nasze trzy sekundy.

Czas przebiegł jak posłaniec z pilną wiadomością.
Ale to tylko nasze porównanie.
Zmyślona postać, wmówiony jej pośpiech,
a wiadomość nieludzka.

Passa un secondo.
Un altro secondo.
Un terzo secondo.
Tre secondi, però, solo nostri.

Il tempo passò come un messo con una notizia
                                        urgente.
Ma è soltanto un paragone nostro.
Inventato il personaggio, fittizia la fretta,
e la notizia inumana.

ODZIEŻ

Zdejmujesz, zdejmujemy, zdejmujecie
płaszcze, żakiety, marynarki, bluzki
z wełny, bawełny, elanobawełny,
spódnice, spodnie, skarpetki, bieliznę,
kładąc, wieszając, przerzucając przez
oparcia krzeseł, skrzydła parawanów;
na razie, mówi lekarz, to nic poważnego,
proszę się ubrać, odpocząć, wyjechać,
zażywać w razie gdyby, przed snem, po jedzeniu,
pokazać się za kwartał, za rok, za półtora;
widzisz, a ty myślałeś, a myśmy się bali,
a wyście przypuszczali, a on podejrzewał;
czas już wiązać, zapinać drżącymi jeszcze rękami
sznurowadła, zatrzaski, suwaki, klamerki,
paski, guziki, krawaty, kołnierze
i wyciągać z rękawów, z torebek, z kieszeni
wymięty, w kropki, w paski, w kwiatki, w kratkę szalik
o przedłużonej nagle przydatności.

VESTIARIO

Ti togli, ci togliamo, vi togliete
cappotti, giacche, gilè, camicette
di lana, cotone, misto lana,
gonne, calzoni, calze, biancheria,
posando, appendendo, gettando su
schienali di sedie, ante di paraventi;
per adesso, dice il medico, nulla di serio,
si rivesta, riposi, faccia un viaggio,
prenda nel caso, dopo pranzo, la sera,
ritorni fra tre, sei mesi, un anno;
vedi, e tu pensavi, e noi temevamo,
e voi supponevate, e lui sospettava;
è già ora di allacciare con mani ancora tremanti
stringhe, automatici, cerniere, fibbie,
cinture, bottoni, cravatte, colletti,
e da maniche, borsette, tasche tirar fuori
– sgualcita, a pois, a righe, a scacchi, a fiori – la sciarpa
riutilizzabile per protratta scadenza.

O ŚMIERCI BEZ PRZESADY

Nie zna się na żartach,
na gwiazdach, na mostach,
na tkactwie, na górnictwie, na uprawie roli,
na budowie okrętów i pieczeniu ciasta.

W nasze rozmowy o planach na jutro
wtrąca swoje ostatnie słowo
nie na temat.

Nie umie nawet tego,
co bezpośrednio łączy się z jej fachem:
ani grobu wykopać,
ani trumny sklecić,
ani sprzątnąć po sobie.

Zajęta zabijaniem,
robi to niezdarnie,
bez systemu i wprawy.
Jakby na każdym z nas uczyła się dopiero.

Tryumfy tryumfami,
ale ileż klęsk,
ciosów chybionych
i prób podejmowanych od nowa!

Czasami brak jej siły,
żeby strącić muchę z powietrza.
Z niejedną gąsienicą
przegrywa wyścig w pełzaniu.

Te wszystkie bulwy, strąki,
czułki, płetwy, tchawki,
pióra godowe i zimowa sierść
świadczą o zaległościach
w jej marudnej pracy.

SULLA MORTE SENZA ESAGERARE

Non s'intende di scherzi,
stelle, ponti,
tessitura, miniere, lavoro dei campi,
costruzione di navi e cottura di dolci.

Quando conversiamo del domani
intromette la sua ultima parola
a sproposito.

Non sa fare neppure ciò
che attiene al suo mestiere:
né scavare una fossa,
né mettere insieme una bara,
né rassettare il disordine che lascia.

Occupata a uccidere,
lo fa in modo maldestro,
senza metodo né abilità.
Come se con ognuno di noi stesse imparando.

Vada per i trionfi,
ma quante disfatte,
colpi a vuoto
e tentativi ripetuti da capo!

A volte le manca la forza
di far cadere una mosca in volo.
Più d'un bruco
la batte in velocità.

Tutti quei bulbi, baccelli,
antenne, pinne, trachee,
piumaggi nuziali e pelame invernale
testimoniano i ritardi
del suo ingrato lavoro.

Zła wola nie wystarcza
i nawet nasza pomoc w wojnach i przewrotach,
to, jak dotąd, za mało.

Serca stukają w jajkach.
Rosną szkielety niemowląt.
Nasiona dorabiają się dwóch pierwszych listków,
a często i wysokich drzew na horyzoncie.

Kto twierdzi, że jest wszechmocna,
sam jest żywym dowodem,
że wszechmocna nie jest.

Nie ma takiego życia,
które by choć przez chwilę
nie było nieśmiertelne.

Śmierć
zawsze o tę chwilę przybywa spóźniona.

Na próżno szarpie klamką
niewidzialnych drzwi.
Kto ile zdążył,
tego mu cofnąć nie może.

La cattiva volontà non basta
e perfino il nostro aiuto con guerre e rivoluzioni
è, almeno finora, insufficiente.

I cuori battono nelle uova.
Crescono gli scheletri dei neonati.
Dai semi spuntano le prime due foglioline,
e spesso anche grandi alberi all'orizzonte.

Chi ne afferma l'onnipotenza
è lui stesso la prova vivente
che essa onnipotente non è.

Non c'è vita
che almeno per un attimo
non sia stata immortale.

La morte
è sempre in ritardo di quell'attimo.

Invano scuote la maniglia
d'una porta invisibile.
A nessuno può sottrarre
il tempo raggiunto.

DOM WIELKIEGO CZŁOWIEKA

Wypisano w marmurze złotymi zgłoskami:
Tu mieszkał i pracował, i zmarł wielki człowiek.
Te ścieżki osobiście posypywał żwirem.
Tę ławkę – nie dotykać – sam wykuł z kamienia.
I – uwaga, trzy schodki – wchodzimy do wnętrza.

Jeszcze w stosownym czasie zdążył przyjść na świat.
Wszystko, co miało mijać, minęło w tym domu.
Nie w blokach,
nie w metrażach umeblowanych a pustych,
wśród nieznanych sąsiadów,
na piętnastych piętrach,
dokąd trudno by było wlec wycieczki szkolne.

W tym pokoju rozmyślał,
w tej alkowie spał,
a tu przyjmował gości.
Portrety, fotel, biurko, fajka, globus, flet,
wydeptany dywanik, oszklona weranda.
Stąd wymieniał ukłony z krawcem albo szewcem,
co szyli mu na miarę.

To nie to samo, co fotografie w pudełkach,
zeschnięte długopisy w plastykowym kubku,
konfekcja z magazynu w szafie z magazynu,
okno, skąd lepiej widzi się chmury niż ludzi.

Szczęśliwy? Nieszczęśliwy?
Nie o to tu chodzi.

Jeszcze zwierzał się w listach,
bez myśli, że po drodze zostaną otwarte.

Prowadził jeszcze dziennik dokładny i szczery,
bez lęku, że go straci przy rewizji.

LA CASA DI UN GRANDE UOMO

Hanno scritto nel marmo a lettere d'oro:
Qui abitò lavorò e morì un grande uomo.
Questi viottoli li ha cosparsi di ghiaia lui.
Questa panchina – non toccare – l'ha scolpita lui.
E – attenzione, tre gradini – entriamo dentro.

Fece ancora in tempo a nascere nel momento giusto.
Tutto quel che doveva passare, passò in questa casa.
Non in caseggiati,
non in metrature ammobiliate ma vuote,
fra vicini sconosciuti,
ai quindicesimi piani,
dove sarebbe arduo trascinare scolari in gita.

In questa stanza meditava,
in questa alcova dormiva,
e qui riceveva gli ospiti.
Ritratti, poltrona, scrivania, pipa, mappamondo,
flauto, tappetino consunto, veranda a vetri.
Da qui scambiava inchini col sarto o il calzolaio
che gli cucivano su misura.

Non è come fotografie dentro le scatole,
biro seccate in un barattolo di plastica,
un vestito di serie in un armadio di serie,
finestre più vicine alle nuvole che alla gente.

Felice? Infelice?
Non di questo si tratta.

Ancora si confidava nelle lettere,
senza il pensiero che le avrebbero aperte.

Teneva ancora un diario puntuale e sincero,
senza paura d'una perquisizione.

Najbardziej niepokoił go przelot komety.
Zagłada świata była tylko w rękach Boga.

Udało mu się umrzeć jeszcze nie w szpitalu,
za białym parawanem nie wiadomo którym.
Był jeszcze przy nim ktoś, kto zapamiętał
wymamrotane słowa.

Jakby przypadło mu w udziale życie
wielokrotnego użytku:
książki słał do oprawy,
nie wykreślał z notesu nazwisk osób zmarłych.
A drzewa, które sadził w ogrodzie za domem,
rosły mu jeszcze jako juglans regia
i quercus rubra i ulmus i larix
i fraxinus excelsior.

Più di tutto lo inquietava il passaggio d'una cometa.
La fine del mondo era solo nelle mani di Dio.

Riuscì ancora a morire non in ospedale,
dietro un chissà quale paravento bianco.
Con ancora accanto qualcuno che ricordò
le parole del suo borbottio.

Era come se gli fosse toccata
una vita riutilizzabile:
mandava a rilegare i libri,
non cancellava dal taccuino i nomi dei morti.
E gli alberi che piantava dietro la casa
gli crescevano ancora come juglans regia
e quercus rubra e ulmus e larix
e fraxinus excelsior.

W BIAŁY DZIEŃ

Do pensjonatu w górach jeździłby,
na obiad do jadalni schodziłby,
na cztery świerki z gałęzi na gałąź,
nie otrząsając z nich świeżego śniegu,
zza stolika pod oknem patrzyłby.

Z bródką przyciętą w szpic,
łysawy, siwiejący, w okularach,
o pogrubiałych i znużonych rysach twarzy,
z brodawką na policzku i fałdzistym czołem,
jakby anielski marmur oblepiła glina –
a kiedy to się stało, sam nie wiedziałby,
bo przecież nie gwałtownie, ale pomalutku
zwyżkuje cena za to, że się nie umarło wcześniej,
i również on tę cenę płaciłby.

O chrząstce ucha, ledwie draśniętej pociskiem
– gdy głowa uchyliła się w ostatniej chwili –
„cholerne miałem szczęście" mawiałby.

Czekając, aż podadzą rosół z makaronem,
dziennik z bieżącą datą czytałby,
wielkie tytuły, ogłoszenia drobne,
albo bębnił palcami po białym obrusie,
a miałby już od dawna używane dłonie
o spierzchłej skórze i wypukłych żyłach.

Czasami ktoś od progu wołałby:
„panie Baczyński, telefon do pana" –
i nic dziwnego w tym nie byłoby,
że to on, i że wstaje, obciągając sweter
i bez pośpiechu rusza w stronę drzwi.

IN PIENO GIORNO

In una pensione di montagna andrebbe,
nella sala da pranzo scenderebbe,
i quattro abeti di ramo in ramo,
senza scuoterne la neve fresca,
dal tavolino accanto alla finestra guarderebbe.

La barbetta a pizzo,
pelato, incanutito, con gli occhiali,
i tratti del viso inspessiti e affaticati,
con una verruca sulla guancia e la fronte a pieghe,
come se l'argilla avesse ricoperto un marmo angelico –
e nemmeno lui saprebbe dire quando,
perché in effetti non di colpo, ma un po' alla volta
sale il prezzo per non essere morti prima,
e anche lui pagherebbe tale prezzo.

Dell'orecchio, scalfito appena da un proiettile
– la testa infatti si era scostata giusto in tempo –
«ho avuto una fortuna sfacciata» direbbe.

Aspettando che sia servita la pasta in brodo,
leggerebbe l'ultimo numero del giornale,
titoli di scatola, piccola pubblicità,
o batterebbe le dita sulla tovaglia bianca,
e avrebbe già da tempo le mani consunte,
con la pelle screpolata e le vene gonfie.

Talvolta qualcuno dalla soglia griderebbe:
«Signor Baczyński, la vogliono al telefono» –
e non ci sarebbe nulla di strano
che sia lui, che si alzi aggiustandosi il golf
e si avvii alla porta senza fretta.

Rozmów na widok ten nie przerywano by,
w pół gestu i w pół tchu nie zastygano by,
bo zwykłe to zdarzenie – a szkoda, a szkoda –
jako zwykłe zdarzenie traktowano by.

A questa vista nessuno tacerebbe,
né il gesto né il respiro tratterrebbe,
perché il fatto è normale e – peccato, peccato –
come un fatto normale sarebbe trattato.

KRÓTKIE ŻYCIE NASZYCH PRZODKÓW

Niewielu dożywało lat trzydziestu.
Starość to był przywilej kamieni i drzew.
Dzieciństwo trwało tyle co szczenięctwo wilków.
Należało się śpieszyć, zdążyć z życiem
nim słońce zajdzie,
nim pierwszy śnieg spadnie.

Trzynastoletnie rodzicielki dzieci,
czteroletni tropiciele ptasich gniazd w sitowiu,
dwudziestoletni przewodnicy łowów –
dopiero ich nie było, już ich nie ma.
Końce nieskończoności zrastały się szybko.
Wiedźmy żuły zaklęcia
wszystkimi jeszcze zębami młodości.
Pod okiem ojca mężniał syn.
Pod oczodołem dziadka wnuk się rodził.

A zresztą nie liczyli sobie lat.
Liczyli sieci, garnki, szałasy, topory.
Czas, taki hojny dla byle gwiazdy na niebie,
wyciągał do nich rękę prawie pustą
i szybko cofał ją, jakby mu było szkoda.
Jeszcze krok, jeszcze dwa
wzdłuż połyskliwej rzeki,
co z ciemności wypływa i w ciemności znika.

Nie było ani chwili do stracenia,
pytań do odłożenia i późnych objawień,
o ile nie zostały zawczasu doznane.
Mądrość nie mogła czekać siwych włosów.
Musiała widzieć jasno, nim stanie się jasność,
i wszelki głos usłyszeć, zanim się rozlegnie.

Dobro i zło –
wiedzieli o nim mało, ale wszystko:

LA VITA BREVE DEI NOSTRI ANTENATI

Non arrivavano in molti fino a trent'anni.
La vecchiaia era un privilegio di alberi e pietre.
L'infanzia durava quanto quella dei cuccioli di lupo.
Bisognava sbrigarsi, fare in tempo a vivere
prima che tramontasse il sole,
prima che cadesse la neve.

Le genitrici tredicenni,
i cercatori quattrenni di nidi tra i giunchi,
i capicaccia ventenni –
un attimo prima non c'erano, già non ci sono più.
I capi dell'infinito si univano in fretta.
Le fattucchiere biascicavano esorcismi
con ancora tutti i denti della giovinezza.
Il figlio si faceva uomo sotto gli occhi del padre.
Il nipote nasceva sotto l'occhiaia del nonno.

E del resto essi non contavano gli anni.
Contavano reti, pentole, capanni, asce.
Il tempo, così prodigo con una qualunque stella del cielo,
tendeva loro una mano quasi vuota
e la ritraeva in fretta, come pentito.
Ancora un passo, ancora due
lungo il fiume scintillante
che dall'oscurità nasce e nell'oscurità scompare.

Non c'era un attimo da perdere,
domande da rinviare e illuminazioni tardive,
se non le si erano avute per tempo.
La saggezza non poteva aspettare i capelli bianchi.
Doveva vedere con chiarezza, prima che fosse chiaro,
e udire ogni voce, prima che risonasse.

Il bene e il male –
ne sapevano poco, ma tutto:

kiedy zło tryumfuje, dobro się utaja;
gdy dobro się objawia, zło czeka w ukryciu.
Jedno i drugie nie do pokonania
ani do odsunięcia na bezpowrotną odległość.
Dlatego jeśli radość, to z domieszką trwogi,
jeśli rozpacz, to nigdy bez cichej nadziei.
Życie, choćby i długie, zawsze będzie krótkie.
Zbyt krótkie, żeby do tego coś dodać.

quando il male trionfa, il bene si cela;
quando il bene si mostra, il male si acquatta.
Nessuno dei due si lascia vincere
o allontanare a una distanza definitiva.
Ecco il perché d'una gioia sempre tinta di terrore,
d'una disperazione mai disgiunta da tacita speranza.
La vita, per quanto lunga, sarà sempre breve.
Troppo breve per aggiungere qualcosa.

PIERWSZA FOTOGRAFIA HITLERA

A któż to jest ten dzidziuś w kaftaniku?
Toż to mały Adolfek, syn państwa Hitlerów!
Może wyrośnie na doktora praw?
Albo będzie tenorem w operze wiedeńskiej?
Czyja to rączka, czyja, uszko, oczko, nosek?
Czyj brzuszek pełen mleka, nie wiadomo jeszcze:
drukarza, konsyliarza, kupca, księdza?
Dokąd te śmieszne nóżki zawędrują, dokąd?
Do ogródka, do szkoły, do biura, na ślub
może z córką burmistrza?

Bobo, aniołek, kruszyna, promyczek,
kiedy rok temu przychodził na świat,
nie brakło znaków na niebie i ziemi:
wiosenne słońce, w oknach pelargonie,
muzyka katarynki na podwórku,
pomyślna wróżba w bibułce różowej,
tuż przed porodem proroczy sen matki:
gołąbka we śnie widzieć – radosna nowina,
tegoż schwytać – przybędzie gość długo czekany.
Puk puk, kto tam, to stuka serduszko Adolfka.

Smoczek, pieluszka, śliniaczek, grzechotka,
chłopczyna, chwalić Boga i odpukać, zdrów,
podobny do rodziców, do kotka w koszyku,
do dzieci z wszystkich innych rodzinnych albumów.
No, nie będziemy chyba teraz płakać,
pan fotograf pod czarną płachtą zrobi pstryk.

Atelier Klinger, Grabenstrasse Braunau,
a Braunau to niewielkie, ale godne miasto,
solidne firmy, poczciwi sąsiedzi,
woń ciasta drożdżowego i szarego mydła.

LA PRIMA FOTOGRAFIA DI HITLER

E chi è questo pupo in vestina?
Ma è Adolfino, il figlio dei signori Hitler!
Diventerà forse un dottore in legge
o un tenore dell'Opera di Vienna?
Di chi è questa manina, di chi, e gli occhietti, il nasino?
Di chi il pancino pieno di latte, ancora non si sa:
d'un tipografo, d'un mercante, d'un prete?
Dove andranno queste buffe gambette, dove?
Al giardinetto, a scuola, in ufficio, alle nozze,
magari con la figlia del borgomastro?

Bebè, angioletto, tesoruccio, piccolo raggio,
quando veniva al mondo, un anno fa,
non mancavano segni nel cielo e sulla terra:
un sole primaverile, gerani alle finestre,
musica d'organetto nel cortile,
un fausto presagio nella carta velina rosa,
prima del parto un sogno profetico della madre:
se sogni un colombo – è una lieta novella,
se lo acchiappi – arriverà chi hai lungamente atteso.
Toc, toc, chi è, è il cuoricino di Adolfino.

Ciucciotto, pannolino, bavaglino, sonaglio,
il bambino, lodando Iddio e toccando ferro, è sano,
somiglia ai genitori, al gattino nel cesto,
ai bambini di tutti gli altri album di famiglia.
Be', adesso non piangeremo mica,
il fotografo farà clic sotto la tela nera.

Atelier Klinger, Grabenstrasse, Braunau,
e Braunau è una cittadina piccola, ma dignitosa,
ditte solide, vicini dabbene,
profumo di torta e di sapone da bucato.

445

Nie słychać wycia psów i kroków przeznaczenia.
Nauczyciel historii rozluźnia kołnierzyk
i ziewa nad zeszytami.

Non si sentono cani ululare né i passi del destino.
L'insegnante di storia allenta il colletto
e sbadiglia sui quaderni.

SCHYŁEK WIEKU

Miał być lepszy od zeszłych nasz XX wiek.
Już tego dowieść nie zdąży,
lata ma policzone,
krok chwiejny,
oddech krótki.

Już zbyt wiele się stało,
co się stać nie miało,
a to, co miało nadejść,
nie nadeszło.

Miało się mieć ku wiośnie
i szczęściu, między innymi.

Strach miał opuścić góry i doliny.
Prawda szybciej od kłamstwa
miała dobiegać do celu.

Miało się kilka nieszczęść
nie przydarzać już,
na przykład wojna
i głód, i tak dalej.

W poważaniu być miała
bezbronność bezbronnych,
ufność i tym podobne.

Kto chciał cieszyć się światem,
ten staje przed zadaniem
nie do wykonania.

Głupota nie jest śmieszna.
Mądrość nie jest wesoła.

SCORCIO DI SECOLO

Doveva essere migliore degli altri il nostro ventesimo
                                                    secolo.
Non farà più in tempo a dimostrarlo,
ha gli anni contati,
il passo malfermo,
il fiato corto.

Sono ormai successe troppe cose
che non dovevano succedere,
e quel che doveva arrivare
non è arrivato.

Ci si doveva avviare verso la primavera
e la felicità, tra l'altro.

La paura doveva abbandonare i monti e le valli.
La verità doveva raggiungere la meta
prima della menzogna.

Alcune sciagure
non dovevano più accadere,
ad esempio la guerra
e la fame, e così via.

Doveva essere rispettata
l'inermità degli inermi,
la fiducia e via dicendo.

Chi voleva gioire del mondo
si trova di fronte a un'impresa
impossibile.

La stupidità non è ridicola.
La saggezza non è allegra.

Nadzieja
to już nie jest ta młoda dziewczyna
et cetera, niestety.

Bóg miał nareszcie uwierzyć w człowieka
dobrego i silnego,
ale dobry i silny
to ciągle jeszcze dwóch ludzi.

Jak żyć – spytał mnie w liście ktoś,
kogo ja zamierzałam spytać
o to samo.

Znowu i tak jak zawsze,
co widać powyżej,
nie ma pytań pilniejszych
od pytań naiwnych.

La speranza
non è più quella giovane ragazza
et cetera, purtroppo.

Dio doveva finalmente credere nell'uomo
buono e forte,
ma il buono e il forte
restano due esseri distinti.

Come vivere? – mi ha scritto qualcuno
a cui io intendevo fare
la stessa domanda.

Da capo, e allo stesso modo di sempre,
come si è visto sopra,
non ci sono domande più pressanti
delle domande ingenue.

DZIECI EPOKI

Jesteśmy dziećmi epoki,
epoka jest polityczna.

Wszystkie twoje, nasze, wasze
dzienne sprawy, nocne sprawy
to są sprawy polityczne.

Chcesz czy nie chcesz,
twoje geny mają przeszłość polityczną,
skóra odcień polityczny,
oczy aspekt polityczny.

O czym mówisz, ma rezonans,
o czym milczysz, ma wymowę
tak czy owak polityczną.

Nawet idąc borem lasem
stawiasz kroki polityczne
na podłożu politycznym.

Wiersze apolityczne też są polityczne,
a w górze świeci księżyc,
obiekt już nie księżycowy.
Być albo nie być, oto jest pytanie.
Jakie pytanie, odpowiedz kochanie.
Pytanie polityczne.

Nie musisz nawet być istotą ludzką,
by zyskać na znaczeniu politycznym.
Wystarczy, żebyś był ropą naftową,
paszą treściwą czy surowcem wtórnym.

Albo i stołem obrad, o którego kształt
spierano się miesiącami:
przy jakim pertraktować o życiu i śmierci,
okrągłym czy kwadratowym.

FIGLI DELL'EPOCA

Siamo figli dell'epoca,
l'epoca è politica.

Tutte le tue, nostre, vostre
faccende diurne, notturne
sono faccende politiche.

Che ti piaccia o no,
i tuoi geni hanno un passato politico,
la tua pelle una sfumatura politica,
i tuoi occhi un aspetto politico.

Ciò di cui parli ha una risonanza,
ciò di cui taci ha una valenza
in un modo o nell'altro politica.

Perfino per campi, per boschi
fai passi politici
su uno sfondo politico.

Anche le poesie apolitiche sono politiche,
e in alto brilla la luna,
cosa non più lunare.
Essere o non essere, questo è il problema.
Quale problema, rispondi sul tema.
Problema politico.

Non devi neppure essere una creatura umana
per acquistare un significato politico.
Basta che tu sia petrolio,
mangime arricchito o materiale riciclabile.

O anche il tavolo delle trattative, sulla cui forma
si è disputato per mesi:
se negoziare sulla vita e la morte
intorno a uno rotondo o quadrato.

Tymczasem ginęli ludzie,
zdychały zwierzęta,
płonęły domy
i dziczały pola
jak w epokach zamierzchłych
i mniej politycznych.

Intanto la gente moriva,
gli animali crepavano,
le case bruciavano
e i campi inselvatichivano
come in epoche remote
e meno politiche.

TORTURY

Nic się nie zmieniło.
Ciało jest bolesne,
jeść musi i oddychać powietrzem, i spać,
ma cienką skórę, a tuż pod nią krew,
ma spory zasób zębów i paznokci,
kości jego łamliwe, stawy rozciągliwe.
W torturach jest to wszystko brane pod uwagę.

Nic się nie zmieniło.
Ciało drży, jak drżało
przed założeniem Rzymu i po założeniu,
w dwudziestym wieku przed i po Chrystusie,
tortury są, jak były, zmalała tylko ziemia
i cokolwiek się dzieje, to tak jak za ścianą.

Nic się nie zmieniło.
Przybyło tylko ludzi,
obok starych przewinień zjawiły się nowe,
rzeczywiste, wmówione, chwilowe i żadne,
ale krzyk, jakim ciało za nie odpowiada,
był, jest i będzie krzykiem niewinności,
podług odwiecznej skali i rejestru.

Nic się nie zmieniło.
Chyba tylko maniery, ceremonie, tańce.
Ruch rąk osłaniających głowę
pozostał jednak ten sam.
Ciało się wije, szarpie i wyrywa,
ścięte z nóg pada, podkurcza kolana,
sinieje, puchnie, ślini się i broczy.

Nic się nie zmieniło.
Poza biegiem rzek,
linią lasów, wybrzeży, pustyń i lodowców.
Wśród tych pejzaży duszyczka się snuje,

TORTURE

Nulla è cambiato.
Il corpo prova dolore,
deve mangiare e respirare e dormire,
ha la pelle sottile, e subito sotto – sangue,
ha una buona scorta di denti e di unghie,
le ossa fragili, le giunture stirabili.
Nelle torture, di tutto ciò si tiene conto.

Nulla è cambiato.
Il corpo trema, come tremava
prima e dopo la fondazione di Roma,
nel ventesimo secolo prima e dopo Cristo,
le torture c'erano, e ci sono, solo la terra è più piccola
e qualunque cosa accada, è come dietro la porta.

Nulla è cambiato.
C'è soltanto più gente,
alle vecchie colpe se ne sono aggiunte di nuove,
reali, fittizie, temporanee e inesistenti,
ma il grido con cui il corpo ne risponde
era, è e sarà un grido di innocenza,
secondo un registro e una scala eterni.

Nulla è cambiato.
Tranne forse i modi, le cerimonie, le danze.
Il gesto delle mani che proteggono il capo
è rimasto però lo stesso.
Il corpo si torce, si dimena e divincola,
fiaccato cade, raggomitola le ginocchia,
illividisce, si gonfia, sbava e sanguina.

Nulla è cambiato.
Tranne il corso dei fiumi,
la linea dei boschi, del litorale, di deserti e ghiacciai.
Tra questi paesaggi l'animula vaga,

znika, powraca, zbliża się, oddala,
sama dla siebie obca, nieuchwytna,
raz pewna, raz niepewna swojego istnienia,
podczas gdy ciało jest i jest i jest
i nie ma się gdzie podziać.

sparisce, ritorna, si avvicina, si allontana,
a se stessa estranea, inafferrabile,
ora certa, ora incerta della propria esistenza,
mentre il corpo c'è, e c'è, e c'è
e non trova riparo.

KONSZACHTY Z UMARŁYMI

W jakich okolicznościach śnią ci się umarli?
Czy często myślisz o nich przed zaśnięciem?
Kto pojawia się pierwszy?
Czy zawsze ten sam?
Imię? Nazwisko? Cmentarz? Data śmierci?

Na co się powołują?
Na dawną znajomość? Pokrewieństwo? Ojczyznę?
Czy mówią, skąd przychodzą?
I kto za nimi stoi?
I komu oprócz ciebie śnią się jeszcze?

Ich twarze czy podobne do ich fotografii?
Czy postarzały się z upływem lat?
Czerstwe? Mizerne?
Zabici czy zdążyli wylizać się z ran?
Czy pamiętają ciągle, kto ich zabił?

Co mają w rękach – opisz te przedmioty.
Zbutwiałe? Zardzewiałe? Zwęglone? Spróchniałe?
Co mają w oczach – groźbę? prośbę? Jaką?
Czy tylko o pogodzie z sobą rozmawiacie?
O ptaszkach? Kwiatkach? Motylkach?

Z ich strony żadnych kłopotliwych pytań?
A ty co wtedy odpowiadasz im?
Zamiast przezornie milczeć?
Wymijająco zmienić temat snu?
Zbudzić się w porę?

INTRIGHI CON I MORTI

In quali circostanze sogni i morti?
Pensi spesso a loro prima di addormentarti?
Chi è il primo ad apparire?
È sempre lo stesso?
Nome? Cognome? Cimitero? Data di morte?

A che fanno riferimento?
A una vecchia amicizia? Alla parentela? Alla patria?
Dicono da dove vengono?
E chi c'è dietro di loro?
E chi oltre a te li sogna?

I loro volti somigliano alle loro fotografie?
O sono invecchiati con gli anni?
Freschi? Emaciati?
Gli uccisi sono riusciti a sanare le ferite?
Ricordano sempre chi li ha uccisi?

Cosa hanno nelle mani – descrivi quegli oggetti.
Marci? Arrugginiti? Carbonizzati? Tarlati?
E nei loro occhi? – una minaccia? una richiesta? Quale?
Chiacchierate fra voi solo del tempo?
Degli uccellini? Dei fiori? Delle farfalle?

Da parte loro nessuna domanda imbarazzante?
E tu allora che cosa gli rispondi,
invece di tacere per prudenza?
O di cambiare evasivamente il tema del sogno?
O di svegliarti al momento giusto?

PISANIE ŻYCIORYSU

Co trzeba?
Trzeba napisać podanie,
a do podania dołączyć życiorys.

Bez względu na długość życia
życiorys powinien być krótki.

Obowiązuje zwięzłość i selekcja faktów.
Zamiana krajobrazów na adresy
i chwiejnych wspomnień w nieruchome daty.

Z wszystkich miłości starczy ślubna,
a z dzieci tylko urodzone.

Ważniejsze, kto cię zna, niż kogo znasz.
Podróże tylko jeśli zagraniczne.
Przynależność do czego, ale bez dlaczego.
Odznaczenia bez za co.

Pisz tak, jakbyś ze sobą nigdy nie rozmawiał
i omijał z daleka.

Pomiń milczeniem psy, koty i ptaki,
pamiątkowe rupiecie, przyjaciół i sny.

Raczej cena niż wartość
i tytuł niż treść.
Raczej już numer butów, niż dokąd on idzie,
ten, za kogo uchodzisz.

Do tego fotografia z odsłoniętym uchem.
Liczy się jego kształt, nie to, co słychać.
Co słychać?
Łomot maszyn, które mielą papier.

SCRIVERE IL CURRICULUM

Che cos'è necessario?
È necessario scrivere una domanda,
e alla domanda allegare il curriculum.

A prescindere da quanto si è vissuto
il curriculum dovrebbe essere breve.

È d'obbligo concisione e selezione dei fatti.
Cambiare paesaggi in indirizzi
e malcerti ricordi in date fisse.

Di tutti gli amori basta quello coniugale,
e dei bambini solo quelli nati.

Conta di più chi ti conosce di chi conosci tu.
I viaggi solo se all'estero.
L'appartenenza a un che, ma senza perché.
Onorificenze senza motivazione.

Scrivi come se non parlassi mai con te stesso
e ti evitassi.

Sorvola su cani, gatti e uccelli,
cianfrusaglie del passato, amici e sogni.

Meglio il prezzo che il valore
e il titolo che il contenuto.
Meglio il numero di scarpa, che non dove va
colui per cui ti scambiano.

Aggiungi una foto con l'orecchio in vista.
È la sua forma che conta, non ciò che sente.
Cosa si sente?
Il fragore delle macchine che tritano la carta.

POGRZEB

„tak nagle, kto by się tego spodziewał"
„nerwy i papierosy, ostrzegałem go"
„jako tako, dziękuję"
„rozpakuj te kwiatki"
„brat też poszedł na serce, to pewnie rodzinne"
„z tą brodą to bym pana nigdy nie poznała"
„sam sobie winien, zawsze się w coś mieszał"
„miał przemawiać ten nowy, jakoś go nie widzę"
„Kazek w Warszawie, Tadek za granicą"
„ty jedna byłaś mądra, że wzięłaś parasol"
„cóż z tego, że był najzdolniejszy z nich"
„pokój przechodni, Baśka się nie zgodzi"
„owszem, miał rację, ale to jeszcze nie powód"
„z lakierowaniem drzwiczek, zgadnij ile"
„dwa żółtka, łyżka cukru"
„nie jego sprawa, po co mu to było"
„same niebieskie i tylko małe numery"
„pięć razy, nigdy żadnej odpowiedzi"
„niech ci będzie, że mogłem, ale i ty mogłeś"
„dobrze, że chociaż ona miała tę posadkę"
„no, nie wiem, chyba krewni"
„ksiądz istny Belmondo"
„nie byłam jeszcze w tej części cmentarza"
„śnił mi się tydzień temu, coś mnie tknęło"
„niebrzydka ta córeczka"
„wszystkich nas to czeka"
„złóżcie wdowie ode mnie, muszę zdążyć na"
„a jednak po łacinie brzmiało uroczyściej"
„było, minęło"
„do widzenia pani"
„może by gdzieś na piwo"
„zadzwoń, pogadamy"
„czwórką albo dwunastką"
„ja tędy"
„my tam"

FUNERALE

«così all'improvviso, chi poteva pensarlo»
«lo stress e le sigarette, io glielo dicevo»
«così così, grazie»
«scarta quei fiori»
«anche per il fratello fu il cuore, dev'essere di famiglia»
«con questa barba non l'avrei mai riconosciuta»
«se l'è voluto, era un impiccione»
«doveva parlare quello nuovo, ma non lo vedo»
«Kazek è a Varsavia, Tadek all'estero»
«tu sola hai avuto la buona idea di prendere l'ombrello»
«era il più in gamba di tutti, e a che gli è servito?»
«è una stanza di passaggio, Baśka non la vorrà»
«certo, aveva ragione, ma non è un buon motivo»
«con la verniciatura delle portiere, indovina quanto»
«due tuorli, un cucchiaio di zucchero»
«non erano affari suoi, che bisogno aveva»
«soltanto azzurre e solo numeri piccoli»
«cinque volte, mai una risposta»
«d'accordo, avrei potuto, ma anche tu potevi»
«meno male che almeno lei aveva quel piccolo impiego»
«be', non so, probabilmente parenti»
«il prete è un vero Belmondo»
«non ero mai stata in questa parte del cimitero»
«l'ho sognato la settimana scorsa, un presentimento»
«non male la figliola»
«ci aspetta tutti la stessa fine»
«le mie condoglianze alla vedova, devo fare in tempo a»
«però in latino era più solenne»
«è la vita»
«arrivederla, signora»
«e se ci bevessimo una birra da qualche parte»
«telefonami, ne parleremo»
«con il quattro o con il dodici»
«io vado per di là»
«noi per di qua»

GŁOS W SPRAWIE PORNOGRAFII

Nie ma rozpusty gorszej niż myślenie.
Pleni się ta swawola jak wiatropylny chwast
na grządce wytyczonej pod stokrotki.

Dla takich, którzy myślą, święte nie jest nic.
Zuchwałe nazywanie rzeczy po imieniu,
rozwiązłe analizy, wszeteczne syntezy,
pogoń za nagim faktem dzika i hulaszcza,
lubieżne obmacywanie drażliwych tematów,
tarło poglądów – w to im właśnie graj.

W dzień jasny albo pod osłoną nocy
łączą się w pary, trójkąty i koła.
Dowolna jest tu płeć i wiek partnerów.
Oczy im błyszczą, policzki pałają.
Przyjaciel wykoleja przyjaciela.
Wyrodne córki deprawują ojca.
Brat młodszą siostrę stręczy do nierządu.

Inne im w smak owoce
z zakazanego drzewa wiadomości
niż różowe pośladki z pism ilustrowanych,
cała ta prostoduszna w gruncie pornografia.
Książki, które ich bawią, nie mają obrazków.
Jedyna rozmaitość to specjalne zdania
paznokciem zakreślone albo kredką.

Zgroza, w jakich pozycjach,
z jak wyuzdaną prostotą
umysłowi udaje się zapłodnić umysł!
Nie zna takich pozycji nawet Kamasutra.

W czasie tych schadzek parzy się ledwie herbata.
Ludzie siedzą na krzesłach, poruszają ustami.
Nogę na nogę każdy sam sobie zakłada.

UN PARERE IN MERITO ALLA PORNOGRAFIA

Non c'è dissolutezza peggiore del pensare.
Questa licenza si moltiplica come gramigna
su un'aiuola per le margheritine.

Nulla è sacro per quelli che pensano.
Chiamare audacemente le cose per nome,
analisi spinte, sintesi impudiche,
caccia selvaggia e sregolata al fatto nudo,
palpeggiamento lascivo di temi scabrosi,
fregola di opinioni – ecco quel che gli piace.

In pieno giorno o a notte fonda
si uniscono in coppie, triangoli e cerchi.
Poco importa il sesso e l'età dei partner.
I loro occhi brillano, gli ardono le guance.
L'amico travia l'amico.
Figlie snaturate corrompono il padre.
Il fratello fa il ruffiano per la sorella minore.

Preferiscono i frutti
dell'albero vietato della conoscenza
alle natiche rosee dei rotocalchi,
a tutta questa pornografia in fondo ingenua.
I libri che li divertono non sono illustrati.
Il loro unico svago – certe frasi
segnate con l'unghia o la matita.

È spaventoso in quali posizioni,
con quale sfrenata semplicità
l'intelletto riesca a fecondare l'intelletto!
Posizioni sconosciute perfino al Kamasutra.

Durante questi convegni solo il tè va in calore.
La gente siede sulle sedie, muove le labbra.
Ognuno accavalla le gambe per conto proprio.

Jedna stopa w ten sposób dotyka podłogi,
druga swobodnie kiwa się w powietrzu.
Czasem tylko ktoś wstanie,
zbliży się do okna
i przez szparę w firankach
podgląda ulicę.

Un piede tocca così il pavimento,
l'altro ciondola libero nell'aria.
Solo ogni tanto qualcuno si alza,
va alla finestra
e attraverso una fessura delle tende
scruta furtivo in strada.

ROZPOCZĘTA OPOWIEŚĆ

Na urodziny dziecka
świat nigdy nie jest gotowy.

Jeszcze nasze okręty nie powróciły z Winlandii.
Jeszcze przed nami przełęcz św. Gotharda.
Musimy zmylić straże na pustyni Thor,
przebić się kanałami do Śródmieścia,
znaleźć dojście do króla Haralda Osełki
i czekać na upadek ministra Fouché.
Dopiero w Acapulco
zaczniemy wszystko od nowa.

Wyczerpał się nam zapas opatrunków,
zapałek, argumentów, tłuków pięściowych i wody.
Nie mamy ciężarówek i poparcia Mingów.
Tym chudym koniem nie przepłacimy szeryfa.
Żadnych, jak dotąd, wieści o porwanych w jasyr.
Brakuje nam cieplejszej jaskini na mrozy
i kogoś, kto by znał język harari.

Nie wiemy, którym ludziom zaufać w Niniwie,
jakie będą warunki księcia kardynała,
czyje nazwiska jeszcze są w szufladach Berii.
Mówią, że Karol Młot uderzy jutro o świcie.
W tej sytuacji udobruchajmy Cheopsa,
zgłośmy się dobrowolnie,
zmieńmy wiarę,
udajmy, że jesteśmy przyjaciółmi doży
i nic nie łączy nas z plemieniem Kwabe.

Nadchodzi pora rozpalenia ogni.
Zawezwijmy depeszą babcię z Zabierzowa.
Porozwiązujmy węzły na rzemieniach jurty.

UN RACCONTO INIZIATO

Alla nascita d'un bimbo
il mondo non è mai pronto.

Le nostre navi ancora non sono tornate dalla Vinlandia.
Ci attende ancora il valico del Gottardo.
Dobbiamo eludere le guardie nel deserto di Thor,
aprirci la strada per le fogne fino al centro di Varsavia,
trovare il modo di arrivare al re Harald Cote,
e aspettare che cada il ministro Fouché.
Solo ad Acapulco
ricominceremo tutto da capo.

Si è esaurita la nostra scorta di bende,
fiammiferi, argomenti, amigdale e acqua.
Non abbiamo camion, né il sostegno dei Ming.
Con questo ronzino non corromperemo lo sceriffo.
Niente nuove su quelli fatti schiavi dai Turchi.
Ci manca una caverna più calda per i grandi freddi
e qualcuno che conosca la lingua harari.

Non sappiamo di chi fidarci a Ninive,
quali condizioni porrà il principe-cardinale,
quali nomi siano ancora nei cassetti di Berija.
Dicono che Carlo Martello attaccherà all'alba.
In questa situazione rabboniamo Cheope,
presentiamoci spontaneamente,
cambiamo religione,
fingiamo di essere amici del doge
e di non avere a che fare con la tribù Kwabe.

Si approssima il tempo di accendere i fuochi.
Telegrafiamo alla nonna che venga dal paese.
Sciogliamo i nodi sulle corregge della yurta.

Oby połóg był lekki
i dziecko rosło nam zdrowo.
Niech będzie czasem szczęśliwe
i przeskakuje przepaście.
Niech serce jego ma zdolność wytrwania,
a rozum czuwa i sięga daleko.

Ale nie tak daleko,
żeby widzieć przyszłość.
Tego daru
oszczędźcie mu, niebieskie moce.

Purché il parto sia lieve
e il bimbo cresca sano.
Possa essere talvolta felice
e scavalcare gli abissi.
Che abbia un cuore capace di resistere,
e l'intelletto vigile e lungimirante.

Ma non così lungimirante
da vedere il futuro.
Risparmiategli questo dono,
o potenze celesti.

DO ARKI

Zaczyna padać długotrwały deszcz.
Do arki, bo gdzież wy się podziejecie:
wiersze na pojedynczy głos,
prywatne uniesienia,
niekonieczne talenty,
zbędna ciekawości,
smutki i trwogi małego zasięgu,
ochoto oglądania rzeczy z sześciu stron.

Rzeki wzbierają i wychodzą z brzegów.
Do arki: światłocienie i półtony,
kaprysy, ornamenty i szczegóły,
głupie wyjątki,
zapomniane znaki,
niezliczone odmiany koloru szarego,
gro dla gry
i łzo śmiechu.

Jak okiem sięgnąć, woda i horyzont w mgle.
Do arki: plany na odległą przyszłość,
radości z różnic,
podziwie dla lepszych,
wyborze nie ścieśniony do jednego z dwojga,
przestarzałe skrupuły,
czasie do namysłu
i wiaro, że to wszystko
kiedyś jeszcze się przyda.

Ze względu na dzieci,
którymi nadal jesteśmy,
bajki kończą się dobrze.

Tu również nie pasuje finał żaden inny.
Ustanie deszcz,
opadną fale,

NELL'ARCA

Comincia a cadere una pioggia incessante.
Nell'arca, e dove mai potreste andare:
voi, poesie per una sola voce,
slanci privati,
talenti non indispensabili,
curiosità superflua,
afflizioni e paure di modesta portata,
e tu, voglia di guardare le cose da sei lati.

I fiumi si ingrossano e straripano.
Nell'arca: voi, chiaroscuri e semitoni,
voi, capricci, ornamenti e dettagli,
stupide eccezioni,
segni dimenticati,
innumerevoli varianti del grigio,
il gioco per il gioco,
e tu, lacrima del riso.

A perdita d'occhio, acqua e l'orizzonte nella nebbia.
Nell'arca: piani per il lontano futuro,
gioia per le differenze,
ammirazione per i migliori,
scelta non limitata a uno dei due,
scrupoli antiquati,
tempo per riflettere,
e tu, fede che tutto ciò
un giorno potrà ancora servire.

Per riguardo ai bambini
che continuiamo a essere,
le favole sono a lieto fine.

Anche qui non c'è altro finale che si addica.
Smetterà di piovere,
caleranno le onde,

na przejaśnionym niebie
rozsuną się chmury
i będą znów
jak chmurom nad ludźmi przystało:
wzniosłe i niepoważne
w swoim podobieństwie
do suszących się w słońcu
wysp szczęśliwych,
baranków,
kalafiorów,
i pieluszek.

nel cielo rischiarato
si apriranno le nuvole
e saranno di nuovo
come si addiceva alle nuvole sugli uomini:
elevate e leggere
nel loro somigliare
a isole felici,
pecorelle,
cavolfiori
e pannolini
– che si asciugano al sole.

MOŻLIWOŚCI

Wolę kino.
Wolę koty.
Wolę dęby nad Wartą.
Wolę Dickensa od Dostojewskiego.
Wolę siebie lubiącą ludzi
niż siebie kochającą ludzkość.
Wolę mieć w pogotowiu igłę z nitką.
Wolę kolor zielony.
Wolę nie twierdzić,
że rozum jest wszystkiemu winien.
Wolę wyjątki.
Wolę wychodzić wcześniej.
Wolę rozmawiać z lekarzami o czymś innym.
Wolę stare ilustracje w prążki.
Wolę śmieszność pisania wierszy
od śmieszności ich niepisania.
Wolę w miłości rocznice nieokrągłe,
do obchodzenia co dzień.
Wolę moralistów,
którzy nie obiecują mi nic.
Wolę dobroć przebiegłą od łatwowiernej za bardzo.
Wolę ziemię w cywilu.
Wolę kraje podbite niż podbijające.
Wolę mieć zastrzeżenia.
Wolę piekło chaosu od piekła porządku.
Wolę bajki Grimma od pierwszych stron gazet.
Wolę liście bez kwiatów niż kwiaty bez liści.
Wolę psy z ogonem nie przyciętym.
Wolę oczy jasne, ponieważ mam ciemne.
Wolę szuflady.
Wolę wiele rzeczy, których tu nie wymieniłam
od wielu również tu nie wymienionych.
Wolę zera luzem
niż ustawione w kolejce do cyfry.
Wolę czas owadzi od gwiezdnego.

POSSIBILITÀ

Preferisco il cinema.
Preferisco i gatti.
Preferisco le querce sul fiume Warta.
Preferisco Dickens a Dostoevskij.
Preferisco me che vuol bene alla gente
a me che ama l'umanità.
Preferisco avere sottomano ago e filo.
Preferisco il colore verde.
Preferisco non affermare
che l'intelletto ha la colpa di tutto.
Preferisco le eccezioni.
Preferisco uscire prima.
Preferisco parlare con i medici d'altro.
Preferisco le vecchie illustrazioni a tratteggio.
Preferisco il ridicolo di scrivere poesie
al ridicolo di non scriverne.
Preferisco in amore gli anniversari non tondi,
da festeggiare ogni giorno.
Preferisco i moralisti
che non mi promettono nulla.
Preferisco una bontà avveduta a una credulona.
Preferisco la terra in borghese.
Preferisco i paesi conquistati a quelli conquistatori.
Preferisco avere delle riserve.
Preferisco l'inferno del caos all'inferno dell'ordine.
Preferisco le favole dei Grimm alle prime pagine.
Preferisco foglie senza fiori a fiori senza foglie.
Preferisco i cani con la coda non tagliata.
Preferisco gli occhi chiari, perché li ho scuri.
Preferisco i cassetti.
Preferisco molte cose che qui non ho menzionato
a molte pure qui non menzionate.
Preferisco gli zeri alla rinfusa
che non allineati in una cifra.
Preferisco il tempo degli insetti a quello siderale.

Wolę odpukać.
Wolę nie pytać, jak długo jeszcze i kiedy.
Wolę brać pod uwagę nawet tę możliwość,
że byt ma swoją rację.

Preferisco toccare ferro.
Preferisco non chiedere per quanto ancora e quando.
Preferisco prendere in considerazione perfino
la possibilità
che l'essere abbia una sua ragione.

JARMARK CUDÓW

Cud pospolity:
to, że dzieje się wiele cudów pospolitych.

Cud zwykły:
w ciszy nocnej szczekanie
niewidzialnych psów.

Cud jeden z wielu:
chmurka zwiewna i mała,
a potrafi zasłonić duży ciężki księżyc.

Kilka cudów w jednym:
olcha w wodzie odbita
i to, że odwrócona ze strony lewej na prawą,
i to, że rośnie tam koroną w dół
i wcale dna nie sięga,
choć woda jest płytka.

Cud na porządku dziennym:
wiatry dość słabe i umiarkowane,
w czasie burz porywiste.

Cud pierwszy lepszy:
krowy są krowami.

Drugi nie gorszy:
ten a nie inny sad
z tej a nie innej pestki.

Cud bez czarnego fraka i cylindra:
rozfruwające się białe gołębie.

Cud, no bo jak to nazwać:
słońce dziś wzeszło o trzeciej czternaście
a zajdzie o dwudziestej zero jeden.

LA FIERA DEI MIRACOLI

Un miracolo comune:
l'accadere di molti miracoli comuni.

Un miracolo normale:
l'abbaiare di cani invisibili
nel silenzio della notte.

Un miracolo fra tanti:
una piccola nuvola svolazzante,
e riesce a nascondere una grande pesante luna.

Più miracoli in uno:
un ontano riflesso sull'acqua
e che sia girato da destra a sinistra,
e che cresca con la chioma in giù,
e non raggiunga affatto il fondo
benché l'acqua sia poco profonda.

Un miracolo all'ordine del giorno:
venti abbastanza deboli e moderati,
impetuosi durante le tempeste.

Un miracolo alla buona:
le mucche sono mucche.

Un altro non peggiore:
proprio questo frutteto
proprio da questo nocciolo.

Un miracolo senza frac nero e cilindro:
bianchi colombi che si levano in volo.

Un miracolo – e come chiamarlo altrimenti:
oggi il sole è sorto alle 3.14
e tramonterà alle 20.01.

Cud, który nie tak dziwi, jak powinien:
palców u dłoni wprawdzie mniej niż sześć,
za to więcej niż cztery.

Cud, tylko się rozejrzeć:
wszechobecny świat.

Cud dodatkowy, jak dodatkowe jest wszystko:
co nie do pomyślenia
jest do pomyślenia.

Un miracolo che non stupisce quanto dovrebbe:
la mano ha in verità meno di sei dita,
però più di quattro.

Un miracolo, basta guardarsi intorno:
il mondo onnipresente.

Un miracolo supplementare, come ogni cosa:
l'inimmaginabile
è immaginabile.

LUDZIE NA MOŚCIE

Dziwna planeta i dziwni na niej ci ludzie.
Ulegają czasowi, ale nie chcą go uznać.
Mają sposoby, żeby swój sprzeciw wyrazić.
Robią obrazki jak na przykład ten:

Nic szczególnego na pierwszy rzut oka.
Widać wodę.
Widać jeden z jej brzegów.
Widać czółno mozolnie płynące pod prąd.
Widać nad wodą most i widać ludzi na moście.
Ludzie wyraźnie przyspieszają kroku,
bo właśnie z ciemnej chmury
zaczął deszcz ostro zacinać.

Cała rzecz w tym, że nic nie dzieje się dalej.
Chmura nie zmienia barwy ani kształtu.
Deszcz ani się nie wzmaga, ani nie ustaje.
Czółno płynie bez ruchu.
Ludzie na moście biegną
ściśle tam, co przed chwilą.

Trudno tu obejść się bez komentarza:
To nie jest wcale obrazek niewinny.
Zatrzymano tu czas.
Przestano liczyć się z prawami jego.
Pozbawiono go wpływu na rozwój wypadków.
Zlekceważono go i znieważono.

Za sprawą buntownika,
jakiegoś Hiroshige Utagawy,
(istoty, która zresztą
dawno i jak należy minęła),
czas potknął się i upadł.

GENTE SUL PONTE

Strano pianeta e strana la gente che lo abita.
Sottostanno al tempo, ma non vogliono accettarlo.
Hanno modi per esprimere la loro protesta.
Fanno quadretti, ad esempio questo:

A un primo sguardo nulla di particolare.
Si vede uno specchio d'acqua.
Si vede una delle sue sponde.
Si vede una barchetta che s'affatica.
Si vede un ponte sull'acqua e gente sul ponte.
La gente affretta visibilmente il passo
perché da una nuvola scura la pioggia
ha appena cominciato a scrosciare.

Il fatto è che poi non accade nulla.
La nuvola non muta colore né forma.
La pioggia né aumenta né smette.
La barchetta naviga immobile.
La gente sul ponte corre proprio
là dov'era un attimo prima.

È difficile esimersi qui da un commento.
Il quadretto non è affatto innocente.
Qui il tempo è stato fermato.
Non si è più tenuto conto delle sue leggi.
Lo si è privato dell'influsso sul corso degli eventi.
Lo si è ignorato e offeso.

A causa d'un ribelle,
un tale Hiroshige Utagawa
(un essere che del resto
da un pezzo, e come è giusto, è scomparso),
il tempo è inciampato e caduto.

Może to tylko psota bez znaczenia,
wybryk na skalę paru zaledwie galaktyk,
na wszelki jednak wypadek
dodajmy, co następuje:

Bywa tu w dobrym tonie
wysoko sobie cenić ten obrazek,
zachwycać się nim i wzruszać od pokoleń.

Są tacy, którym i to nie wystarcza.
Słyszą nawet szum deszczu,
czują chłód kropel na karkach i plecach,
patrzą na most i ludzi,
jakby widzieli tam siebie,
w tym samym biegu nigdy nie dobiegającym
drogą bez końca, wiecznie do odbycia
i wierzą w swoim zuchwalstwie,
że tak jest rzeczywiście.

Forse non è che una burla innocua,
uno scherzo della portata di appena qualche galassia,
tuttavia a ogni buon conto
aggiungiamo quanto segue:

Qui è bon ton
apprezzare molto questo quadretto,
ammirarlo e commuoversene da generazioni.

Per alcuni non basta neanche questo.
Sentono perfino il fruscio della pioggia,
sentono il freddo delle gocce sul collo e sul dorso,
guardano il ponte e la gente
come se là vedessero se stessi,
in quella stessa corsa che non finisce mai
per una strada senza fine, sempre da percorrere,
e credono nella loro arroganza
che sia davvero così.

KONIEC I POCZĄTEK

LA FINE E L'INIZIO
(1993)

NIEBO

Od tego trzeba było zacząć: niebo.
Okno bez parapetu, bez futryn, bez szyb.
Otwór i nic poza nim,
ale otwarty szeroko.

Nie muszę czekać na pogodną noc,
ani zadzierać głowy,
żeby przyjrzeć się niebu.
Niebo mam za plecami, pod ręką i na powiekach.
Niebo owija mnie szczelnie
i unosi od spodu.

Nawet najwyższe góry
nie są bliżej nieba
niż najgłębsze doliny.
Na żadnym miejscu nie ma go więcej
niż w innym.
Obłok równie bezwzględnie
przywalony jest niebem co grób.
Kret równie wniebowzięty
jak sowa chwiejąca skrzydłami.
Rzecz, która spada w przepaść,
spada z nieba w niebo.

Sypkie, płynne, skaliste,
rozpłomienione i lotne
połacie nieba, okruszyny nieba,
podmuchy nieba i sterty.
Niebo jest wszechobecne
nawet w ciemnościach pod skórą.

Zjadam niebo, wydalam niebo.
Jestem pułapką w pułapce,
zamieszkiwanym mieszkańcem,
obejmowanym objęciem,
pytaniem w odpowiedzi na pytanie.

IL CIELO

Da qui si doveva cominciare: il cielo.
Finestra senza davanzale, telaio, vetri.
Un'apertura e nulla più,
ma spalancata.

Non devo attendere una notte serena,
né alzare la testa,
per osservare il cielo.
L'ho dietro a me, sottomano e sulle palpebre.
Il cielo mi avvolge ermeticamente
e mi solleva dal basso.

Perfino le montagne più alte
non sono più vicine al cielo
delle valli più profonde.
In nessun luogo ce n'è più
che in un altro.
La nuvola è schiacciata dal cielo
inesorabilmente come la tomba.
La talpa è al settimo cielo
come il gufo che scuote le ali.
La cosa che cade in un abisso
cade da cielo a cielo.

Friabili, fluenti, rocciosi,
infuocati e aerei,
distese di cielo, briciole di cielo,
folate e cumuli di cielo.
Il cielo è onnipresente
perfino nel buio sotto la pelle.

Mangio cielo, evacuo cielo.
Sono una trappola in trappola,
un abitante abitato,
un abbraccio abbracciato,
una domanda in risposta a una domanda.

Podział na ziemię i niebo
to nie jest właściwy sposób
myślenia o tej całości.
Pozwala tylko przeżyć
pod dokładniejszym adresem,
szybszym do znalezienia,
jeślibym była szukana.
Moje znaki szczególne
to zachwyt i rozpacz.

La divisione in cielo e terra
non è il modo appropriato
di pensare a questa totalità.
Permette solo di sopravvivere
a un indirizzo più esatto,
più facile da trovare,
se dovessero cercarmi.
Miei segni particolari:
incanto e disperazione.

MOŻE BYĆ BEZ TYTUŁU

Doszło do tego, że siedzę pod drzewem,
na brzegu rzeki,
w słoneczny poranek.
Jest to zdarzenie błahe
i do historii nie wejdzie.
To nie bitwy i pakty,
których motywy się bada,
ani godne pamięci zabójstwa tyranów.

A jednak siedzę nad rzeką, to fakt.
I skoro tutaj jestem,
musiałam skądś przyjść,
a przedtem
w wielu jeszcze miejscach się podziewać,
całkiem tak samo jak zdobywcy krain,
nim wstąpili na pokład.

Ma bujną przeszłość chwila nawet ulotna,
swój piątek przed sobotą,
swój przed czerwcem maj.
Ma swoje horyzonty równie rzeczywiste
jak w lornetce dowódców.

To drzewo to topola zakorzeniona od lat.
Rzeka to Raba nie od dziś płynąca.
Ścieżka nie od przedwczoraj
wydeptana w krzakach.
Wiatr, żeby rozwiać chmury,
musiał je wcześniej tu przywiać.

I choć w pobliżu nic się wielkiego nie dzieje,
świat nie jest przez to uboższy w szczegóły,
gorzej uzasadniony, słabiej określony,
niż kiedy zagarniały go wędrówki ludów.

NON OCCORRE TITOLO

Si è arrivati a questo: siedo sotto un albero,
sulla sponda d'un fiume
in una mattina assolata.
È un evento futile
e non passerà alla storia.
Non si tratta di battaglie e patti,
di cui si studiano le cause,
né di tirannicidi degni di memoria.

Comunque siedo su questa sponda, è un fatto.
E se sono qui,
da qualche parte devo pur essere venuta,
e in precedenza
devo essere stata in molti altri posti,
esattamente come i conquistatori di terre lontane
prima di salire a bordo.

Anche l'attimo fuggente ha un ricco passato,
il suo venerdì prima del sabato,
il suo maggio prima di giugno.
Ha i suoi orizzonti non meno reali
di quelli nel cannocchiale dei capitani.

Quest'albero è un pioppo radicato da anni.
Il fiume è la Raba, che scorre non da ieri.
Il sentiero è tracciato fra i cespugli
non dall'altro ieri.
Il vento per soffiare via le nuvole
prima ha dovuto spingerle fin qui.

E anche se nulla di rilevante accade intorno,
non per questo il mondo è più povero di particolari,
peggio fondato, meno definito
di quando lo invadevano i popoli migranti.

Nie tylko tajnym spiskom towarzyszy cisza.
Nie tylko koronacjom orszak przyczyn.
Potrafią być okrągłe nie tylko rocznice powstań,
ale i obchodzone kamyki na brzegu.

Zawiły jest i gęsty haft okoliczności.
Ścieg mrówki w trawie.
Trawa wszyta w ziemię.
Deseń fali, przez którą przewleka się patyk.

Tak się złożyło, że jestem i patrzę.
Nade mną biały motyl trzepoce w powietrzu
skrzydełkami, co tylko do niego należą
i przelatuje mi przez ręce cień,
nie inny, nie czyjkolwiek, tylko jego własny.

Na taki widok zawsze opuszcza mnie pewność,
że to co ważne
ważniejsze jest od nieważnego.

Il silenzio non accompagna solo i complotti,
né il corteo delle cause solo le incoronazioni.
Possono essere tondi non solo gli anniversari delle
                                        insurrezioni,
ma anche i sassolini in parata sulla sponda.

Fitto e intricato è il ricamo delle circostanze.
Il punto della formica nell'erba.
L'erba cucita alla terra.
Il disegno dell'onda in cui si infila un fuscello.

Si dà il caso che io sia qui e guardi.
Sopra di me una farfalla bianca sbatte nell'aria
ali che sono solamente sue,
e sulle mani mi vola un'ombra,
non un'altra, non d'un altro, ma solo sua.

A tale vista mi abbandona sempre la certezza
che ciò che è importante
sia più importante di ciò che non lo è.

NIEKTÓRZY LUBIĄ POEZJĘ

Niektórzy –
czyli nie wszyscy.
Nawet nie większość wszystkich ale mniejszość.
Nie licząc szkół, gdzie się musi,
i samych poetów,
będzie tych osób chyba dwie na tysiąc.

Lubią –
ale lubi się także rosół z makaronem,
lubi się komplementy i kolor niebieski,
lubi się stary szalik,
lubi się stawiać na swoim,
lubi się głaskać psa.

Poezję –
tylko co to takiego poezja.
Niejedna chwiejna odpowiedź
na to pytanie już padła.
A ja nie wiem i nie wiem i trzymam się tego
jak zbawiennej poręczy.

AD ALCUNI PIACE LA POESIA

Ad alcuni –
cioè non a tutti.
E neppure alla maggioranza, ma alla minoranza.
Senza contare le scuole, dov'è un obbligo,
e i poeti stessi,
ce ne saranno forse due su mille.

Piace –
ma piace anche la pasta in brodo,
piacciono i complimenti e il colore azzurro,
piace una vecchia sciarpa,
piace averla vinta,
piace accarezzare un cane.

La poesia –
ma cos'è mai la poesia?
Più d'una risposta incerta
è stata già data in proposito.
Ma io non lo so, non lo so e mi aggrappo a questo
come all'àncora d'un corrimano.

KONIEC I POCZĄTEK

Po każdej wojnie
ktoś musi posprzątać.
Jaki taki porządek
sam się przecież nie zrobi.

Ktoś musi zepchnąć gruzy
na pobocza dróg,
żeby mogły przejechać
wozy pełne trupów.

Ktoś musi grzęznąć
w szlamie i popiele,
sprężynach kanap,
drzazgach szkła
i krwawych szmatach.

Ktoś musi przywlec belkę
do podparcia ściany,
ktoś oszklić okno
i osadzić drzwi na zawiasach.

Fotogeniczne to nie jest
i wymaga lat.
Wszystkie kamery wyjechały już
na inną wojnę.

Mosty trzeba z powrotem
i dworce na nowo.
W strzępach będą rękawy
od zakasywania.

Ktoś z miotłą w rękach
wspomina jeszcze jak było.
Ktoś słucha
przytakując nie urwaną głową.

LA FINE E L'INIZIO

Dopo ogni guerra
c'è chi deve ripulire.
In fondo un po' d'ordine
da solo non si fa.

C'è chi deve spingere le macerie
ai bordi delle strade
per far passare
i carri pieni di cadaveri.

C'è chi deve sprofondare
nella melma e nella cenere,
tra le molle dei divani letto,
le schegge di vetro
e gli stracci insanguinati.

C'è chi deve trascinare una trave
per puntellare il muro,
c'è chi deve mettere i vetri alla finestra
e montare la porta sui cardini.

Non è fotogenico,
e ci vogliono anni.
Tutte le telecamere sono già partite
per un'altra guerra.

Bisogna ricostruire i ponti
e anche le stazioni.
Le maniche saranno a brandelli
a forza di rimboccarle.

C'è chi, con la scopa in mano,
ricorda ancora com'era.
C'è chi ascolta
annuendo con la testa non mozzata.

Ale już w ich pobliżu
zaczną kręcić się tacy,
których to będzie nudzić.

Ktoś czasem jeszcze
wykopie spod krzaka
przeżarte rdzą argumenty
i poprzenosi je na stos odpadków.

Ci, co wiedzieli
o co tutaj szło,
muszą ustąpić miejsca tym,
co wiedzą mało.
I mniej niż mało.
I wreszcie tyle co nic.

W trawie, która porosła
przyczyny i skutki,
musi ktoś sobie leżeć
z kłosem w zębach
i gapić się na chmury.

Ma presto lì si aggireranno altri
che troveranno il tutto
un po' noioso.

C'è chi talvolta
dissotterrerà da sotto un cespuglio
argomenti corrosi dalla ruggine
e li trasporterà sul mucchio dei rifiuti.

Chi sapeva
di che si trattava,
deve far posto a quelli
che ne sanno poco.
E meno di poco.
E infine assolutamente nulla.

Sull'erba che ha ricoperto
le cause e gli effetti,
c'è chi deve starsene disteso
con una spiga tra i denti,
perso a fissare le nuvole.

NIENAWIŚĆ

Spójrzcie, jaka wciąż sprawna,
jak dobrze się trzyma
w naszym stuleciu nienawiść.
Jak lekko bierze wysokie przeszkody.
Jakie to łatwe dla niej – skoczyć, dopaść.

Nie jest jak inne uczucia.
Starsza i młodsza od nich równocześnie.
Sama rodzi przyczyny,
które ją budzą do życia.
Jeśli zasypia, to nigdy snem wiecznym.
Bezsenność nie odbiera jej sił, ale dodaje.

Religia nie religia –
byle przyklęknąć na starcie.
Ojczyzna nie ojczyzna –
byle się zerwać do biegu.
Niezła i sprawiedliwość na początek.
Potem już pędzi sama.
Nienawiść. Nienawiść.
Twarz jej wykrzywia grymas
ekstazy miłosnej.

Ach, te inne uczucia –
cherlawe i ślamazarne.
Od kiedy to braterstwo
może liczyć na tłumy?
Współczucie czy kiedykolwiek
pierwsze dobiło do mety?
Zwątpienie ilu chętnych porywa za sobą?
Porywa tylko ona, która swoje wie.

Zdolna, pojętna, bardzo pracowita.
Czy trzeba mówić ile ułożyła pieśni.
Ile stronic historii ponumerowała.

L'ODIO

Guardate com'è sempre efficiente,
come si mantiene in forma
nel nostro secolo l'odio.
Con quanta facilità supera gli ostacoli.
Come gli è facile avventarsi, agguantare.

Non è come gli altri sentimenti.
Insieme più vecchio e più giovane di loro.
Da solo genera le cause
che lo fanno nascere.
Se si addormenta, il suo non è mai un sonno eterno.
L'insonnia non lo indebolisce, ma lo rafforza.

Religione o non religione –
purché ci si inginocchi per il via.
Patria o no –
purché si scatti alla partenza.
Anche la giustizia va bene all'inizio.
Poi corre tutto solo.
L'odio. L'odio.
Una smorfia di estasi amorosa
gli deforma il viso.

Oh, quegli altri sentimenti –
malaticci e fiacchi.
Da quando la fratellanza
può contare sulle folle?
La compassione è mai
giunta prima al traguardo?
Il dubbio quanti volenterosi trascina?
Lui solo trascina, che sa il fatto suo.

Capace, sveglio, molto laborioso.
Occorre dire quante canzoni ha composto?
Quante pagine ha scritto nei libri di storia?

Ile dywanów z ludzi porozpościerała
na ilu placach, stadionach.

Nie okłamujmy się:
potrafi tworzyć piękno.
Wspaniałe są jej łuny czarną nocą.
Świetne kłęby wybuchów o różanym świcie.
Trudno odmówić patosu ruinom
i rubasznego humoru
krzepko sterczącej nad nimi kolumnie.

Jest mistrzynią kontrastu
między łoskotem a ciszą,
między czerwoną krwią a białym śniegiem.
A nade wszystko nigdy jej nie nudzi
motyw schludnego oprawcy
nad splugawioną ofiarą.

Do nowych zadań w każdej chwili gotowa.
Jeżeli musi poczekać, poczeka.
Mówią, że ślepa. Ślepa?
Ma bystre oczy snajpera
i śmiało patrzy w przyszłość
– ona jedna.

Quanti tappeti umani ha disteso
su quante piazze, stadi?

Diciamoci la verità:
sa creare bellezza.
Splendidi i suoi bagliori nella notte nera.
Magnifiche le nubi degli scoppi nell'alba rosata.
Innegabile è il pathos delle rovine
e l'umorismo grasso
della colonna che vigorosa le sovrasta.

È un maestro del contrasto
tra fracasso e silenzio,
tra sangue rosso e neve bianca.
E soprattutto non lo annoia mai
il motivo del lindo carnefice
sopra la vittima insozzata.

In ogni istante è pronto a nuovi compiti.
Se deve aspettare, aspetterà.
Lo dicono cieco. Cieco?
Ha la vista acuta del cecchino
e guarda risoluto al futuro
– lui solo.

RZECZYWISTOŚĆ WYMAGA

Rzeczywistość wymaga,
żeby i o tym powiedzieć:
życie toczy się dalej.
Robi to pod Kannami i pod Borodino
i na Kosowym Polu i w Guernice.

Jest stacja benzynowa
na małym placu w Jerycho,
są świeżo malowane
pod Białą Górą ławeczki.
Kursują listy
z Pearl Harbor do Hastings,
przejeżdża wóz meblowy
pod okiem lwa z Cheronei,
a do rozkwitłych sadów w pobliżu Verdun
nadciąga tylko front atmosferyczny.

Tak wiele jest Wszystkiego,
że Nic jest całkiem nieźle zasłonięte.
Z jachtów pod Akcjum
dochodzi muzyka
i na pokładach w słońcu pary tańczą.

Tyle ciągle się dzieje,
że musi dziać się wszędzie.
Gdzie kamień na kamieniu,
tam wózek z lodami
oblężony przez dzieci.
Gdzie Hiroszima
tam znów Hiroszima
i wyrób wielu rzeczy
do codziennego użytku.

Nie bez powabów jest ten straszny świat,
nie bez poranków,
dla których warto się zbudzić.

LA REALTÀ ESIGE

La realtà esige
che si dica anche questo:
la vita continua.
Continua a Canne e a Borodino
e a Kosovo Polje e a Guernica.

C'è un distributore di benzina
nella piazzetta di Gerico,
ci sono panchine dipinte di fresco
sotto la Montagna Bianca.
Lettere vanno e vengono
tra Pearl Harbor e Hastings,
un furgone di mobili transita
sotto l'occhio del leone di Cheronea,
e ai frutteti in fiore intorno a Verdun
si avvicina solo il fronte atmosferico.

C'è tanto Tutto
che il Nulla è davvero ben celato.
Dagli yacht ormeggiati ad Azio
arriva la musica
e le coppie danzano sui ponti nel sole.

Talmente tanto accade di continuo
che deve accadere dappertutto.
Dove non è rimasta pietra su pietra,
c'è un carretto di gelati
assediato dai bambini.
Dov'era Hiroshima
c'è ancora Hiroshima
e si producono molte cose
d'uso quotidiano.

Questo orribile mondo non è privo di grazie,
non è senza mattini
per cui valga la pena svegliarsi.

Na polach Maciejowic
trawa jest zielona
a w trawie, jak to w trawie,
przezroczysta rosa.

Może nie ma miejsc innych jak pobojowiska,
te jeszcze pamiętane
te już zapomniane,
lasy brzozowe i lasy cedrowe,
śniegi i piaski, tęczujące bagna
i jary czarnej klęski,
gdzie w nagłej potrzebie
kuca się dziś pod krzaczkiem.

Jaki stąd płynie morał – chyba żaden.
To, co naprawdę płynie, to krew szybko schnąca
i zawsze jakieś rzeki, jakieś chmury.

Na tragicznych przełęczach
wiatr zrywa z głów kapelusze
i nie ma na to rady –
śmieszy nas ten widok.

Sui campi di Maciejowice
l'erba è verde
e sull'erba, come è normale sull'erba,
una rugiada trasparente.

Forse non ci sono campi se non di battaglia,
quelli ancora ricordati,
quelli già dimenticati,
boschi di betulle e boschi di cedri,
nevi e sabbie, paludi iridescenti
e forre di nera sconfitta,
dove per un bisogno impellente
ci si accuccia oggi dietro un cespuglio.

Qual è la morale? – forse nessuna.
Di certo c'è solo il sangue che scorre e si rapprende
e, come sempre, fiumi, nuvole.

Sui valichi tragici
il vento porta via i cappelli
e non c'è niente da fare –
lo spettacolo ci diverte.

JAWA

Jawa nie pierzcha
jak pierzchają sny.
Żaden szmer, żaden dzwonek
nie rozprasza jej,
żaden krzyk ani łoskot
z niej nie zrywa.

Mętne i wieloznaczne
są obrazy w snach,
co daje się tłumaczyć
na dużo różnych sposobów.
Jawa oznacza jawę,
a to większa zagadka.

Do snów są klucze.
Jawa otwiera się sama
i nie daje się domknąć.
Sypią się z niej
świadectwa szkolne i gwiazdy,
wypadają motyle
i dusze starych żelazek,
bezgłowe czapki
i czerepy chmur.
Powstaje z tego rebus
nie do rozwiązania.

Bez nas snów by nie było.
Ten, bez którego nie byłoby jawy
jest nieznany,
a produkt jego bezsenności
udziela się każdemu,
kto się budzi.

To nie sny są szalone,
szalona jest jawa,

LA VEGLIA

La veglia non svanisce
come svaniscono i sogni.
Nessun brusio, nessun campanello
la scaccia,
nessun grido né fracasso
può strapparci da essa.

Torbide e ambigue
sono le immagini nei sogni,
il che può spiegarsi
in molti modi.
Veglia significa veglia
ed è un enigma maggiore.

Per i sogni ci sono chiavi.
La veglia si apre da sola
e non si lascia sbarrare.
Da essa si spargono
diplomi e stelle,
cadono giù farfalle
e anime di vecchi ferri da stiro,
berretti senza testa
e cocci di nuvole.
Ne viene fuori un rebus
irrisolvibile.

Senza di noi non ci sarebbero sogni.
Quello senza cui non ci sarebbe veglia
è ancora sconosciuto,
ma il prodotto della sua insonnia
si comunica a chiunque
si risvegli.

Non i sogni sono folli,
folle è la veglia,

choćby przez upór,
z jakim trzyma się
biegu wydarzeń.

W snach żyje jeszcze
nasz niedawno zmarły,
cieszy się nawet zdrowiem
i odzyskaną młodością.
Jawa kładzie przed nami
jego martwe ciało.
Jawa nie cofa się ani o krok.

Zwiewność snów powoduje,
że pamięć łatwo otrząsa się z nich.
Jawa nie musi bać się zapomnienia.
Twarda z niej sztuka.
Siedzi nam na karku,
ciąży na sercu,
wali się pod nogi.

Nie ma od niej ucieczki,
bo w każdej nam towarzyszy.
I nie ma takiej stacji
na trasie naszej podróży,
gdzie by nas nie czekała.

non fosse che per l'ostinazione
con cui si aggrappa
al corso degli eventi.

Nei sogni vive ancora
chi ci è morto da poco,
vi gode perfino di buona salute
e ritrovata giovinezza.
La veglia depone davanti a noi
il suo corpo senza vita.
La veglia non arretra d'un passo.

La fugacità dei sogni fa sì
che la memoria se li scrolli di dosso facilmente.
La veglia non deve temere l'oblio.
È un osso duro.
Ci sta sul groppone,
ci pesa sul cuore,
sbarra il passo.

Non le si può sfuggire,
perché ci accompagna in ogni fuga.
E non c'è stazione
lungo il nostro viaggio
dove non ci aspetti.

RACHUNEK ELEGIJNY

Ilu tych, których znałam
(jeśli naprawdę ich znałam)
mężczyzn, kobiet
(jeśli ten podział pozostaje w mocy)
przestąpiło ten próg
(jeżeli to próg)
przebiegło przez ten most
(jeśli nazwać to mostem) –

Ilu po życiu krótszym albo dłuższym
(jeśli to dla nich wciąż jakaś różnica)
dobrym, bo się zaczęło,
złym, bo się skończyło
(jeśliby nie woleli powiedzieć na odwrót)
znalazło się na drugim brzegu
(jeśli znalazło się
a drugi brzeg istnieje) –

Nie dana mi jest pewność
ich dalszego losu
(jeśli to nawet jeden wspólny los
i jeszcze los) –

Wszystko
(jeżeli słowem tym nie ograniczam)
mają za sobą
(jeśli nie przed sobą) –

Ilu ich wyskoczyło z pędzącego czasu
i w oddaleniu coraz rzewniej znika
(jeżeli warto wierzyć perspektywie) –

Ilu
(jeżeli pytanie ma sens,
jeżeli można dojść do sumy ostatecznej,

CALCOLO ELEGIACO

Quanti di quelli che ho conosciuto
(se davvero li ho conosciuti),
uomini, donne
(se la divisione resta valida),
hanno varcato questa soglia
(se è una soglia),
hanno attraversato questo ponte
(se può chiamarsi ponte) –

Quanti dopo una vita più o meno lunga,
(se per loro fa ancora differenza),
buona, perché è cominciata,
cattiva, perché è finita
(se non preferiscono dire il contrario),
si sono trovati sull'altra sponda
(se si sono trovati
e se l'altra sponda esiste) –

Non mi è data certezza
della loro sorte ulteriore
(sempre che sia una sorte comune
e ancora una sorte) –

Hanno tutto
(se la parola non è riduttiva)
dietro di sé
(se non davanti a sé) –

Quanti di loro sono saltati dal tempo in corsa
e svaniscono sempre più mesti in lontananza
(se ci si fida della prospettiva) –

Quanti
(se la domanda ha senso,
se si può arrivare alla somma finale

zanim liczący nie doliczy siebie)
zapadło w ten najgłębszy sen
(jeśli nie ma głębszego) –

Do widzenia.
Do jutra.
Do następnego spotkania.
Już tego nie chcą
(jeżeli nie chcą) powtórzyć.
Zdani na nieskończone
(jeśli nie inne) milczenie.
Zajęci tylko tym
(jeżeli tylko tym)
do czego ich przymusza nieobecność.

prima che chi conta aggiunga se stesso)
sono caduti nel più profondo dei sonni
(se non ce n'è di più profondi) –

Arrivederci.
A domani.
Al prossimo incontro.
Questo non vogliono più
(se non vogliono) ripeterlo.
Rimessi a un infinito
(se non diverso) silenzio.
Intenti solo a quello
(se solo a quello)
a cui li costringe l'assenza.

KOT W PUSTYM MIESZKANIU

Umrzeć – tego nie robi się kotu.
Bo co ma począć kot
w pustym mieszkaniu.
Wdrapywać się na ściany.
Ocierać między meblami.
Nic niby tu nie zmienione,
a jednak pozamieniane.
Niby nie przesunięte,
a jednak porozsuwane.
I wieczorami lampa już nie świeci.

Słychać kroki na schodach,
ale to nie te.
Ręka, co kładzie rybę na talerzyk,
także nie ta, co kładła.

Coś się tu nie zaczyna
w swojej zwykłej porze.
Coś się tu nie odbywa
jak powinno.
Ktoś tutaj był i był,
a potem nagle zniknął
i uporczywie go nie ma.

Do wszystkich szaf się zajrzało.
Przez półki przebiegło.
Wcisnęło się pod dywan i sprawdziło.
Nawet złamało zakaz
i rozrzuciło papiery.
Co więcej jest do zrobienia.
Spać i czekać.

Niech no on tylko wróci,
niech no się pokaże.
Już on się dowie,

IL GATTO IN UN APPARTAMENTO VUOTO

Morire – questo a un gatto non si fa.
Perché cosa può fare il gatto
in un appartamento vuoto?
Arrampicarsi sulle pareti.
Strofinarsi tra i mobili.
Qui niente sembra cambiato,
eppure tutto è mutato.
Niente sembra spostato,
eppure tutto è fuori posto.
E la sera la lampada non brilla più.

Si sentono passi sulle scale,
ma non sono quelli.
Anche la mano che mette il pesce nel piattino
non è quella di prima.

Qualcosa qui non comincia
alla sua solita ora.
Qualcosa qui non accade
come dovrebbe.
Qui c'era qualcuno, c'era,
poi d'un tratto è scomparso
e si ostina a non esserci.

In ogni armadio si è guardato.
Sui ripiani si è corso.
Sotto il tappeto si è controllato.
Si è perfino infranto il divieto
di sparpagliare le carte.
Che altro si può fare.
Aspettare e dormire.

Che lui provi solo a tornare,
che si faccia vedere.
Imparerà allora

że tak z kotem nie można.
Będzie się szło w jego stronę
jakby się wcale nie chciało,
pomalutku,
na bardzo obrażonych łapach.
I żadnych skoków pisków na początek.

che con un gatto così non si fa.
Gli si andrà incontro
come se proprio non se ne avesse voglia,
pian pianino,
su zampe molto offese.
E all'inizio niente salti né squittii.

POŻEGNANIE WIDOKU

Nie mam żalu do wiosny,
że znowu nastała.
Nie obwiniam jej o to,
że spełnia jak co roku
swoje obowiązki.

Rozumiem, że mój smutek
nie wstrzyma zieleni.
Źdźbło, jeśli się zawaha,
to tylko na wietrze.

Nie sprawia mi to bólu,
że kępy olch nad wodami
znowu mają czym szumieć.

Przyjmuję do wiadomości,
że – tak jakbyś żył jeszcze –
brzeg pewnego jeziora
pozostał piękny jak był.

Nie mam urazy
do widoku o widok
na olśnioną słońcem zatokę.

Potrafię sobie nawet wyobrazić,
że jacyś nie my
siedzą w tej chwili
na obalonym pniu brzozy.

Szanuję ich prawo
do szeptu, śmiechu
i szczęśliwego milczenia.

Zakładam nawet,
że łączy ich miłość

ADDIO A UNA VISTA

Non ce l'ho con la primavera
perché è tornata.
Non la incolpo
perché adempie come ogni anno
ai suoi doveri.

Capisco che la mia tristezza
non fermerà il verde.
Il filo d'erba, se oscilla,
è solo al vento.

Non mi fa soffrire
che gli isolotti di ontani sull'acqua
abbiano di nuovo con che stormire.

Prendo atto
che la riva d'un certo lago
è rimasta – come se tu vivessi ancora –
bella com'era.

Non ho rancore
contro la vista per la vista
sulla baia abbacinata dal sole.

Riesco perfino a immaginare
che degli altri, non noi,
siedano in questo momento
su un tronco rovesciato di betulla.

Rispetto il loro diritto
a sussurrare, a ridere
e a tacere felici.

Suppongo perfino
che li unisca l'amore

i że on obejmuje ją
żywym ramieniem.

Coś nowego ptasiego
szeleści w szuwarach.
Szczerze im życzę,
żeby usłyszeli.

Żadnej zmiany nie żądam
od przybrzeżnych fal,
to zwinnych, to leniwych
i nie mnie posłusznych.

Niczego nie wymagam
od toni pod lasem,
raz szmaragdowej,
raz szafirowej,
raz czarnej.

Na jedno się nie godzę.
Na swój powrót tam.
Przywilej obecności –
rezygnuję z niego.

Na tyle Cię przeżyłam
i tylko na tyle,
żeby myśleć z daleka.

e che lui la stringa
con il suo braccio vivo.

Qualche giovane ala
fruscia nei giuncheti.
Auguro loro sinceramente
di sentirla.

Non pretendo alcun cambiamento
dalle onde vicine alla riva,
ora leste, ora pigre
e non a me obbedienti.

Non pretendo nulla
dalle acque fonde accanto al bosco,
ora color smeraldo,
ora color zaffiro,
ora nere.

Una cosa soltanto non accetto.
Il mio ritorno là.
Il privilegio della presenza –
ci rinuncio.

Ti sono sopravvissuta solo
e soltanto quanto basta
per pensare da lontano.

SEANS

Przypadek pokazuje swoje sztuczki.
Wydobywa z rękawa kieliszek koniaku,
sadza nad nim Henryka.
Wchodzę do bistro i staję jak wryty.
Henryk to nie kto inny
jak brat męża Agnieszki,
a Agnieszka to krewna
szwagra cioci Zosi.
Zgadało się, że mamy wspólnego pradziadka.

Przestrzeń w palcach przypadku
rozwija się i zwija,
rozszerza i kurczy.
Dopiero co jak obrus,
a już jak chusteczka.
Zgadnij kogo spotkałam,
i to gdzie, w Kanadzie,
i to po ilu latach.
Myślałam, że nie żyje,
a on w mercedesie.
W samolocie do Aten.
Na stadionie w Tokio.

Przypadek obraca w rękach kalejdoskop.
Migocą w nim miliardy kolorowych szkiełek.
I raptem szkiełko Jasia
brzdęk o szkiełko Małgosi.
Wyobraź sobie, w tym samym hotelu.
Twarzą w twarz w windzie.
W sklepie z zabawkami.
Na skrzyżowaniu Szewskiej z Jagiellońską.

Przypadek jest spowity w pelerynę.
Giną w niej i odnajdują się rzeczy.
Natknąłem się niechcący.

SÉANCE

Il caso svela i suoi trucchi.
Tira fuori dalla manica un bicchiere di cognac,
e ci mette a sedere sopra Henryk.
Entro nel bistrò e resto di stucco.
Henryk non è altri che
il fratello del marito di Agnieszka,
e Agnieszka è parente
del cognato di zia Zosia.
Parlando è venuto fuori un bisnonno in comune.

Fra le dita del caso lo spazio
si srotola e arrotola,
si allarga e si restringe.
Un attimo fa era una tovaglia,
ed è già un fazzoletto.
Indovina chi ho incontrato,
e dove, in Canada,
e dopo tutti questi anni.
Pensavo fosse morto,
ed eccolo là, su una Mercedes.
Sull'aereo per Atene.
Nello stadio a Tokyo.

Il caso gira fra le mani un caleidoscopio.
Vi luccicano miliardi di vetrini colorati.
E d'un tratto il vetrino di Hänsel
sbatte contro il vetrino di Gretel.
Figurati, nello stesso albergo.
Faccia a faccia nell'ascensore.
In un negozio di giocattoli.
All'angolo fra la via Szewska e la Jagiellońska.

Il caso è avvolto in un mantello.
Vi si perdono e ritrovano le cose.
Mi ci sono imbattuta senza volerlo.

Schyliłam się i podniosłam.
Patrzę, a to ta łyżka
z ukradzionej zastawy.
Gdyby nie bransoletka,
nie rozpoznałabym Oli,
a na ten zegar natrafiłem w Płocku.

Przypadek zagląda nam głęboko w oczy.
Głowa zaczyna ciążyć.
Opadają powieki.
Chce nam się śmiać i płakać,
bo to nie do wiary –
z czwartej B na ten okręt,
coś w tym musi być.
Chce nam się wołać,
jaki świat jest mały,
jak łatwo go pochwycić
w otwarte ramiona.
I jeszcze chwilę wypełnia nas radość
rozjaśniająca i złudna.

Mi sono chinata e ho raccolto.
Guardo, ed era un cucchiaio
di quel servizio rubato.
Non fosse stato per il braccialetto,
non avrei riconosciuto Ola,
e quell'orologio l'ho trovato a Płock.

Il caso ci guarda a fondo negli occhi.
La testa comincia a farsi pesante.
Ci si chiudono le palpebre.
Ci vien voglia di ridere e piangere,
è davvero incredibile –
dalla quarta B a quella nave,
deve esserci un senso.
Ci vien voglia di gridare:
come è piccolo il mondo,
come è facile afferrarlo
a braccia aperte!
E per un attimo ancora ci colma una gioia
raggiante e illusoria.

MIŁOŚĆ OD PIERWSZEGO WEJRZENIA

Oboje są przekonani,
że połączyło ich uczucie nagłe.
Piękna jest taka pewność,
ale niepewność piękniejsza.

Sądzą, że skoro nie znali się wcześniej,
nic między nimi nigdy się nie działo.
A co na to ulice, schody, korytarze,
na których mogli się od dawna mijać?

Chciałabym ich zapytać,
czy nie pamiętają –
może w drzwiach obrotowych
kiedyś twarzą w twarz?
jakieś „przepraszam" w ścisku?
głos „pomyłka" w słuchawce?
– ale znam ich odpowiedź.
Nie, nie pamiętają.

Bardzo by ich zdziwiło,
że od dłuższego już czasu
bawił się nimi przypadek.

Jeszcze nie całkiem gotów
zamienić się dla nich w los,
zbliżał ich i oddalał,
zabiegał im drogę
i tłumiąc chichot
odskakiwał w bok.

Były znaki, sygnały,
cóż z tego, że nieczytelne.
Może trzy lata temu
albo w zeszły wtorek
pewien listek przefrunął

AMORE A PRIMA VISTA

Sono entrambi convinti
che un sentimento improvviso li unì.
È bella una tale certezza
ma l'incertezza è più bella.

Non conoscendosi, credono
che non sia mai successo nulla fra loro.
Ma che ne pensano le strade, le scale, i corridoi
dove da tempo potevano incrociarsi?

Vorrei chiedere loro
se non ricordano –
una volta un faccia a faccia
in qualche porta girevole?
uno «scusi» nella ressa?
un «ha sbagliato numero» nella cornetta?
– ma conosco la risposta.
No, non ricordano.

Li stupirebbe molto sapere
che già da parecchio tempo
il caso giocava con loro.

Non ancora pronto del tutto
a mutarsi per loro in destino,
li avvicinava, li allontanava,
gli tagliava la strada
e soffocando una risata
con un salto si scansava.

Vi furono segni, segnali,
che importa se indecifrabili.
Forse tre anni fa
o lo scorso martedì
una fogliolina volò via

z ramienia na ramię?
Było coś zgubionego i podniesionego.
Kto wie, czy już nie piłka
w zaroślach dzieciństwa?

Były klamki i dzwonki,
na których zawczasu
dotyk kładł się na dotyk.
Walizki obok siebie w przechowalni.
Był może pewnej nocy jednakowy sen,
natychmiast po zbudzeniu zamazany.

Każdy przecież początek
to tylko ciąg dalszy,
a księga zdarzeń
zawsze otwarta w połowie.

da una spalla a un'altra?
Qualcosa fu perduto e qualcosa raccolto.
Chissà, forse già la palla
tra i cespugli dell'infanzia?

Vi furono maniglie e campanelli
su cui anzitempo
un tocco si posava su un tocco.
Valigie accostate nel deposito bagagli.
Una notte, forse, lo stesso sogno,
subito confuso al risveglio.

Ogni inizio infatti
è solo un seguito
e il libro degli eventi
è sempre aperto a metà.

DNIA 16 MAJA 1973 ROKU

Jedna z tych wielu dat,
które nie mówią mi już nic.

Dokąd w tym dniu chodziłam,
co robiłam – nie wiem.

Gdyby w pobliżu popełniono zbrodnię
– nie miałabym alibi.

Słońce błysło i zgasło
poza moją uwagą.
Ziemia się obróciła
bez wzmianki w notesie.

Lżej by mi było myśleć,
że umarłam na krótko,
niż że nic nie pamiętam,
choć żyłam bez przerwy.

Nie byłam przecież duchem,
oddychałam, jadłam,
stawiałam kroki,
które było słychać,
a ślady moich palców
musiały zostać na klamkach.

Odbijałam się w lustrze.
Miałam na sobie coś w jakimś kolorze.
Na pewno kilku ludzi mnie widziało.

Może w tym dniu
znalazłam rzecz zgubioną wcześniej.
Może zgubiłam znalezioną później.

IL 16 MAGGIO 1973

Una delle tante date
che non mi dicono più nulla.

Dove sono andata quel giorno,
che cosa ho fatto – non lo so.

Se lì vicino fosse stato commesso un delitto
– non avrei un alibi.

Il sole sfolgorò e si spense
senza che ci facessi caso.
La terra ruotò
e non ne presi nota.

Mi sarebbe più lieve pensare
di essere morta per poco,
piuttosto che ammettere di non ricordare nulla
benché sia vissuta senza interruzioni.

Non ero un fantasma, dopotutto,
respiravo, mangiavo,
si sentiva
il rumore dei miei passi,
e le impronte delle mie dita
dovevano restare sulle maniglie.

Lo specchio rifletteva la mia immagine.
Indossavo qualcosa d'un qualche colore.
Certamente più d'uno mi vide.

Forse quel giorno
trovai una cosa andata perduta.
Forse ne persi una trovata poi.

Wypełniały mnie uczucia i wrażenia.
Teraz to wszystko
jak kropki w nawiasie.

Gdzie się zaszyłam,
gdzie się pochowałam –
to nawet niezła sztuczka
tak samej sobie zejść z oczu.

Potrząsam pamięcią –
może coś w jej gałęziach
uśpione od lat
poderwie się z furkotem.

Nie.
Najwyraźniej za dużo wymagam,
bo aż jednej sekundy.

Ero colma di emozioni e impressioni.
Adesso tutto questo è come
dei puntini fra parentesi.

Dove mi ero rintanata,
dove mi ero cacciata –
niente male come scherzetto
perdermi di vista così.

Scuoto la mia memoria –
forse tra i suoi rami qualcosa
addormentato da anni
si leverà con un frullo.

No.
Evidentemente chiedo troppo,
addirittura un intero secondo.

MOŻE TO WSZYSTKO

Może to wszystko
dzieje się w laboratorium?
Pod jedną lampą w dzień
i miliardami w nocy?

Może jesteśmy pokolenia próbne?
Przesypywani z naczynia w naczynie,
potrząsani w retortach,
obserwowani czymś więcej niż okiem,
każdy z osobna
brany na koniec w szczypczyki?

Może inaczej:
żadnych interwencji?
Zmiany zachodzą same
zgodnie z planem?
Igła wykresu rysuje pomału
przewidziane zygzaki?

Może jak dotąd nic w nas ciekawego?
Monitory kontrolne włączane są rzadko?
Tylko gdy wojna i to raczej duża,
niektóre wzloty ponad grudkę Ziemi,
czy pokaźne wędrówki z punktu A do B?

Może przeciwnie:
gustują tam wyłącznie w epizodach?
Oto mała dziewczynka na wielkim ekranie
przyszywa sobie guzik do rękawa.

Czujniki pogwizdują,
personel się zbiega.
Ach cóż to za istotka
z bijącym w środku serduszkiem!
Jaka wdzięczna powaga

FORSE TUTTO QUESTO

Forse tutto questo
avviene in un laboratorio?
Sotto una sola lampada di giorno
e miliardi di lampade la notte?

Forse siamo generazioni sperimentali?
Travasati da un recipiente all'altro,
scossi in alambicchi,
osservati non soltanto da occhi,
e infine presi a uno a uno
con le pinzette?

O forse è altrimenti:
nessun intervento?
I cambiamenti avvengono da sé
in conformità al piano?
L'ago del diagramma traccia a poco a poco
gli zigzag previsti?

Forse finora non siamo di grande interesse?
I monitor di controllo sono accesi di rado?
Solo in caso di guerre, meglio se grandi,
di voli al di sopra della nostra zolla di Terra,
o di migrazioni rilevanti tra i punti A e B?

O forse è il contrario:
là piacciono solo le piccole cose?
Ecco: una ragazzina su un grande schermo
si cuce un bottone sulla manica.

I sensori fischiano,
il personale accorre.
Ah, guarda che creaturina
con un cuoricino che le batte dentro!
Quale incantevole serietà

w przewlekaniu nitki!
Ktoś woła w uniesieniu:
Zawiadomić Szefa,
niech przyjdzie i sam popatrzy!

nell'infilare l'ago!
Qualcuno grida rapito:
Avvertite il Capo,
che venga a vedere di persona!

KOMEDYJKI

Jeśli są aniołowie,
nie czytają chyba
naszych powieści
o zawiedzionych nadziejach.

Obawiam się – niestety –
że i naszych wierszy
z pretensjami do świata.

Wrzaski i drgawki
naszych teatralnych sztuk
muszą ich – podejrzewam –
niecierpliwić.

W przerwach od swoich zajęć
anielskich czyli nieludzkich
przypatrują się raczej
naszym komedyjkom
z czasów filmu niemego.

Bardziej od lamentników,
rozdzieraczy szat
i zgrzytaczy zębami
cenią sobie – jak myślę –
tego nieboraka,
co chwyta za perukę tonącego
albo zajada z głodu
własne sznurowadła.

Od pasa w górę gors i aspiracje
a niżej przerażona mysz
w nogawce spodni.
O tak,
to musi ich serdecznie bawić.

COMMEDIOLE

Se esistono gli angeli,
probabilmente non leggono
i nostri romanzi
sulle speranze deluse.

E neppure – temo –
le nostre poesie
risentite con il mondo.

Gli strilli e gli strazi
delle nostre pièce teatrali
devono – sospetto –
spazientirli.

Liberi da occupazioni
angeliche, cioè non umane,
guardano piuttosto
le nostre commediole
dell'epoca del cinema muto.

Ai lamentatori funebri,
a chi si strappa le vesti
e a chi digrigna i denti
preferiscono – suppongo –
quel poveraccio
che afferra per la parrucca uno che annega
o affamato divora
i propri lacci.

Dalla cintola in su le ambizioni e lo sparato,
e sotto, nella gamba dei pantaloni,
un topo impaurito.
Oh, questo sì
deve divertirli parecchio.

Gonitwa w kółko
zamienia się w ucieczkę przed uciekającym.
Światło w tunelu
okazuje się okiem tygrysa.
Sto katastrof
to sto pociesznych koziołków
nad stoma przepaściami.

Jeśli są aniołowie,
powinna – mam nadzieję –
trafiać im do przekonania
ta rozhuśtana na grozie wesołość,
nie wołająca nawet ratunku ratunku,
bo wszystko dzieje się w ciszy.

Ośmielam się przypuszczać,
że klaszczą skrzydłami
a z ich oczu spływają łzy
przynajmniej śmiechu.

L'inseguimento in circolo
si trasforma in una fuga davanti al fuggitivo.
La luce nel tunnel
si rivela l'occhio d'una tigre.
Cento catastrofi
sono cento divertenti capriole
su cento abissi.

Se esistono gli angeli,
dovrebbe convincerli
– spero –
questa allegria sull'altalena dell'orrore,
che non grida neppure aiuto, aiuto,
perché tutto avviene in silenzio.

Oso supporre
che applaudano con le ali
e che dai loro occhi colino lacrime
almeno di riso.

NIC DAROWANE

Nic darowane, wszystko pożyczone.
Tonę w długach po uszy.
Będę zmuszona sobą
zapłacić za siebie,
za życie oddać życie.

Tak to już urządzone,
że serce do zwrotu
i wątroba do zwrotu
i każdy palec z osobna.

Za późno na zerwanie warunków umowy.
Długi będą ściągnięte ze mnie
wraz ze skórą.

Chodzę po świecie
w tłumie innych dłużników.
Na jednych ciąży przymus
spłaty skrzydeł.
Drudzy chcąc nie chcąc
rozliczą się z liści.

Po stronie Winien
wszelka tkanka w nas.
Żadnej rzęski, szypułki
do zachowania na zawsze.

Spis jest dokładny
i na to wygląda,
że mamy zostać z niczym.

Nie mogę sobie przypomnieć
gdzie, kiedy i po co
pozwoliłam otworzyć sobie
ten rachunek.

NULLA È IN REGALO

Nulla è in regalo, tutto è in prestito.
Sono indebitata fino al collo.
Sarò costretta a pagare per me
con me stessa,
a rendere la vita in cambio della vita.

È così che è stabilito,
il cuore va reso
e il fegato va reso
e ogni singolo dito.

È troppo tardi per impugnare il contratto.
Quanto devo
mi sarà tolto con la pelle.

Me ne vado per il mondo
tra una folla di altri debitori.
Su alcuni grava l'obbligo
di pagare le ali.
Altri dovranno, per amore o per forza,
rendere conto delle foglie.

Nella colonna Dare
ogni tessuto che è in noi.
Non un ciglio, non un peduncolo
da conservare per sempre.

L'inventario è preciso,
e a quanto pare
ci toccherà restare con niente.

Non riesco a ricordare
dove, quando e perché
ho permesso che aprissero
questo conto a mio nome.

Protest przeciwko niemu
nazywamy duszą.
I to jest to jedyne,
czego nie ma w spisie.

La protesta contro di esso
la chiamiamo anima.
E questa è l'unica voce
che manca nell'inventario.

WERSJA WYDARZEŃ

Jeżeli pozwolono nam wybierać,
zastanawialiśmy się chyba długo.

Proponowane ciała były niewygodne
i niszczyły się brzydko.

Mierziły nas
sposoby zaspokajania głodu,
odstręczało
bezwolne dziedziczenie cech
i tyrania gruczołów.

Świat, co miał nas otaczać,
był w bezustannym rozpadzie.
Szalały sobie na nim skutki przyczyn.

Z podanych nam do wglądu
poszczególnych losów
odrzuciliśmy większość
ze smutkiem i zgrozą.

Nasuwały się takie na przykład pytania
czy warto rodzić w bólach
martwe dziecko
i po co być żeglarzem,
który nie dopłynie.

Godziliśmy się na śmierć,
ale nie w każdej postaci.
Pociągała nas miłość,
dobrze, ale miłość
dotrzymująca obietnic.

Od służby sztuce
odstraszały nas

UNA VERSIONE DEI FATTI

Se ci fu permesso di scegliere,
dobbiamo avere riflettuto a lungo.

I corpi a noi proposti erano scomodi
e si sciupavano laidamente.

I modi di appagare la fame
ci disgustavano,
l'eredità passiva dei tratti
e la tirannia delle ghiandole
ci ripugnavano.

Il mondo che avrebbe dovuto circondarci
era in continua disgregazione.
Vi impazzavano gli effetti delle cause.

Con tristezza e orrore
respingemmo gran parte
dei destini individuali
a noi dati in visione.

Ci chiedevamo ad esempio
se valga la pena partorire nel dolore
un bambino morto
e a che serva essere un navigante
che non giungerà mai a riva.

Accettavamo la morte,
ma non in ogni forma.
Ci attirava l'amore,
d'accordo, ma un amore
che mantiene le sue promesse.

Ci scoraggiavano
dal metterci al servizio dell'arte

zarówno chwiejność ocen
jak i nietrwałość arcydzieł.

Każdy chciał mieć ojczyznę bez sąsiadów
i przeżyć życie
w przerwie między wojnami.

Nikt z nas nie chciał brać władzy
ani jej podlegać,
nikt nie chciał być ofiarą
własnych i cudzych złudzeń,
nie było ochotników
do tłumów, pochodów
a już tym bardziej do ginących plemion
– bez czego jednak dzieje
nie mogłyby się w żaden sposób toczyć
przez przewidziane wieki.

Tymczasem spora ilość
zaświeconych gwiazd
zgasła już i wystygła.
Była najwyższa pora na decyzję.

Przy wielu zastrzeżeniach
zjawili się nareszcie kandydaci
na niektórych odkrywców i uzdrowicieli,
na kilku filozofów bez rozgłosu,
na paru bezimiennych ogrodników,
sztukmistrzów i muzykantów
– choć z braku innych zgłoszeń
nawet i te żywoty
spełnić by się nie mogły.

Należało raz jeszcze
całą rzecz przemyśleć.

Została nam złożona
oferta podróży,
z której przecież wrócimy
szybko i na pewno.

sia l'instabilità dei giudizi
che la precarietà dei capolavori.

Ciascuno voleva una patria senza vicini
e trascorrere la vita
nell'intervallo tra le guerre.

Nessuno di noi voleva prendere il potere
o sottostare ad esso,
nessuno voleva essere la vittima
delle proprie e delle altrui illusioni,
non c'erano volontari
per folle, cortei
e ancor meno per tribù in estinzione
– senza di che tuttavia la storia
non potrebbe seguire il suo corso
nei secoli previsti.

Nel frattempo un gran numero
di stelle accese
si era già spento e raffreddato.
Era ora di prendere una decisione.

Pur con molte riserve
spuntarono infine candidati
al ruolo di qualche scopritore e guaritore,
di pochi filosofi oscuri,
di un paio di giardinieri anonimi,
prestigiatori e musicanti –
benché in mancanza di altre domande
perfino queste vite
non avrebbero potuto compiersi.

Bisognava ancora una volta
ripensare tutta la faccenda.

Ci era stata fatta
la proposta di un viaggio
da cui dopotutto saremmo ritornati
presto e di sicuro.

Pobyt poza wiecznością,
bądź co bądź jednostajną
i nie znającą upływu
mógł się już nigdy więcej nie powtórzyć.

Opadły nas wątpliwości,
czy wiedząc wszystko z góry
wiemy naprawdę wszystko.

Czy wybór tak przedwczesny
jest jakimkolwiek wyborem
i czy nie lepiej będzie
puścić go w niepamięć,
a jeżeli wybierać
– to wybierać tam.

Spojrzeliśmy na Ziemię.
Żyli już na niej jacyś ryzykanci.
Słaba roślina
czepiała się skały
z lekkomyślną ufnością,
że nie wyrwie jej wiatr.

Niewielkie zwierzę
wygrzebywało się z nory
z dziwnym dla nas wysiłkiem i nadzieją.

Wydaliśmy się sobie zbyt ostrożni,
małostkowi i śmieszni.

Wkrótce zaczęło nas zresztą ubywać.
Najniecierpliwsi gdzieś się nam podziali.
Poszli na pierwszy ogień
– tak, to było jasne.
Rozpalali go właśnie
na stromym brzegu rzeczywistej rzeki.

Kilkoro
wyruszało już nawet z powrotem.
Ale nie w naszą stronę.
I jakby coś pozyskanego? niosąc?

Un soggiorno oltre l'eternità,
comunque monotona
e ignara del passare del tempo,
avrebbe potuto non ripetersi mai più.

Fummo assaliti dai dubbi:
sapendo tutto in anticipo
sappiamo veramente tutto?

Una scelta così prematura
è davvero una scelta?
Non sarà meglio
dimenticarla?
E dovendo scegliere
– allora scegliere laggiù?

Guardammo la Terra.
Ci viveva già qualche temerario.
Una pianta gracile
si aggrappava alla roccia
con l'incosciente fiducia
che il vento non l'avrebbe strappata.

Un piccolo animale
si trascinava fuori dalla tana
con uno sforzo e una speranza per noi strani.

Ci sembrammo troppo prudenti,
meschini e ridicoli.

D'altronde cominciammo presto a diminuire.
I più impazienti sparirono da qualche parte.
Erano andati per primi alla prova del fuoco
– sì, era chiaro.
Lo stavano appunto accendendo
sulla sponda scoscesa d'un fiume reale.

Alcuni
già stavano addirittura tornando.
Ma non nella nostra direzione.
E con qualcosa forse tra le mani?

WIELKIE TO SZCZĘŚCIE

Wielkie to szczęście
nie wiedzieć dokładnie,
na jakim świecie się żyje.

Trzeba by było
istnieć bardzo długo,
stanowczo dłużej
niż istnieje on.

Choćby dla porównania
poznać inne światy.

Unieść się ponad ciało
które niczego tak dobrze nie umie,
jak ograniczać
i stwarzać trudności.

Dla dobra badań,
jasności obrazu
i ostatecznych wniosków
wzbić się ponad czas,
w którym to wszystko pędzi i wiruje.

Z tej perspektywy
żegnajcie na zawsze
szczegóły i epizody.

Liczenie dni tygodnia
musiałoby się wydać
czynnością bez sensu,
wrzucenie listu do skrzynki
wybrykiem głupiej młodości,

napis „Nie deptać trawy"
napisem szalonym.

È UNA GRAN FORTUNA

È una gran fortuna
non sapere esattamente
in che mondo si vive.

Bisognerebbe
esistere molto a lungo,
decisamente più a lungo
del mondo stesso.

Conoscere altri mondi,
non fosse che per un confronto.

Elevarsi al di sopra del corpo
che non sa fare nulla così bene
come limitare
e creare difficoltà.

Nell'interesse della ricerca,
chiarezza della visione
e di conclusioni definitive,
trascendere il tempo
dove ogni cosa corre e turbina.

Da questa prospettiva,
addio per sempre
particolari ed episodi!

Contare i giorni della settimana
dovrebbe sembrare
un'attività priva di senso,
imbucare una lettera
una stupida ragazzata,

la scritta «Non calpestare le aiuole»
una scritta folle.

CHWILA

ATTIMO
(2002)

CHWILA

Idę stokiem pagórka zazielenionego.
Trawa, kwiatuszki w trawie
jak na obrazku dla dzieci.
Niebo zamglone, już błękitniejące.
Widok na inne wzgórza rozlega się w ciszy.

Jakby tutaj nie było żadnych kambrów, sylurów,
skał warczących na siebie,
wypiętrzonych otchłani,
żadnych nocy w płomieniach
i dni w kłębach ciemności.

Jakby nie przesuwały się tędy niziny
w gorączkowych malignach,
lodowatych dreszczach.

Jakby tylko gdzie indziej burzyły się morza
i rozrywały brzegi horyzontów.

Jest dziewiąta trzydzieści czasu lokalnego.
Wszystko na swoim miejscu i w układnej zgodzie.
W dolince potok mały jako potok mały.
Ścieżka w postaci ścieżki od zawsze do zawsze.

Las pod pozorem lasu na wieki wieków i amen,
a w górze ptaki w locie w roli ptaków w locie.

Jak okiem sięgnąć, panuje tu chwila.
Jedna z tych ziemskich chwil
proszonych, żeby trwały.

ATTIMO

Cammino sul pendio d'una collina verde.
Erba, tra l'erba fiori
come in un quadretto per bambini.
Il cielo annebbiato, già tinto d'azzurro.
La vista si distende in silenzio sui colli intorno.

Come se qui mai ci fossero stati cambriano e siluriano,
rocce ringhianti l'una all'altra,
abissi gonfiati,
notti fiammeggianti
e giorni nei turbini dell'oscurità.

Come se di qua non fossero passate pianure
in preda a febbri maligne,
brividi glaciali.

Come se solo altrove fossero ribolliti i mari
e si fossero rotte le sponde degli orizzonti.

Sono le nove e trenta, ora locale.
Tutto è al suo posto e in garbata concordia.
Nella valletta un piccolo torrente in quanto tale.
Un sentiero in forma di sentiero da sempre a sempre.

Un bosco dal sembiante di bosco pei secoli dei
                                        secoli, amen,
e in alto uccelli in volo nel ruolo di uccelli in volo.

Fin dove si stende la vista, qui regna l'attimo.
Uno di quegli attimi terreni
che sono pregati di durare.

W ZATRZĘSIENIU

Jestem kim jestem.
Niepojęty przypadek
jak każdy przypadek.

Inni przodkowie
mogli być przecież moimi,
a już z innego gniazda
wyfrunęłabym,
już spod innego pnia
wypełzła w łusce.

W garderobie natury
jest kostiumów sporo.
Kostium pająka, mewy, myszy polnej.
Każdy od razu pasuje jak ulał
i noszony jest posłusznie
aż do zdarcia.

Ja też nie wybierałam,
ale nie narzekam.
Mogłam być kimś
o wiele mniej osobnym.
Kimś z ławicy, mrowiska, brzęczącego roju,
szarpaną wiatrem cząstką krajobrazu.

Kimś dużo mniej szczęśliwym,
hodowanym na futro,
na świąteczny stół,
czymś, co pływa pod szkiełkiem.

Drzewem uwięzłym w ziemi,
do którego zbliża się pożar.

Źdźbłem tratowanym
przez bieg niepojętych wydarzeń.

NELLA MOLTITUDINE

Sono quella che sono.
Un caso inconcepibile
come ogni caso.

In fondo avrei potuto avere
altri antenati,
e così avrei preso il volo
da un altro nido,
così da sotto un altro tronco
sarei strisciata fuori in squame.

Nel guardaroba della natura
c'è un mucchio di costumi: di
ragno, gabbiano, topo campagnolo.
Ognuno calza subito a pennello
e docilmente è indossato
finché non si consuma.

Anch'io non ho scelto,
ma non mi lamento.
Potevo essere qualcuno
molto meno a parte.
Qualcuno d'un formicaio, banco, sciame ronzante,
una scheggia di paesaggio sbattuta dal vento.

Qualcuno molto meno fortunato,
allevato per farne una pelliccia,
per il pranzo della festa,
qualcosa che nuota sotto un vetrino.

Un albero conficcato nella terra,
a cui si avvicina un incendio.

Un filo d'erba calpestato
dal corso di incomprensibili eventi.

Typem spod ciemnej gwiazdy,
która dla drugich jaśnieje.

A co, gdybym budziła w ludziach strach,
albo tylko odrazę,
albo tylko litość?

Gdybym się urodziła
nie w tym, co trzeba, plemieniu
i zamykały się przede mną drogi?

Los okazał się dla mnie
jak dotąd łaskawy.

Mogła mi nie być dana
pamięć dobrych chwil.

Mogła mi być odjęta
skłonność do porównań.

Mogłam być sobą – ale bez zdziwienia,
a to by oznaczało,
że kimś całkiem innym.

Uno nato sotto una cattiva stella,
buona per altri.

E se nella gente destassi spavento,
o solo avversione,
o solo pietà?

Se al mondo fossi venuta
nella tribù sbagliata
e avessi tutte le strade precluse?

La sorte, finora,
mi è stata benigna.

Poteva non essermi dato
il ricordo dei momenti lieti.

Poteva essermi tolta
l'inclinazione a confrontare.

Potevo essere me stessa – ma senza stupore,
e ciò vorrebbe dire
qualcuno di totalmente diverso.

CHMURY

Z opisywaniem chmur
musiałabym się bardzo śpieszyć –
już po ułamku chwili
przestają być te, zaczynają być inne.

Ich właściwością jest
nie powtarzać się nigdy
w kształtach, odcieniach, pozach i układzie.

Nie obciążone pamięcią o niczym,
unoszą się bez trudu nad faktami.

Jacy tam z nich świadkowie czegokolwiek –
natychmiast rozwiewają się na wszystkie strony.

W porównaniu z chmurami
życie wydaje się ugruntowane,
omalże trwałe i prawie że wieczne.

Przy chmurach
nawet kamień wygląda jak brat,
na którym można polegać,
a one, cóż, dalekie i płoche kuzynki.

Niech sobie ludzie będą, jeśli chcą,
a potem po kolei każde z nich umiera,
im, chmurom nic do tego
wszystkiego
bardzo dziwnego.

Nad całym Twoim życiem
i moim, jeszcze nie całym,
paradują w przepychu, jak paradowały.

Nie mają obowiązku razem z nami ginąć.
Nie muszą być widziane, żeby płynąć.

NUVOLE

Dovrei essere molto veloce
nel descrivere le nuvole –
già dopo una frazione di secondo
non sono più quelle, stanno diventando altre.

La loro caratteristica è
non ripetersi mai
in forme, sfumature, pose e disposizione.

Non gravate dalla memoria di nulla,
si librano senza sforzo sui fatti.

Ma quali testimoni di alcunché –
si disperdono all'istante da tutte le parti.

In confronto alle nuvole
la vita sembra solida,
pressoché duratura e quasi eterna.

Di fronte alle nuvole
perfino un sasso sembra un fratello
su cui si può contare,
loro invece sono solo cugine lontane e volubili.

Gli uomini esistano pure, se vogliono,
e poi uno dopo l'altro muoiano,
loro, le nuvole, non hanno niente a che vedere
con tutta questa faccenda
molto strana.

Al di sopra di tutta la tua vita
e della mia, ancora incompleta,
sfilano fastose così come già sfilavano.

Non devono insieme a noi morire,
né devono essere viste per fluttuare.

NEGATYW

Na niebie burym
chmurka jeszcze bardziej bura
z czarną obwódką słońca.

Na lewo, czyli na prawo,
biała gałąź czereśni z czarnymi kwiatami.

Na twojej ciemnej twarzy jasne cienie.
Zasiadłeś przy stoliku
i położyłeś na nim poszarzałe ręce.

Sprawiasz wrażenie ducha,
który próbuje wywoływać żywych.

(Ponieważ jeszcze zaliczam się do nich,
powinnam mu się zjawić i wystukać:
dobranoc, czyli dzień dobry,
żegnaj, czyli witaj.
I nie skąpić mu pytań na żadną odpowiedź,
jeśli dotyczą życia,
czyli burzy przed ciszą.)

NEGATIVO

In un cielo bigio
una nuvoletta ancora più bigia,
contornata di nero dal sole.

A sinistra, ossia a destra,
un ramo bianco di ciliegio con i fiori neri.

Sul tuo viso scuro ombre chiare.
Ti sei seduto accanto al tavolino
e vi hai posato sopra le mani ingrigite.

Sembri uno spirito
che cerca di evocare i vivi.

(Poiché ancora mi annovero tra loro,
dovrei apparirgli e battere:
buonanotte, ossia buongiorno,
addio, ossia benvenuto,
e non risparmiargli domande ad alcuna risposta,
se riguardano la vita,
ossia la tempesta prima della quiete).

SŁUCHAWKA

Śni mi się, że się budzę,
bo słyszę telefon.

Śni mi się pewność,
że dzwoni do mnie umarły.

Śni mi się, że wyciągam rękę
po słuchawkę.

Tylko że ta słuchawka
nie taka jak była,
stała się ciężka,
jakby do czegoś przywarła,
w coś wrosła,
coś oplotła korzeniami.
Musiałabym ją wyrwać
razem z całą Ziemią.

Śni mi się mocowanie moje
nadaremne.

Śni mi się cisza,
bo zamilknął dzwonek.

Śni mi się, że zasypiam
i budzę się znowu.

IL RICEVITORE

Sogno che mi sveglio
perché sento il telefono.

Sogno la certezza
che mi sta telefonando un morto.

Sogno di allungare la mano
per prendere il ricevitore.

Solo che quel ricevitore
non è lo stesso di prima,
si è fatto pesante,
come se si fosse attaccato a qualcosa,
fosse cresciuto in qualcosa,
avesse avviluppato qualcosa con le radici.
Dovrei strapparlo
con tutta la Terra.

Sogno il mio lottare
vano.

Sogno il silenzio,
perché è cessato lo squillo.

Sogno che mi addormento
e mi sveglio di nuovo.

TRZY SŁOWA NAJDZIWNIEJSZE

Kiedy wymawiam słowo Przyszłość,
pierwsza sylaba odchodzi już do przeszłości.

Kiedy wymawiam słowo Cisza,
niszczę ją.

Kiedy wymawiam słowo Nic,
stwarzam coś, co nie mieści się w żadnym niebycie.

LE TRE PAROLE PIÙ STRANE

Quando pronuncio la parola Futuro,
la prima sillaba già va nel passato.

Quando pronuncio la parola Silenzio,
lo distruggo.

Quando pronuncio la parola Niente,
creo qualche cosa che non entra in alcun nulla.

MILCZENIE ROŚLIN

Jednostronna znajomość między mną a wami
rozwija się nie najgorzej.

Wiem, co listek, co płatek, kłos, szyszka, łodyga,
i co się z wami dzieje w kwietniu, a co w grudniu.

Chociaż moja ciekawość jest bez wzajemności,
nad niektórymi schylam się specjalnie,
a ku niektórym z was zadzieram głowę.

Macie u mnie imiona:
klon, łopian, przylaszczka,
wrzos, jałowiec, jemioła, niezapominajka,
a ja u was żadnego.

Podróż nasza jest wspólna.
W czasie wspólnych podróży rozmawia się przecież,
wymienia się uwagi choćby o pogodzie
albo o stacjach mijanych w rozpędzie.

Nie brakłoby tematów, bo łączy nas wiele.
Ta sama gwiazda trzyma nas w zasięgu.
Rzucamy cienie na tych samych prawach.
Próbujemy coś wiedzieć, każde na swój sposób,
a to, czego nie wiemy, to też podobieństwo.

Objaśnię, jak potrafię, tylko zapytajcie:
co to takiego oglądać oczami,
po co serce mi bije
i czemu moje ciało nie zakorzenione.

Ale jak odpowiadać na niestawiane pytania,
jeśli w dodatku jest się kimś
tak bardzo dla was nikim.

IL SILENZIO DELLE PIANTE

La conoscenza unilaterale tra voi e me
si sviluppa abbastanza bene.

So cosa sono foglia, petalo, spiga, stelo, pigna,
e cosa vi accade in aprile, e cosa in dicembre.

Benché la mia curiosità non sia reciproca,
su alcune di voi mi chino apposta,
e verso altre alzo il capo.

Ho dei nomi da darvi:
acero, bardana, epatica,
erica, ginepro, vischio, nontiscordardimé,
ma voi per me non ne avete nessuno.

Viaggiamo insieme.
E quando si viaggia insieme si conversa,
ci si scambiano osservazioni almeno sul tempo,
o sulle stazioni superate in velocità.

Non mancherebbero argomenti, molto ci unisce.
La stessa stella ci tiene nella sua portata.
Gettiamo ombre basate sulle stesse leggi.
Cerchiamo di sapere qualcosa, ognuno a suo modo,
e ciò che non sappiamo, anch'esso ci accomuna.

Io spiegherò come posso, ma voi chiedete:
che significa guardare con gli occhi,
perché mi batte il cuore
e perché il mio corpo non ha radici.

Ma come rispondere a domande non fatte,
se per giunta si è qualcuno
che per voi è a tal punto nessuno.

Porośla, zagajniki, łąki i szuwary –
wszystko, co do was mówię, to monolog,
i nie wy go słuchacie.

Rozmowa z wami konieczna jest i niemożliwa.
Pilna w życiu pośpiesznym
i odłożona na nigdy.

Cespugli, boschetti, prati e giuncheti –
tutto ciò che vi dico è un monologo
e non siete voi che lo ascoltate.

Parlare con voi è necessario e impossibile.
Urgente in questa vita frettolosa
e rimandato a mai.

PLATON, CZYLI DLACZEGO

Z przyczyn niejasnych,
w okolicznościach nieznanych
Byt Idealny przestał sobie wystarczać.

Mógł przecież trwać i trwać bez końca,
ociosany z ciemności, wykuty z jasności,
w swoich sennych nad światem ogrodach.

Czemu, u licha, zaczął szukać wrażeń
w złym towarzystwie materii?

Na co mu naśladowcy
niewydarzeni, pechowi,
bez widoków na wieczność?

Mądrość kulawa
z cierniem wbitym w piętę?
Harmonia rozrywana
przez wzburzone wody?
Piękno
z niepowabnymi w środku jelitami
i Dobro
– po co z cieniem,
jeśli go wcześniej nie miało?

Musiał być jakiś powód,
choćby i drobny z pozoru,
ale tego nie zdradzi nawet Prawda Naga
zajęta przetrząsaniem
ziemskiej garderoby.

W dodatku ci okropni poeci, Platonie,
roznoszone podmuchem wióry spod posągów,
odpadki wielkiej na wyżynach Ciszy...

PLATONE, OSSIA PERCHÉ

Per motivi non chiari,
in circostanze ignote
l'Essere Ideale smise di bastarsi.

Dopotutto poteva durare all'infinito,
sgrossato dell'oscurità, forgiato dalla chiarezza,
nei suoi giardini di sogno sopra il mondo.

Perché, diamine, si mise a cercare impressioni
in cattiva compagnia della materia?

Che se ne fa di imitatori
mal riusciti, sfortunati,
senza prospettive per l'eternità?

Una saggezza zoppa
con una spina conficcata nel tallone?
Un'armonia fatta a pezzi
da acque agitate?
Il Bello
con dentro budella sgraziate
e il Bene
– perché con un'ombra,
se prima non l'aveva?

Doveva esserci una ragione,
anche se all'apparenza irrilevante,
ma questo non lo svelerà neppure la Nuda Verità
occupata a rovistare
nel guardaroba terreno.

Per non dire di questi orribili poeti, Platone,
trucioli che la brezza sparge da sotto le statue
rifiuti del grande Silenzio sulle vette...

MAŁA DZIEWCZYNKA ŚCIĄGA OBRUS

Od ponad roku jest się na tym świecie,
a na tym świecie nie wszystko zbadane
i wzięte pod kontrolę.

Teraz w próbach są rzeczy,
które same nie mogą się ruszać.

Trzeba im w tym pomagać,
przesuwać, popychać,
brać z miejsca i przenosić.

Nie każde tego chcą, na przykład szafa,
kredens, nieustępliwe ściany, stół.

Ale już obrus na upartym stole
– jeżeli dobrze chwycony za brzegi –
objawia chęć do jazdy.

A na obrusie szklanki, talerzyki,
dzbanuszek z mlekiem, łyżeczki, miseczka
aż trzęsą się z ochoty.

Bardzo ciekawe,
jaki ruch wybiorą,
kiedy się już zachwieją na krawędzi:
wędrówkę po suficie?
lot dokoła lampy?
skok na parapet okna, a stamtąd na drzewo?

Pan Newton nie ma jeszcze nic do tego.
Niech sobie patrzy z nieba i wymachuje rękami.

Ta próba dokonana być musi.
I będzie.

UNA BIMBETTA TIRA LA TOVAGLIA

È da più d'un anno che si è al mondo,
e a questo mondo non tutto è stato studiato
e messo sotto controllo.

Ora sono sotto esame le cose
che non possono muoversi da sole.

Bisogna aiutarle a farlo,
spostare, spingere,
prenderle da dove sono e trasportarle.

Non tutte lo vogliono, ad esempio l'armadio,
la credenza, le inflessibili pareti, il tavolo.

Ma la tovaglia sul tavolo ostinato
– se afferrata bene per gli orli –
manifesta già la volontà di viaggiare.

E sulla tovaglia i bicchieri, i piattini,
la brocchetta con il latte, i cucchiaini, la scodella
addirittura tremano per la voglia.

È interessante,
quale movimento sceglieranno
quando ormai vacilleranno sul bordo:
un viaggio lungo il soffitto?
un volo intorno alla lampada?
un salto sul davanzale e di lì sull'albero?

Il signor Newton non ha ancora nulla a che fare con
questo.
Guardi pure dal cielo e agiti le braccia.

Questo esperimento deve essere fatto.
E lo sarà.

ZE WSPOMNIEŃ

Gawędziliśmy sobie,
zamilkliśmy nagle.
Na taras weszła dziewczyna,
ach, piękna,
zanadto piękna
jak na nasz spokojny tutaj pobyt.

Basia zerknęła w popłochu na męża.
Krystyna odruchowo położyła dłoń
na dłoni Zbyszka.
Ja pomyślałam: zadzwonię do ciebie,
jeszcze na razie – powiem – nie przyjeżdżaj,
zapowiadają właśnie kilkudniowe deszcze.

Tylko Agnieszka, wdowa,
powitała piękną uśmiechem.

UN RICORDO

Stavamo chiacchierando,
siamo ammutoliti d'improvviso.
Sulla terrazza appare una ragazza,
ah, bella,
troppo bella
per il nostro tranquillo soggiorno.

Basia ha sbirciato in preda al panico il marito.
Krystyna ha posato d'istinto la sua mano
su quella di Zbyszek.
Io ho pensato: ti telefonerò,
ti dirò – non venire ancora,
è prevista pioggia per qualche giorno.

Solo Agnieszka, una vedova,
ha accolto la bella con un sorriso.

KAŁUŻA

Dobrze z dzieciństwa pamiętam ten lęk.
Omijałam kałuże,
zwłaszcza te świeże, po deszczu.
Któraś z nich przecież mogła nie mieć dna,
choć wyglądała jak inne.

Stąpnę i nagle zapadnę się cała,
zacznę wzlatywać w dół
i jeszcze głębiej w dół,
w kierunku chmur odbitych
a może i dalej.

Potem kałuża wyschnie,
zamknie się nade mną,
a ja na zawsze zatrzaśnięta – gdzie –
z niedoniesionym na powierzchnię krzykiem.

Dopiero później przyszło zrozumienie:
nie wszystkie złe przygody
mieszczą się w regułach świata
i nawet gdyby chciały,
nie mogą się zdarzyć.

LA POZZANGHERA

Ricordo bene quella paura infantile.
Scansavo le pozzanghere,
specie quelle recenti, dopo la pioggia.
Dopotutto qualcuna poteva non avere fondo,
benché sembrasse come le altre.

Farò un passo e d'improvviso sprofonderò tutta,
comincerò a volare verso il basso
e ancora più in giù verso il basso,
verso le nuvole riflesse
e forse anche oltre.

Poi la pozzanghera si asciugherà,
si chiuderà su di me,
ed eccomi rinchiusa per sempre – dove –
con un grido non arrivato in superficie.

Solo in seguito ho capito:
non tutte le brutte avventure
rientrano nelle regole del mondo
e se anche lo volessero,
non possono accadere.

PIERWSZA MIŁOŚĆ

Mówią,
że pierwsza miłość najważniejsza.
To bardzo romantyczny,
ale nie mój przypadek.

Coś między nami było i nie było,
działo się i podziało.

Nie drżą mi ręce,
kiedy natrafiam na drobne pamiątki
i zwitek listów przewiązanych sznurkiem
– żeby chociaż wstążeczką.

Nasze jedyne spotkanie po latach
to rozmowa dwóch krzeseł
przy zimnym stoliku.

Inne miłości
głęboko do tej pory oddychają we mnie.
Tej brak tchu, żeby westchnąć.

A jednak właśnie taka, jaka jest,
potrafi, czego tamte nie potrafią jeszcze:
niepamiętana,
nie śniąca się nawet,
oswaja mnie ze śmiercią.

IL PRIMO AMORE

Dicono
che il primo amore è il più importante.
Ciò è molto romantico
ma non fa al mio caso.

Qualcosa tra noi c'è stato e non c'è stato,
accadde e si è perduto.

Non mi tremano le mani
quando mi imbatto in piccoli ricordi,
in un rotolo di lettere legate con lo spago
– fosse almeno un nastrino.

Il nostro unico incontro dopo anni:
la conversazione di due sedie
accanto a un freddo tavolino.

Altri amori
ancora respirano profondi dentro me.
A questo manca il fiato anche per sospirare.

Eppure proprio così com'è,
è capace di fare ciò di cui quelli ancora non sono
                                                    capaci:
non ricordato,
neppure sognato,
mi familiarizza con la morte.

TROCHĘ O DUSZY

Duszę się miewa.
Nikt nie ma jej bez przerwy
i na zawsze.

Dzień za dniem,
rok za rokiem
może bez niej minąć.

Czasem tylko w zachwytach
i lękach dzieciństwa
zagnieżdża się na dłużej.
Czasem tylko w zdziwieniu,
że jesteśmy starzy.

Rzadko nam asystuje
podczas zajęć żmudnych,
jak przesuwanie mebli,
dźwiganie walizek
czy przemierzanie drogi w ciasnych butach.

Przy wypełnianiu ankiet
i siekaniu mięsa
z reguły ma wychodne.

Na tysiąc naszych rozmów
uczestniczy w jednej,
a i to niekoniecznie,
bo woli milczenie.

Kiedy ciało zaczyna nas boleć i boleć,
cichcem schodzi z dyżuru.

Jest wybredna:
niechętnie widzi nas w tłumie,
mierzi ją nasza walka o byle przewagę
i terkot interesów.

QUALCHE PAROLA SULL'ANIMA

L'anima la si ha ogni tanto.
Nessuno la ha di continuo
e per sempre.

Giorno dopo giorno,
anno dopo anno
possono passare senza di lei.

A volte
nidifica un po' più a lungo
solo in estasi e paure dell'infanzia.
A volte solo nello stupore
dell'essere vecchi.

Di rado ci dà una mano
in occupazioni faticose,
come spostare mobili,
portare valigie
o percorrere le strade con scarpe strette.

Quando si compilano moduli
e si trita la carne
di regola ha il suo giorno libero.

Su mille nostre conversazioni
partecipa a una,
e anche questo non necessariamente,
poiché preferisce il silenzio.

Quando il corpo comincia a dolerci e dolerci,
smonta di turno alla chetichella.

È schifiltosa:
non le piace vederci nella folla,
il nostro lottare per un vantaggio qualunque
e lo strepito degli affari la disgustano.

Radość i smutek
to nie są dla niej dwa różne uczucia.
Tylko w ich połączeniu
jest przy nas obecna.

Możemy na nią liczyć,
kiedy niczego nie jesteśmy pewni,
a wszystkiego ciekawi.

Z przedmiotów materialnych
lubi zegary z wahadłem
i lustra, które pracują gorliwie,
nawet gdy nikt nie patrzy.

Nie mówi skąd przybywa
i kiedy znowu nam zniknie,
ale wyraźnie czeka na takie pytania.

Wygląda na to,
że tak jak ona nam,
również i my
jesteśmy jej na coś potrzebni.

Gioia e tristezza
non sono per lei due sentimenti diversi.
È presente accanto a noi
solo quando essi sono uniti.

Possiamo contare su di lei
quando non siamo sicuri di niente
e curiosi di tutto.

Tra gli oggetti materiali
le piacciono gli orologi a pendolo
e gli specchi, che lavorano con zelo
anche quando nessuno guarda.

Non dice da dove viene
e quando sparirà di nuovo,
ma aspetta chiaramente simili domande.

Si direbbe che
così come lei a noi,
anche noi
siamo necessari a lei per qualcosa.

WCZESNA GODZINA

Śpię jeszcze,
a tymczasem następują fakty.
Bieleje okno,
szarzeją ciemności,
wydobywa się pokój z niejasnej przestrzeni,
szukają w nim oparcia chwiejne, blade smugi.

Kolejno, bez pośpiechu,
bo to ceremonia,
dnieją płaszczyzny sufitu i ścian,
oddzielają się kształty,
jeden od drugiego,
strona lewa od prawej.

Świtają odległości między przedmiotami,
ćwierkają pierwsze błyski
na szklance, na klamce.
Już się nie tylko zdaje, ale całkiem jest
to, co zostało wczoraj przesunięte,
co spadło na podłogę,
co mieści się w ramach.
Jeszcze tylko szczegóły
nie weszły w pole widzenia.

Ale uwaga, uwaga, uwaga,
dużo wskazuje na to, że powracają kolory
i nawet rzecz najmniejsza odzyska swój własny,
razem z odcieniem cienia.

Zbyt rzadko mnie to dziwi, a powinno.
Budzę się zwykle w roli spóźnionego świadka,
kiedy cud już odbyty,
dzień ustanowiony
i zaranność mistrzowsko zmieniona w poranność.

ORA MATTUTINA

Sto ancora dormendo,
ma nel frattempo accadono fatti.
La finestra sbianca,
le tenebre sfumano nel grigio,
la stanza emerge dallo spazio indistinto,
vi cercano appoggio ombre pallide, vacillanti.

In successione, senza fretta,
poiché è una cerimonia,
spuntano le superfici di soffitto e pareti,
le forme si separano
l'una dall'altra,
il lato sinistro dal destro.

Albeggiano le distanze tra gli oggetti,
i primi bagliori cinguettano
sulla bottiglia, sulla maniglia.
Ora non solo sembra, ma esiste appieno
ciò che ieri è stato spostato,
ciò che è caduto sul pavimento,
ciò che è racchiuso nelle cornici.
Solo i dettagli
ancora non sono entrati nel campo visivo.

Ma attenti, attenti, attenti,
ci sono molti indizi che stanno tornando i colori
e anche la minima cosa riacquista il proprio,
insieme a una sfumatura d'ombra.

Ciò mi stupisce troppo di rado, ma dovrebbe.
Di solito mi sveglio nel ruolo di testimone in ritardo,
quando il miracolo è già avvenuto,
il giorno già costituito
e il mattinale magistralmente mutato in mattutino.

W PARKU

– Ojej – dziwi się chłopczyk –
a kto to ta pani?

– To pomnik Miłosierdzia,
czy czegoś takiego –
odpowiada mama.

– A dlaczego ta pani
taka po...o...o... poobijana?

– Nie wiem, odkąd pamiętam,
zawsze taka była.
Miasto powinno coś z tym w końcu zrobić.
Albo wyrzucić gdzieś, albo odnowić.
No, już już, chodźmy dalej.

NEL PARCO

– Ehi! – si stupisce il ragazzino –
– e chi è questa signora?

– È il monumento alla Misericordia,
o a qualcosa di simile –
gli risponde la mamma.

– Ma perché questa signora
è così ma... ma... ma... malridotta?

– Non lo so, da quando ricordo
è sempre stata così.
Il Comune dovrebbe decidersi a provvedere.
O disfarsene, o restaurarla.
Su, dai, andiamo.

PRZYCZYNEK DO STATYSTYKI

Na stu ludzi

wiedzących wszystko lepiej
– pięćdziesięciu dwóch;

niepewnych każdego kroku
– prawie cała reszta;

gotowych pomóc,
o ile nie potrwa to długo
– aż czterdziestu dziewięciu;

dobrych zawsze,
bo nie potrafią inaczej
– czterech, no może pięciu;

skłonnych do podziwu bez zawiści
– osiemnastu;

żyjących w stałej trwodze
przed kimś albo czymś
– siedemdziesięciu siedmiu;

uzdolnionych do szczęścia
– dwudziestu kilku najwyżej;

niegroźnych pojedynczo,
dziczejących w tłumie
– ponad połowa na pewno;

okrutnych,
kiedy zmuszą ich okoliczności
– tego lepiej nie wiedzieć
nawet w przybliżeniu;

CONTRIBUTO ALLA STATISTICA

Su cento persone:

che ne sanno sempre più degli altri
– cinquantadue;

insicuri a ogni passo
– quasi tutti gli altri;

pronti ad aiutare,
purché la cosa non duri molto
– ben quarantanove;

buoni sempre,
perché non sanno fare altrimenti
– quattro, be', forse cinque;

propensi ad ammirare senza invidia
– diciotto;

viventi con la continua paura
di qualcuno o qualcosa
– settantasette;

dotati per la felicità,
– al massimo poco più di venti;

innocui singolarmente,
che imbarbariscono nella folla
– di sicuro più della metà;

crudeli,
se costretti dalle circostanze
– è meglio non saperlo
neppure approssimativamente;

mądrych po szkodzie
– niewielu więcej
niż mądrych przed szkodą;

niczego nie biorących z życia oprócz rzeczy
– czterdziestu,
chociaż chciałabym się mylić;

skulonych, obolałych
i bez latarki w ciemności
– osiemdziesięciu trzech
prędzej czy później;

godnych współczucia
– dziewięćdziesięciu dziewięciu;

śmiertelnych
– stu na stu.
Liczba, która jak dotąd nie ulega zmianie.

quelli col senno di poi
– non molti di più
di quelli col senno di prima;

che dalla vita prendono solo cose
– quaranta,
anche se vorrei sbagliarmi;

ripiegati, dolenti
e senza torcia nel buio
– ottantatré
prima o poi;

degni di compassione
– novantanove;

mortali
– cento su cento.
Numero al momento invariato.

JACYŚ LUDZIE

Jacyś ludzie w ucieczce przed jakimiś ludźmi.
W jakimś kraju pod słońcem
i niektórymi chmurami.

Zostawiają za sobą jakieś swoje wszystko,
obsiane pola, jakieś kury, psy,
lusterka, w których właśnie przegląda się ogień.

Mają na plecach dzbanki i tobołki,
im bardziej puste, tym z dnia na dzień cięższe.

Odbywa się po cichu czyjeś ustawanie,
a w zgiełku czyjeś komuś chleba wydzieranie
i czyjeś martwym dzieckiem potrząsanie.

Przed nimi jakaś wciąż nie tędy droga,
nie ten, co trzeba most
nad rzeką dziwnie różową.
Dokoła jakieś strzały, raz bliżej, raz dalej,
w górze samolot trochę kołujący.

Przydałaby się jakaś niewidzialność,
jakaś bura kamienność,
a jeszcze lepiej niebyłość
na pewien krótki czas albo i długi.

Coś jeszcze się wydarzy, tylko gdzie i co.
Ktoś wyjdzie im naprzeciw, tylko kiedy, kto,
w ilu postaciach i w jakich zamiarach.
Jeśli będzie miał wybór,
może nie zechce być wrogiem
i pozostawi ich przy jakimś życiu.

GENTE

Gente in fuga davanti ad altra gente.
In un qualche paese sotto il sole
e alcune nuvole.

Si lasciano alle spalle un qualche loro tutto,
campi seminati, delle galline, cani,
specchietti in cui il fuoco ora si sta guardando.

Hanno sulle spalle brocche e fagotti,
quanto più vuoti, tanto più di giorno in giorno pesanti.

C'è chi in silenzio si sta fermando,
e chi nel chiasso a un altro il pane sta rubando
e chi un bambino morto sta scuotendo.

Davanti a loro una qualche via che non è mai quella,
un ponte che non è quello che occorre
sopra un fiume stranamente rosa.
Intorno spari, più vicino, più lontano,
in alto un aereo che fa qualche giro.

Ci vorrebbe dell'invisibilità,
della grigia pietrosità,
e, ancor meglio, dell'inesistenzialità
per un tempo breve oppure lungo.

Qualcosa ancora – ma dove e cosa – accadrà.
Qualcuno gli andrà incontro, ma quando, chi sarà,
in quante forme e con quali intenzioni.
Se potrà scegliere,
forse non vorrà essere nemico
e li lascerà in una qualche vita.

FOTOGRAFIA Z 11 WRZEŚNIA

Skoczyli z płonących pięter w dół –
jeden, dwóch, jeszcze kilku
wyżej, niżej.

Fotografia powstrzymała ich przy życiu,
a teraz przechowuje
nad ziemią ku ziemi.

Każdy to jeszcze całość
z osobistą twarzą
i krwią dobrze ukrytą.

Jest dosyć czasu,
żeby rozwiały się włosy,
a z kieszeni wypadły
klucze, drobne pieniądze.

Są ciągle jeszcze w zasięgu powietrza,
w obrębie miejsc,
które się właśnie otwarły.

Tylko dwie rzeczy mogę dla nich zrobić –
opisać ten lot
i nie dodawać ostatniego zdania.

FOTOGRAFIA DELL'11 SETTEMBRE

Sono saltati giù dai piani in fiamme –
uno, due, ancora qualcuno
sopra, sotto.

La fotografia li ha fissati vivi,
e ora li conserva
sopra la terra verso la terra.

Ognuno è ancora un tutto
con il proprio viso
e il sangue ben nascosto.

C'è abbastanza tempo
perché si scompiglino i capelli
e dalle tasche cadano
gli spiccioli, le chiavi.

Restano ancora nella sfera dell'aria,
nell'ambito di luoghi
che si sono appena aperti.

Solo due cose posso fare per loro –
descrivere quel volo
e non aggiungere l'ultima frase.

BAGAŻ POWROTNY

Kwatera małych grobów na cmentarzu.
My, długo żyjący, mijamy ją chyłkiem,
jak mijają bogacze dzielnicę nędzarzy.

Tu leżą Zosia, Jacek i Dominik,
przedwcześnie odebrani słońcu, księżycowi,
obrotom roku, chmurom.

Niewiele uciułali w bagażu powrotnym.
Strzępki widoków
w liczbie nie za bardzo mnogiej.
Garstkę powietrza z przelatującym motylem.
Łyżeczkę gorzkiej wiedzy o smaku lekarstwa.

Drobne nieposłuszeństwa,
w tym któreś śmiertelne.
Wesołą pogoń za piłką po szosie.
Szczęście ślizgania się po kruchym lodzie.

Ten tam i tamta obok, i ci z brzegu:
zanim zdążyli dorosnąć do klamki,
zepsuć zegarek,
rozbić pierwszą szybę.

Małgorzatka, lat cztery,
z czego dwa na leżąco i patrząco w sufit.

Rafałek: do lat pięciu brakło mu miesiąca,
a Zuzi świąt zimowych
z mgiełką oddechu na mrozie.

Co dopiero powiedzieć o jednym dniu życia,
o minucie, sekundzie:
ciemność i błysk żarówki i znów ciemność?

BAGAGLIO DEL RITORNO

Un settore di piccole tombe al cimitero.
Noi, i longevi, lo oltrepassiamo furtivi,
come i ricchi oltrepassano i quartieri dei poveri.

Qui giacciono Zosia, Jacek e Dominik,
prematuramente sottratti al sole, alla luna,
al mutare delle stagioni, alle nubi.

Non molto hanno messo nel bagaglio del ritorno.
Frammenti di viste
in numero non troppo plurale.
Una manciata d'aria con una farfalla in volo.
Un sorso di amaro sapere sul gusto della medicina.

Piccole disobbedienze,
una delle quali mortale.
L'allegro inseguimento d'una palla per strada.
Pattinare felici sul ghiaccio sottile.

Quello laggiù e quella accanto, e quelli di lato:
prima che riuscissero a crescere fino alla maniglia,
a guastare un orologio,
a fracassare il loro primo vetro.

Małgosia, di anni quattro,
due dei quali distesa a guardare il soffitto.

Rafałek: gli mancava un mese ai cinque anni,
e a Basia le feste di Natale
con la nebbiolina del fiato nel gelo.

Che dire poi di un giorno di vita,
di un minuto, di un secondo:
buio, s'accende una lampadina, di nuovo buio?

KÓSMOS MAKRÓS
CHRÓNOS PARÁDOKSOS
Tylko kamienna greka ma na to wyrazy.

KOSMOS MAKROS
CHRONOS PARADOXOS
Solo il greco sulla pietra ha parole per questo.

BAL

Dopóki nie wiadomo jeszcze nic pewnego,
bo brak sygnałów, które by dobiegły,

dopóki Ziemia wciąż jeszcze nie taka
jak do tej pory bliższe i dalsze planety,

dopóki ani widu ani słychu
o innych trawach zaszczycanych wiatrem,
o innych drzewach ukoronowanych,
innych zwierzętach udowodnionych jak nasze,

dopóki nie ma echa, oprócz tubylczego,
które by potrafiło mówić sylabami,

dopóki żadnych nowin
o lepszych albo gorszych gdzieś mozartach,
platonach czy edisonach,

dopóki nasze zbrodnie
rywalizować mogą tylko między sobą,

dopóki nasza dobroć
na razie do niczyjej jeszcze nie podobna
i wyjątkowa nawet w niedoskonałości,

dopóki nasze głowy pełne złudzeń
uchodzą za jedyne głowy pełne złudzeń,

dopóki tylko z naszych jak dotąd podniebień
wzbijają się wniebogłosy –

czujmy się gośćmi w tutejszej remizie
osobliwymi i wyróżnionymi,
tańczmy do taktu miejscowej kapeli
i niech się nam wydaje,
że to bal nad bale.

IL BALLO

Finché non si sa ancora nulla di certo,
non essendo arrivati segnali,

finché la Terra continua a essere diversa
dai pianeti più vicini e più lontani,

finché non c'è neanche l'ombra
di altre erbe onorate dal vento,
di altri alberi incoronati,
di altri animali dimostrati come i nostri,

finché non c'è eco, tranne quella del posto,
capace di parlare con le sillabe,

finché non si hanno nuove
di mozart migliori o peggiori,
di edison o platoni in qualche luogo,

finché i nostri crimini
possono rivaleggiare soltanto fra loro,

finché la nostra bontà
per adesso non è ancora simile a nessuna,
ed è eccezionale perfino nell'imperfezione,

finché le nostre teste piene di illusioni
passano per le uniche teste piene di illusioni,

finché solo dalle nostre volte palatine
si levano grida agli alti cieli –

sentiamoci ospiti speciali e distinti
nella balera del posto,
balliamo al ritmo dell'orchestrina locale
e ci sembri pure
che sia il ballo dei balli.

613

Nie wiem jak komu –
mnie to zupełnie wystarcza
do szczęścia i do nieszczęścia:

niepozorny zaścianek,
gdzie gwiazdy mówią dobranoc
i mrugają w jego stronę
nieznacząco.

Non so agli altri –
per essere felice e infelice
a me basta e avanza questo:

una dimessa provincia
dove anche le stelle sonnecchiano
e ammiccano nella sua direzione
non significativamente.

NOTATKA

Życie – jedyny sposób,
żeby obrastać liśćmi,
łapać oddech na piasku,
wzlatywać na skrzydłach;

być psem,
albo głaskać go po ciepłej sierści;

odróżniać ból
od wszystkiego, co nim nie jest;

mieścić się w wydarzeniach,
podziewać w widokach,
poszukiwać najmniejszej między omyłkami.

Wyjątkowa okazja,
żeby przez chwilę pamiętać,
o czym się rozmawiało
przy zgaszonej lampie;

i żeby raz przynajmniej
potknąć się o kamień,
zmoknąć na którymś deszczu,
zgubić klucze w trawie;
i wodzić wzrokiem za iskrą na wietrze;

i bez ustanku czegoś ważnego
nie wiedzieć.

UN APPUNTO

La vita – è il solo modo
per coprirsi di foglie,
prendere fiato sulla sabbia,
sollevarsi sulle ali;

essere un cane,
o carezzarlo sul suo pelo caldo;

distinguere il dolore
da tutto ciò che dolore non è;

stare dentro gli eventi,
dileguarsi nelle vedute,
cercare il più piccolo errore.

Un'occasione eccezionale
per ricordare per un attimo
di che si è parlato
a luce spenta;

e almeno per una volta
inciampare in una pietra,
bagnarsi in qualche pioggia,
perdere le chiavi tra l'erba;
e seguire con gli occhi una scintilla nel vento;

e persistere nel non sapere
qualcosa d'importante.

SPIS

Sporządziłam spis pytań,
na które nie doczekam się już odpowiedzi,
bo albo za wcześnie na nie,
albo nie zdołam ich pojąć.

Spis pytań jest długi,
porusza sprawy ważne i mniej ważne,
a że nie chcę was nudzić,
wyjawię tylko niektóre:

Co było rzeczywiste,
a co się ledwie zdawało
na tej widowni
gwiezdnej i podgwiezdnej,
gdzie prócz wejściówki
obowiązuje wyjściówka;

Co z całym światem żywym,
którego nie zdążę
z innym żywym porównać;

O czym będą pisały
nazajutrz gazety;

Kiedy ustaną wojny
i co je zastąpi;

Na czyim teraz palcu
serdeczny pierścionek
skradziony mi – zgubiony;

Gdzie miejsce wolnej woli,
która potrafi być i nie być
równocześnie;

ELENCO

Ho fatto un elenco di domande
a cui ormai non otterrò risposta,
poiché o sono premature,
o non farò in tempo a comprenderle.

L'elenco delle domande è lungo,
tocca questioni più e meno importanti,
e poiché non voglio annoiarvi,
ne rivelerò solo alcune:

Cos'era reale
e cosa sembrava esserlo appena
in questa platea
stellare e substellare,
dove oltre al biglietto d'ingresso
bisogna avere quello d'uscita;

Che ne sarà di tutto il mondo vivo,
che non farò in tempo
a paragonare con un altro mondo vivo;

Di cosa scriveranno
l'indomani i giornali;

Quando cesseranno le guerre
e cosa le sostituirà;

All'anulare di chi
è ora l'anello
rubatomi – perduto;

Dov'è il posto del libero arbitrio,
che riesce a esserci e non esserci
contemporaneamente;

Co z dziesiątkami ludzi –
czy myśmy naprawdę się znali;

Co próbowała mi powiedzieć M.,
kiedy już mówić nie mogła;

Dlaczego rzeczy złe
brałam za dobre
i czego mi potrzeba,
żeby się więcej nie mylić?

Pewne pytania
notowałam chwilę przed zaśnięciem.
Po przebudzeniu
już ich nie mogłam odczytać.

Czasami podejrzewam,
że to szyfr właściwy.
Ale to też pytanie,
które mnie kiedyś opuści.

Che ne sarà di decine di persone –
ci conoscevamo davvero oppure no;

Cosa cercava di dirmi M.,
quando non poteva più parlare;

Perché ho preso per buone
cose cattive
e cosa mi occorre
per non sbagliarmi più?

Certe domande le annotavo
un istante prima di addormentarmi.
Al risveglio
non riuscivo più a decifrarle.

A volte ho il sospetto
che si tratti di un codice vero.
Ma anche questa è una domanda
che mi abbandonerà un giorno.

WSZYSTKO

Wszystko –
słowo bezczelne i nadęte pychą.
Powinno być pisane w cudzysłowie.
Udaje, że niczego nie pomija,
że skupia, obejmuje, zawiera i ma.
A tymczasem jest tylko
strzępkiem zawieruchy.

TUTTO

Tutto –
una parola sfrontata e gonfia di boria.
Andrebbe scritta fra virgolette.
Finge di non tralasciare nulla,
di concentrare, includere, contenere e avere.
E invece è soltanto
un brandello di bufera.

DWUKROPEK

DUE PUNTI
(2005)

NIEOBECNOŚĆ

Niewiele brakowało,
a moja matka mogłaby poślubić
pana Zbigniewa B. ze Zduńskiej Woli.
I gdyby mieli córkę – nie ja bym nią była.
Może z lepszą pamięcią do imion i twarzy,
i każdej usłyszanej tylko raz melodii.
Bez błędu poznającą który ptak jest który.
Ze świetnymi stopniami z fizyki i chemii,
i gorszymi z polskiego,
ale w skrytości pisującą wiersze
od razu dużo ciekawsze od moich.

Niewiele brakowało,
a mój ojciec mógłby w tym samym czasie poślubić
pannę Jadwigę R. z Zakopanego.
I gdyby mieli córkę – nie ja bym nią była.
Może bardziej upartą w stawianiu na swoim.
Bez lęku wskakującą do głębokiej wody.
Skłonną do ulegania emocjom zbiorowym.
Bezustannie widzianą w kilku miejscach na raz,
ale rzadko nad książką, częściej na podwórku,
jak kopie piłkę razem z chłopakami.

Może by obie spotkały się nawet
w tej samej szkole i tej samej klasie.

Ale żadna z nich para,
żadne pokrewieństwo,
a na grupowym zdjęciu daleko od siebie.

Dziewczynki, stańcie tutaj
– wołałby fotograf –
te niższe z przodu, te wyższe za nimi.
I ładnie się uśmiechnąć, kiedy zrobię znak.

ASSENZA

C'è mancato poco
che mia madre sposasse
il signor Zbigniew B. di Zduńska Wola.
E se mai fosse nata una figlia – non sarei stata io.
Forse una dotata di più memoria per volti e nomi,
e melodie udite una volta soltanto.
Infallibile nel riconoscere ogni uccello.
Con voti eccellenti in chimica e fisica,
e più scarsi in polacco,
ma che di nascosto avrebbe scritto poesie
subito molto più interessanti delle mie.

C'è mancato poco
che mio padre intanto sposasse
la signorina Jadwiga R. di Zakopane.
E se mai fosse nata una figlia – non sarei stata io.
Forse una più ostinata nell'averla vinta.
Una che salterebbe senza paura nell'acqua fonda.
Propensa a subire le emozioni della folla.
Vista di continuo in più luoghi insieme,
ma di rado su un libro, molto spesso in cortile
a giocare a pallone con i ragazzini.

Forse si sarebbero perfino incontrate
nella stessa scuola e nella stessa classe.

Ma senza fare coppia,
nessuna parentela,
e nella foto di gruppo ben distanti.

Ragazzine, mettetevi qui
– avrebbe detto il fotografo –
quelle più basse davanti, quelle più alte dietro.
E al mio segnale fate un bel sorriso.

Tylko jeszcze policzcie,
czy jesteście wszystkie?

– Tak, proszę pana, wszystkie.

Ma prima contatevi,
ci siete tutte?

– Sì, signore, tutte.

ABC

Nigdy już się nie dowiem,
co myślał o mnie A.
Czy B. do końca mi nie wybaczyła.
Dlaczego C. udawał, że wszystko w porządku.
Jaki był udział D. w milczeniu E.
Czego F. oczekiwał, jeśli oczekiwał.
Czemu G. udawała, choć dobrze wiedziała.
Co H. miał do ukrycia.
Co I. chciała dodać.
Czy fakt, że byłam obok,
miał jakiekolwiek znaczenie
dla J. dla K. i reszty alfabetu.

ABC

Ormai non saprò più
cosa di me pensasse A.
Se B. fino all'ultimo non mi abbia perdonato.
Perché C. fingesse che fosse tutto a posto.
Che parte avesse D. nel silenzio di E.
Cosa si aspettasse F., sempre che si aspettasse qualcosa.
Perché G. facesse finta, benché sapesse bene.
Cosa avesse da nascondere H.
Cosa volesse aggiungere I.
Se il fatto che io ero lì accanto
avesse un qualunque significato
per J. per K. e il restante alfabeto.

WYPADEK DROGOWY

Jeszcze nie wiedzą,
co pół godziny temu
stało się tam, na szosie.

Na ich zegarkach
pora taka sobie,
popołudniowa, czwartkowa, wrześniowa.

Ktoś odcedza makaron.
Ktoś grabi liście w ogródku.
Dzieci z piskiem biegają dookoła stołu.
Komuś kot z łaski swojej pozwala się głaskać.
Ktoś płacze –
jak to zwykle przed telewizorem,
kiedy niedobry Diego zdradza Juanitę.
Słychać pukanie –
to nic, to sąsiadka z pożyczoną patelnią.
W głębi mieszkania dzwonek telefonu –
na razie tylko w sprawie ogłoszenia.

Gdyby ktoś stanął w oknie
i popatrzył w niebo,
mógłby ujrzeć już chmury
przywiane znad miejsca wypadku.
Wprawdzie porozrywane i porozrzucane,
ale to u nich na porządku dziennym.

INCIDENTE STRADALE

Ancora non sanno
cos'è successo
mezz'ora fa, là sulla strada.

Sui loro orologi
l'ora è quella che è,
pomeridiana, infrasettimanale, autunnale.

Qualcuno scola la pasta.
Qualcuno rastrella foglie nel giardino.
I bambini corrono strillando intorno al tavolo.
Il gatto si degna di farsi carezzare.
Qualcuno piange –
come capita davanti alla TV
quando il perfido Diego tradisce Juanita.
Si sente bussare –
non è niente, la vicina che rende una padella.
Dal fondo dell'appartamento il trillo del telefono –
stavolta solo per quell'annuncio.

Se qualcuno stesse alla finestra
e guardasse il cielo,
potrebbe già scorgere le nuvole
che il vento ha portato dal luogo dell'incidente.
In effetti lacere e sparpagliate,
ma per loro questo è all'ordine del giorno.

NAZAJUTRZ – BEZ NAS

Poranek spodziewany jest chłodny i mglisty.
Od zachodu
zaczną przemieszczać się deszczowe chmury.
Widoczność będzie słaba.
Szosy śliskie.

Stopniowo, w ciągu dnia,
pod wpływem klina wyżowego od północy
możliwe już lokalne przejaśnienia.
Jednak przy wietrze silnym i zmiennym w porywach
mogą wystąpić burze.

W nocy
rozpogodzenie prawie w całym kraju,
tylko na południowym wschodzie
niewykluczone opady.
Temperatura znacznie się obniży,
za to ciśnienie wzrośnie.

Kolejny dzień
zapowiada się słonecznie,
choć tym, co ciągle żyją
przyda się jeszcze parasol.

IL GIORNO DOPO – SENZA DI NOI

La mattinata si preannuncia fredda e nebbiosa.
In arrivo da ovest
nuvole cariche di pioggia.
Prevista scarsa visibilità.
Fondo stradale scivoloso.

Gradualmente, durante la giornata,
per effetto di un carico d'alta pressione da nord
sono possibili schiarite locali.
Tuttavia con vento forte e d'intensità variabile
potranno verificarsi temporali.

Nel corso della notte
rasserenamento su quasi tutto il paese,
solo a sud-est
non sono escluse precipitazioni.
Temperatura in notevole diminuzione,
pressione atmosferica in aumento.

La giornata seguente
si preannuncia soleggiata,
anche se a quelli che sono ancora vivi
continuerà a essere utile l'ombrello.

MORALITET LEŚNY

Wchodzi do lasu,
a właściwie zatraca się w nim.
Zna go na wylot i na ptasi przelot,
odlot wędrowny i przylot ponowny.

Czuje się wolny w uwięzi gałęzi,
w jej cieniach i podcieniach,
zielonych sklepieniach,
w ciszy, co w uszy prószy
i co rusz się kruszy.

Wszystko tu się rymuje
jak w zgadywankach dla dzieci.
Między krzewem a drzewem
jest jak sąsiad trzeci.

Rodzaje, urodzaje widzi, rozpoznaje,
wzajemne potajemne związki, obowiązki,
zagmatwane początki, poplątane wątki,
a w zakątkach wyjątki.

Wie, co tu często gęsto,
co dzielnie, oddzielnie,
co tam w górze ku chmurze,
a w szczelinach szczelnie.

Jakie mrowie w parowie, igliwie, listowie,
czyje skoki, przeskoki, odskoki na boki,
co tu klonem, jesionem, co brzozą, co łozą,
tylko śmierć tutaj gada
pospolitą prozą.

Wie, co tu biegiem, ściegiem,
samym ścieżki brzegiem,
przemknęło i zniknęło,

MORALITÀ BOSCHIVA

S'addentra nel bosco,
o meglio si perde.
Lo conosce da ogni lato e a volo alato,
spiegato migrando, frenato tornando.

Si sente libero all'amo del ramo,
tra le sue ombre e penombre,
le verdi volte ritorte,
nel silenzio che scende avvolgente
e si frange a ogni istante.

Qui tutto è in rima
come l'indovinello per un bambino.
Tra il fusto e l'arbusto
è quasi un terzo vicino.

Conosce, riconosce somiglianze, abbondanze,
legami, dettami correlati, celati,
inizi intricati, indizi ingarbugliati
e nei recessi gli eccessi.

Sa, qui, cos'è fitto e folto,
chi fa per tre e chi da sé,
cosa s'invola verso la nuvola,
o rimane in oscure fessure.

Che folla c'è nella forra, fogliame, fiorame,
e chi, d'un fiato, è saltato, balzato di lato,
qual è il frassino e il faggio, l'elce e la felce,
qui la morte è la sola
usa a parlare in prosa.

Sa cosa qui, di premura,
sfiorando del sentiero l'impuntura,
sbuca, sguscia e scompare,

chociaż arcydzieło,
nieźle nadprzyrodzone i podprzyrodzone.

Wie, gdzie gotyk-niebotyk,
a gdzie barok w kłębach,
że tu czyżyk, tam strzyżyk,
że przy ziębie zięba
i od kiedy na zrębie
dęby stają dęba.

No a potem z powrotem,
polaną dobrze mu znaną,
ale już niepodobną do widzianej rano.

I dopiero wśród ludzi ogarnia go złość,
bo każdy mu jest winny, kto od innych inny.

benché capolavoro non male,
sotto- e soprannaturale.

Sa dov'è il gòtico estatico,
e il barocco enfatico,
che qui c'è il cardellino, là il lucherino,
che accanto al fringuello sta il suo gemello
e da quando, al taglio del bosco,
al tiglio la chioma va in scompiglio.

Poi fa ritorno e cammina
per il prato a lui ben noto,
ma già diverso dalla mattina.

E solo tra la gente lo afferra un'ira sorda
poiché chi è altro dagli altri gli sembra in colpa.

ZDARZENIE

Niebo, ziemia, poranek,
godzina ósma piętnaście.
Spokój i cisza
w pożółkłych trawach sawanny.
W oddali hebanowiec
o liściach zawsze zielonych
i rozłożystych korzeniach.

Wtem jakieś zakłócenie błogiego bezruchu.
Dwie chcące żyć istoty zerwane do biegu.
To antylopa w gwałtownej ucieczce,
a za nią lwica zziajana i głodna.
Szanse ich obu są chwilowo równe.
Pewną nawet przewagę ma uciekająca.
I gdyby nie ten korzeń,
co sterczy spod ziemi,
gdyby nie to potknięcie
jednego z czterech kopytek,
gdyby nie ćwierć sekundy
zachwianego rytmu,
z czego korzysta lwica
jednym długim skokiem –

Na pytanie kto winien,
nic, tylko milczenie.
Niewinne niebo, *circulus coelestis*.
Niewinna *terra nutrix*, ziemia żywicielka.
Niewinny *tempus fugitivum*, czas.
Niewinna antylopa, *gazella dorcas*.
Niewinna lwica, *leo massaicus*.
Niewinny hebanowiec, *diospyros mespiliformis*.
I obserwator z lornetką przy oczach,
w takich, jak ten, przypadkach
homo sapiens innocens.

AVVENIMENTO

Cielo, terra, mattino,
ore otto e quindici.
Quiete e silenzio
tra le erbe ingiallite della savana.
In lontananza una pianta d'ebano
con foglie sempreverdi
e radici estese.

D'un tratto la beata immobilità viene turbata.
Due esseri che vogliono vivere scattati nella corsa.
Un'antilope in fuga impetuosa
e dietro una leonessa ansante e affamata.
Al momento le loro chances sono pari.
La fuggitiva è perfino in vantaggio.
E se non fosse per quella radice
che spunta dal terreno,
e se non fosse per l'inciampare
di uno dei quattro zoccoli,
se non fosse per il ritmo spezzato
d'un quarto di secondo,
di cui approfitta la leonessa
con un lungo balzo –

Alla domanda – di chi la colpa,
nulla, solo silenzio.
Incolpevole il cielo, *circulus coelestis.*
Incolpevole la terra nutrice, *terra nutrix.*
Incolpevole il tempo, *tempus fugitivum.*
Incolpevole l'antilope, *gazella dorcas.*
Incolpevole la leonessa, *leo massaicus.*
Incolpevole l'ebano, *diospyros mespiliformis.*
E l'osservatore che guarda con il binocolo,
in casi come questo,
homo sapiens innocens.

POCIECHA

Darwin.
Podobno dla wytchnienia czytywał powieści.
Ale miał wymagania:
nie mogły kończyć się smutno.
Jeśli trafiał na taką,
z furią ciskał ją w ogień.

Prawda, nieprawda –
ja chętnie w to wierzę.

Przemierzając umysłem tyle obszarów i czasów
naoglądał się tylu wymarłych gatunków,
takich tryumfów silnych nad słabszymi,
tak wielu prób przetrwania,
prędzej czy później daremnych,
że przynajmniej od fikcji
i jej mikroskali
miał prawo oczekiwać happy endu.

A więc koniecznie: promyk spoza chmur,
kochankowie znów razem, rody pogodzone,
wątpliwości rozwiane, wierność nagrodzona,
majątki odzyskane, skarby odkopane,
sąsiedzi żałujący swojej zawziętości,
dobre imię zwrócone, chciwość zawstydzona,
stare panny wydane za zacnych pastorów,
intryganci zesłani na drugą półkulę,
fałszerze dokumentów zrzuceni ze schodów,
uwodziciele dziewic w biegu do ołtarza,
sieroty przygarnięte, wdowy utulone,
pycha upokorzona, rany zagojone,
synowie marnotrawni proszeni do stołu,
kielich goryczy wylany do morza,
chusteczki mokre od łez pojednania,
ogólne śpiewy i muzykowanie,

CONSOLAZIONE

Darwin.
Si dice che per rilassarsi leggesse romanzi.
Ma aveva le sue esigenze:
dovevano essere a lieto fine.
Se gliene capitava uno differente,
lo gettava con furia nel fuoco.

Vero o no che sia –
sono propensa a crederci.

Percorrendo con la mente tanti spazi e tempi
aveva visto così tante specie estinte,
tali trionfi dei forti sui più deboli,
così grandi sforzi di sopravvivenza,
prima o poi inani,
che almeno dalla finzione
e dalla sua microscala
aveva diritto di aspettarsi l'happy end.

E quindi per forza: un raggio che sbuca dalle nuvole,
gli amanti di nuovo insieme, i casati riconciliati,
i dubbi dissipati, la fedeltà premiata,
i beni recuperati, i tesori dissotterrati,
i vicini pentiti del loro accanimento,
la reputazione resa, la cupidigia smascherata,
le vecchie zitelle maritate con pastori dabbene,
gli intriganti deportati nell'altro emisfero,
i falsari di documenti scaraventati dalle scale,
i seduttori di vergini di gran corsa all'altare,
gli orfani accolti in casa, le vedove consolate,
la boria umiliata, le ferite sanate,
il figliol prodigo invitato alla mensa,
il calice dell'amarezza vuotato in mare,
i fazzoletti intrisi di lacrime pacificate,
canto e musica per tutti,

a piesek Fido,
zgubiony już w pierwszym rozdziale,
niech znów biega po domu
i szczeka radośnie.

e il cagnolino Fido,
smarrito già nel primo capitolo,
corra pure di nuovo per la casa
abbaiando gioioso.

STARY PROFESOR

Spytałam go o tamte czasy,
kiedy byliśmy jeszcze tacy młodzi,
naiwni, zapalczywi, głupi, niegotowi.

Trochę z tego zostało, z wyjątkiem młodości
– odpowiedział.

Spytałam go, czy nadal wie na pewno,
co dla ludzkości dobre a co złe.

Najbardziej śmiercionośne złudzenie z możliwych
– odpowiedział.

Spytałam go o przyszłość,
czy ciągle jasno ją widzi.

Zbyt wiele przeczytałem książek historycznych
– odpowiedział.

Spytałam go o zdjęcie,
to w ramkach, na biurku.

Byli, minęli. Brat, kuzyn, bratowa,
żona, córeczka na kolanach żony,
kot na rękach córeczki,
i kwitnąca czereśnia, a nad tą czereśnią
niezidentyfikowany ptaszek latający
– odpowiedział.

Spytałam go, czy bywa czasami szczęśliwy.

Pracuję
– odpowiedział.

Spytałam o przyjaciół, czy jeszcze ich ma.

IL VECCHIO PROFESSORE

Gli ho chiesto di quei tempi,
quando ancora eravamo così giovani,
ingenui, impetuosi, sciocchi, sprovveduti.

È rimasto qualcosa, tranne la giovinezza
– mi ha risposto.

Gli ho chiesto se sa ancora di sicuro
cosa è bene e male per il genere umano.

È la più mortifera di tutte le illusioni
– mi ha risposto.

Gli ho chiesto del futuro,
se ancora lo vede luminoso.

Ho letto troppi libri di storia
– mi ha risposto.

Gli ho chiesto della foto,
quella in cornice sulla scrivania.

Erano, sono stati. Fratello, cugino, cognata,
moglie, figlioletta sulle sue ginocchia,
gatto in braccio alla figlioletta,
e il ciliegio in fiore, e sopra quel ciliegio
un uccello non identificato in volo
– mi ha risposto.

Gli ho chiesto se gli capita di essere felice.

Lavoro
– mi ha risposto.

Gli ho chiesto degli amici, se ne ha ancora.

Kilkoro moich byłych asystentów,
którzy także już mają byłych asystentów,
pani Ludmiła, która rządzi w domu,
ktoś bardzo bliski, ale za granicą,
dwie panie z biblioteki, obie uśmiechnięte,
mały Grześ z naprzeciwka i Marek Aureliusz
– odpowiedział.

Spytałam go o zdrowie i samopoczucie.

Zakazują mi kawy, wódki, papierosów,
noszenia ciężkich wspomnień i przedmiotów.
Muszę udawać, że tego nie słyszę
– odpowiedział.

Spytałam o ogródek i ławkę w ogródku.

Kiedy wieczór pogodny, obserwuję niebo.
Nie mogę się nadziwić,
ile tam punktów widzenia
– odpowiedział.

Alcuni miei ex assistenti,
che ormai hanno anche loro ex assistenti,
la signora Ludmiła, che governa la casa,
qualcuno molto intimo, ma all'estero,
due signore della biblioteca, entrambe sorridenti,
il piccolo Jaś che abita di fronte e Marco Aurelio
– mi ha risposto.

Gli ho chiesto della salute e del suo morale.

Mi vietano caffè, vodka e sigarette,
di portare oggetti e ricordi pesanti.
Devo far finta di non aver sentito
– mi ha risposto.

Gli ho chiesto del giardino e della sua panchina.

Quando la sera è tersa, osservo il cielo.
Non finisco mai di stupirmi,
tanti punti di vista ci sono lassù
– mi ha risposto.

PERSPEKTYWA

Minęli się jak obcy,
bez gestu i słowa,
ona w drodze do sklepu,
on do samochodu.

Może w popłochu
albo roztargnieniu,
albo niepamiętaniu,
że przez krótki czas
kochali się na zawsze.

Nie ma zresztą gwarancji,
że to byli oni.
Może z daleka tak,
a z bliska wcale.

Zobaczyłam ich z okna,
a kto patrzy z góry,
ten najłatwiej się myli.

Ona zniknęła za szklanymi drzwiami,
on siadł za kierownicą
i szybko odjechał.
Czyli nic się nie stało
nawet jeśli stało.

A ja, tylko przez moment
pewna, co widziałam,
próbuję teraz w przygodnym wierszyku
wmawiać Wam, Czytelnikom,
że to było smutne.

PROSPETTIVA

Si sono incrociati come estranei,
senza un gesto o una parola,
lei diretta al negozio,
lui alla sua auto.

Forse smarriti
o distratti
o immemori
di essersi, per un breve attimo,
amati per sempre.

D'altronde nessuna garanzia
che fossero loro.
Sì, forse, da lontano,
ma da vicino nient'affatto.

Li ho visti dalla finestra
e chi guarda dall'alto
sbaglia più facilmente.

Lei è sparita dietro la porta a vetri,
lui si è messo al volante
ed è partito in fretta.
Cioè, come se nulla fosse accaduto,
anche se è accaduto.

E io, solo per un istante
certa di quel che ho visto,
cerco di persuadere Voi, Lettori,
con qualche verso occasionale,
quanto triste è stato.

UPRZEJMOŚĆ NIEWIDOMYCH

Poeta czyta wiersze niewidomym.
Nie przewidywał, że to takie trudne.
Drży mu głos.
Drżą mu ręce.

Czuje, że każde zdanie
wystawione jest tutaj na próbę ciemności.
Będzie musiało radzić sobie samo,
bez świateł i kolorów.

Niebezpieczna przygoda
dla gwiazd w jego wierszach,
zorzy, tęczy, obłoków, neonów, księżyca,
dla ryby do tej pory tak srebrnej pod wodą
i jastrzębia tak cicho, wysoko na niebie.

Czyta – bo już za późno nie czytać –
o chłopcu w kurtce żółtej na łące zielonej,
o dających się zliczyć czerwonych dachach w dolinie,
o ruchliwych numerach na koszulkach graczy
i nagiej nieznajomej w uchylonych drzwiach.

Chciałby przemilczeć – choć to niemożliwe –
tych wszystkich świętych na stropie katedry,
ten pożegnalny gest z okna wagonu,
to szkiełko mikroskopu i promyk w pierścieniu
i ekrany i lustra i album z twarzami.

Ale wielka jest uprzejmość niewidomych,
wielka wyrozumiałość i wspaniałomyślność.
Słuchają, uśmiechają się i klaszczą.

Ktoś z nich nawet podchodzi
z książką otwartą na opak
prosząc o niewidzialny dla siebie autograf.

LA CORTESIA DEI NON VEDENTI

Il poeta legge le poesie ai non vedenti.
Non pensava fosse così difficile.
Gli trema la voce.
Gli tremano le mani.

Sente che ogni frase
è qui messa alla prova dell'oscurità.
Dovrà cavarsela da sola,
senza luci e colori.

Un'avventura rischiosa
per le stelle dei suoi versi,
e l'aurora, l'arcobaleno, le nuvole, i neon, la luna,
per il pesce finora così argenteo sotto il pelo dell'acqua,
e per lo sparviero, così alto e silenzioso nel cielo.

Legge – perché ormai è troppo tardi per non farlo –
del ragazzo con la giubba gialla in un prato verde,
dei tetti rossi, che puoi contare, nella valle,
dei numeri mobili sulle maglie dei giocatori
e della sconosciuta nuda sulla porta schiusa.

Vorrebbe tacere – benché sia impossibile –
di tutti quei santi sulla volta della cattedrale,
di quel gesto d'addio al finestrino del treno,
di quella lente del microscopio e del guizzo di luce
                                                    dell'anello
e degli schermi e specchi e dell'album dei ritratti.

Ma grande è la cortesia dei non vedenti,
grande la comprensione e generosità.
Ascoltano, sorridono e applaudono.

Uno di loro persino si avvicina
con il libro aperto alla rovescia,
chiedendo un autografo che non vedrà.

MONOLOG PSA ZAPLĄTANEGO W DZIEJE

Są psy i psy. Ja byłem psem wybranym.
Miałem dobre papiery i w żyłach krew wilczą.
Mieszkałem na wyżynie, wdychając wonie widoków
na łąki w słońcu, na świerki po deszczu
i grudy ziemi spod śniegu.

Miałem porządny dom i ludzi na usługi.
Byłem żywiony, myty, szczotkowany,
wyprowadzany na piękne spacery.
Jednak z szacunkiem, bez poufałości.
Każdy dobrze pamiętał, czyim jestem psem.

Byle parszywy kundel potrafi mieć pana.
Ale uwaga – wara od porównań.
Mój pan był panem jedynym w swoim rodzaju.
Miał okazałe stado chodzące za nim krok w krok
i zapatrzone w niego z lękliwym podziwem.

Dla mnie były uśmieszki
z kiepsko skrywaną zazdrością.
Bo tylko ja miałem prawo
witać go w lotnych podskokach,
tylko ja żegnać – zębami ciągnąc za spodnie.
Tylko mnie wolno było
z głową na jego kolanach
dostępować głaskania i tarmoszenia za uszy.
Tylko ja mogłem udawać przy nim, że śpię,
a wtedy on się schylał i szeptał coś do mnie.

Na innych gniewał się często i głośno.
Warczał na nich, ujadał
biegał od ściany do ściany.
Myślę, że lubił tylko mnie
i więcej nigdy, nikogo.

MONOLOGO DI UN CANE
COINVOLTO NELLA STORIA

Ci sono cani e cani. Io ero un cane eletto.
Con un buon pedigree e sangue di lupo nelle vene.
Abitavo su un'altura, inalando profumi di vedute
su prati soleggiati, abeti bagnati dalla pioggia
e zolle di terra tra la neve.

Avevo una bella casa e servitù.
Ero nutrito, lavato, spazzolato,
condotto a fare belle passeggiate.
Ma con rispetto, senza confidenze.
Tutti sapevano bene di chi ero.

Ogni bastardo rognoso è capace di avercelo un padrone.
Attenti però – lungi dai paragoni.
Il mio padrone era unico nel suo genere.
Una muta imponente lo seguiva a ogni passo
fissandolo con ammirazione timorosa.

Per me c'erano sorrisetti
di malcelata invidia.
Perché solo io avevo diritto
di accoglierlo con salti veloci,
solo io – di salutarlo tirandogli i calzoni.
Solo a me era permesso,
con la testa sulle sue ginocchia,
accedere a carezze e tirate di orecchie.
Solo io con lui potevo far finta di dormire,
e allora si chinava sussurrandomi qualcosa.

Con gli altri si arrabbiava spesso, ad alta voce.
Ringhiava, latrava contro di loro,
correva da una parete all'altra.
Penso che solo a me volesse bene,
e a nessun altro, mai.

Miałem też obowiązki: czekanie, ufanie.
Bo zjawiał się na krótko i na długo znikał.
Co go zatrzymywało tam, w dolinach, nie wiem.
Odgadywałem jednak, że to pilne sprawy,
co najmniej takie pilne
jak dla mnie walka z kotami
i wszystkim, co się niepotrzebnie rusza.

Jest los i los. Mój raptem się odmienił.
Nastała któraś wiosna,
a jego przy mnie nie było.
Rozpętała się w domu dziwna bieganina.
Skrzynie, walizki, kufry wpychano na samochody.
Koła z piskiem zjeżdżały w dół
i milkły za zakrętem.

Na tarasie płonęły jakieś graty, szmaty,
żółte bluzy, opaski z czarnymi znakami
i dużo, bardzo dużo przedartych kartonów,
z których powypadały chorągiewki.

Snułem się w tym zamęcie
bardziej zdumiony niż zły.
Czułem na sierści niemiłe spojrzenia.
Jakbym był psem bezpańskim,
natrętnym przybłędą,
którego już od schodów przepędza się miotłą.

Ktoś zerwał mi obrożę nabijaną srebrem.
Ktoś kopnął moja miskę od kilku dni pustą.
A potem ktoś ostatni, zanim ruszył w drogę,
wychylił się z szoferki
i strzelił do mnie dwa razy.

Nawet nie umiał trafić, gdzie należy,
bo umierałem jeszcze długo i boleśnie
w brzęku rozzuchwalonych much.
Ja, pies mojego pana.

Avevo anche doveri: aspettare, fidarmi.
Perché compariva per poco e spariva per molto.
Non so cosa lo trattenesse là, nelle valli.
Intuivo però che si trattava di faccende pressanti,
perlomeno pressanti
quanto per me lottare con i gatti
e tutto ciò che si muove inutilmente.

C'è destino e destino. Il mio mutò di colpo.
Giunse una primavera,
e lui non era accanto a me.
In casa si scatenò uno strano andirivieni.
Bauli, valigie, cofani cacciati nelle auto.
Le ruote sgommando scendevano giù in basso
e si zittivano dietro la curva.

Sulla terrazza bruciavano vecchiumi, stracci,
casacche gialle, fasce con emblemi neri
e molti, moltissimi cartoni fatti a pezzi
da cui cadevano fuori bandierine.

Gironzolavo in quel caos
più stupito che irato.
Sentivo sul pelo sguardi sgradevoli.
Quasi io fossi un cane abbandonato,
un randagio molesto
che già dalle scale si scaccia con la scopa.

Uno mi strappò il collare borchiato d'argento.
Uno diede un calcio alla ciotola da giorni vuota.
E poi l'ultimo, prima di partire,
si sporse dalla cabina di guida
e mi sparò due volte.

Neanche capace di colpire nel segno,
così la mia morte fu lenta e dolorosa
nel ronzio di mosche spavalde.
Io, il cane del mio padrone.

WYWIAD Z ATROPOS

Pani Atropos?

Zgadza się, to ja.

Z trzech córek Konieczności
ma Pani w świecie opinię najgorszą.

Gruba przesada, moja ty poetko.
Kloto przędzie nić życia,
ale ta nić jest wątła,
nietrudno ją przeciąć.
Lachezis prętem wyznacza jej długość.
To nie są niewiniątka.

A jednak w rękach Pani są nożyce.

Skoro są to robię z nich użytek.

Widzę, że nawet teraz, kiedy rozmawiamy...

Jestem pracoholiczką, taką mam naturę.

Czy nie czuje się Pani zmęczona, znudzona,
senna przynajmniej nocą? Nie, naprawdę nie?
Bez urlopów, weekendów, świętowania świąt,
czy choćby małych przerw na papierosa?

Byłyby zaległości, a tego nie lubię.

Niepojęta gorliwość.
I znikąd dowodów uznania,
nagród, wyróżnień, pucharów, orderów?
Bodaj dyplomów oprawionych w ramki?

Jak u fryzjera? Dziękuję uprzejmie.

Czy ktoś Pani pomaga, jeśli tak to kto?

INTERVISTA CON ATROPO

La signora Atropo?

Esatto, sono io.

Delle tre figlie della Necessità
Lei è quella con la fama peggiore.

Grossa esagerazione, poetessa mia.
Cloto tesse il filo della vita,
ma quel filo è sottile,
non è difficile tagliarlo.
Lachesi con la pertica ne fissa la lunghezza.
Non sono innocentine.

Però le forbici sono in mano Sua.

Giacché lo sono, ne faccio uso.

Vedo che anche ora, mentre conversiamo...

Sono lavorodipendente, questa è la mia natura.

Non si sente annoiata, stanca,
assonnata quantomeno di notte? No, davvero no?
Senza ferie, weekend, feste comandate
o almeno brevi pause per una sigaretta?

Ci sarebbero arretrati, e questo non mi piace.

Uno zelo inconcepibile.
Senza mai qualche riconoscimento,
premi, menzioni, coppe, medaglie?
Magari diplomi incorniciati?

Come dal barbiere? Molte grazie.

Qualcuno L'aiuta? E se sì, chi?

Niezły paradoks – właśnie wy, śmiertelni.
Dyktatorzy przeróżni, fanatycy liczni.
Choć nie ja ich popędzam.
Sami się garną do dzieła.

Pewnie i wojny muszą Panią cieszyć,
bo duża z nich wyręka.

Cieszyć? Nie znam takiego uczucia.
I nie ja do nich wzywam,
nie ja kieruję ich biegiem.
Ale przyznaję: głównie dzięki nim
mogę być na bieżąco.

Nie szkoda Pani nitek przeciętych zbyt krótko?

Bardziej krótko, mniej krótko –
to tylko dla was różnica.

A gdyby ktoś silniejszy chciał pozbyć się Pani
i spróbował odesłać na emeryturę?

Nie zrozumiałam. Wyrażaj się jaśniej.

Spytam inaczej: ma Pani Zwierzchnika?

... Proszę o jakieś następne pytanie.

Nie mam już innych.

W takim razie żegnam.
A ściślej rzecz ujmując...

Wiem, wiem. Do widzenia.

Un paradosso niente male – appunto voi, mortali.
Svariati dittatori, numerosi fanatici.
Benché non sia io a costringerli.
Per loro conto si danno da fare.

Di sicuro anche le guerre devono rallegrarLa,
in quanto danno un bell'aiuto.

Rallegrarmi? È un sentimento sconosciuto.
Non sono io che invito a farle,
non sono io che ne guido il corso.
Ma lo ammetto: è grazie a loro soprattutto
che posso stare al passo.

Non Le dispiace per i fili tagliati troppo corti?

Più corti, meno corti –
solo per voi fa la differenza.

E se uno più forte volesse sbarazzarsi di Lei
e provasse a mandarLa in pensione?

Non ho capito. Sii più chiara.

Riformulo la domanda: Lei ha un Superiore?

... Passiamo alla domanda successiva.

Non ne ho altre.

In tal caso, addio.
O per essere più esatti...

Lo so, lo so. Arrivederci.

OKROPNY SEN POETY

Wyobraź sobie, co mi się przyśniło.
Z pozoru wszystko zupełnie jak u nas.
Grunt pod stopami, woda, ogień, powietrze,
pion, poziom, trójkąt, koło,
strona lewa i prawa.
Pogody znośne, krajobrazy niezłe
i sporo istot obdarzonych mową.
Jednak ich mowa inna niż na Ziemi.

W zdaniach panuje tryb bezwarunkowy.
Nazwy do rzeczy przylegają ściśle.
Nic dodać, ująć, zmienić i przemieścić.

Czas zawsze taki, jaki na zegarze.
Przeszły i przyszły mają zakres wąski.
Dla wspomnień pojedyncza miniona sekunda,
dla przewidywań druga,
która się właśnie zaczyna.

Słów ile trzeba. Nigdy o jedno za dużo,
a to oznacza, że nie ma poezji
i nie ma filozofii, i nie ma religii.
Tego typu swawole nie wchodzą tam w grę.

Niczego, co by dało się tylko pomyśleć
albo zobaczyć zamkniętymi oczami.

Jeśli szukać, to tego, co wyraźnie obok.
Jeśli pytać, to o to, na co jest odpowiedź.

Bardzo by się zdziwili,
gdyby umieli się dziwić,
że istnieją gdzieś jakieś powody zdziwienia.

Hasło „niepokój", uznane przez nich za sprośne,
nie miałoby odwagi znaleźć się w słowniku.

L'ORRIBILE SOGNO DEL POETA

Immagina un po' cosa ho sognato.
All'apparenza tutto è proprio come da noi.
La terra sotto i piedi, acqua, fuoco, aria,
verticale, orizzontale, triangolo, cerchio,
lato sinistro e destro.
Tempo passabile, paesaggi non male
e parecchie creature dotate di linguaggio.
Però quel linguaggio non è di questa Terra.

Nelle frasi domina l'incondizionale.
I nomi aderiscono strettamente alle cose.
Nulla da aggiungere, togliere, cambiare e spostare.

Il tempo è sempre quello dell'orologio.
Passato e futuro hanno un ambito ristretto.
Per i ricordi, il singolo secondo trascorso,
per le previsioni, un altro secondo
che sta appunto cominciando.

Parole quante è necessario. Mai una di troppo,
e questo vuol dire che non c'è poesia,
né filosofia, e neppure religione.
Là simili trastulli non sono previsti.

Niente che si possa anche solo pensare
o vedere a occhi chiusi.

Se si cerca, è ciò che è già lì accanto.
Se si chiede, è ciò per cui c'è una risposta.

Si stupirebbero molto,
se mai sapessero stupirsi,
che da qualche parte esistono motivi di stupore.

La parola «inquietudine», da loro considerata oscena,
non oserebbe comparire nel vocabolario.

Świat przedstawia się jasno
nawet w głębokiej ciemności.
Udziela się każdemu po dostępnej cenie.
Przed odejściem od kasy nikt nie żąda reszty.

Z uczuć – zadowolenie. I żadnych nawiasów.
Życie z kropką u nogi. I warkot galaktyk.

Przyznaj, że nic gorszego
nie może się zdarzyć poecie.
A potem nic lepszego,
jak prędko się zbudzić.

Il mondo si presenta in modo chiaro
anche nell'oscurità profonda.
Si dà a ciascuno per un prezzo accessibile.
Nessuno esige il resto prima di lasciare la cassa.

Dei sentimenti – la soddisfazione. E nessuna parentesi.
La vita con un punto al piede. E il rombo delle galassie.

Ammetti che nulla di peggio
può capitare al poeta.
E poi nulla di meglio
che svegliarsi in fretta.

LABIRYNT

– a teraz kilka kroków
od ściany do ściany,
tymi schodkami w górę,
czy tamtymi w dół,
a potem trochę w lewo,
jeżeli nie w prawo,
od muru w głębi muru
do siódmego progu,
skądkolwiek, dokądkolwiek
aż do skrzyżowania,
gdzie się zbiegają,
żeby się rozbiegnąć
twoje nadzieje, pomyłki, porażki,
próby, zamiary i nowe nadzieje.

Droga za drogą,
ale bez odwrotu.
Dostępne tylko to,
co masz przed sobą,
a tam, jak na pociechę,
zakręt za zakrętem,
zdumienie za zdumieniem,
za widokiem widok.
Możesz wybierać
gdzie być albo nie być,
przeskoczyć, zboczyć
byle nie przeoczyć.
Więc tędy albo tędy,
chyba że tamtędy,
na wyczucie, przeczucie,
na rozum, na przełaj,
na chybił trafił,
na splątane skróty.
Przez któreś z rzędu rzędy
korytarzy, bram,

LABIRINTO

– e ora qualche passo
da parete a parete,
su per questi gradini
o giù per quelli,
e poi un po' a sinistra,
se non a destra,
dal muro in fondo al muro
fino alla settima soglia,
da ovunque, verso ovunque
fino al crocevia,
dove convergono,
per poi disperdersi
le tue speranze, errori, dolori,
sforzi, propositi e nuove speranze.

Una via dopo l'altra,
ma senza ritorno.
Accessibile soltanto
ciò che sta davanti a te,
e laggiù, a mo' di conforto,
curva dopo curva,
e stupore su stupore,
e veduta su veduta.
Puoi decidere
dove essere o non essere,
saltare, svoltare
pur di non farti sfuggire.
Quindi di qui o di qua,
magari per di lì,
per istinto, intuizione,
per ragione, di sbieco,
alla cieca,
per scorciatoie intricate.
Attraverso infilate di file
di corridoi, di portoni,

prędko, bo w czasie
niewiele masz czasu,
z miejsca na miejsce
do wielu jeszcze otwartych,
gdzie ciemność i rozterka
ale prześwit, zachwyt,
gdzie radość, choć nieradość
nieomal opodal,
a gdzie indziej, gdzieniegdzie,
ówdzie i gdzie bądź
szczęście w nieszczęściu
jak w nawiasie nawias,
i zgoda na to wszystko
i raptem urwisko,
urwisko, ale mostek,
mostek, ale chwiejny,
chwiejny, ale jedyny,
bo drugiego nie ma.

Gdzieś stąd musi być wyjście,
to więcej niż pewne.
Ale nie ty go szukasz,
to ono cię szuka,
to ono od początku
w pogoni za tobą,
a ten labirynt
to nic innego jak tylko,
jak tylko twoja, dopóki się da,
twoja, dopóki twoja,
ucieczka, ucieczka –

in fretta, perché nel tempo
hai poco tempo,
da luogo a luogo
fino a molti ancora aperti,
dove c'è buio e incertezza
ma insieme chiarore, incanto
dove c'è gioia, benché il dolore
sia pressoché lì accanto
e altrove, qua e là,
in un altro luogo e ovunque
felicità nell'infelicità
come parentesi dentro parentesi,
e così sia
e d'improvviso un dirupo,
un dirupo, ma un ponticello,
un ponticello, ma traballante,
traballante, ma solo quello,
perché un altro non c'è.

Deve pur esserci un'uscita,
è più che certo.
Ma non tu la cerchi,
è lei che ti cerca,
è lei fin dall'inizio
che ti insegue,
e il labirinto
altro non è
se non la tua, finché è possibile,
la tua, finché è tua,
fuga, fuga –

NIEUWAGA

Źle sprawowałam się wczoraj w kosmosie.
Przeżyłam całą dobę nie pytając o nic,
nie dziwiąc się niczemu.

Wykonywałam czynności codzienne,
jakby to było wszystko, co powinnam.

Wdech, wydech, krok za krokiem, obowiązki,
ale bez myśli sięgającej dalej
niż wyjście z domu i powrót do domu.

Świat mógł być odbierany jako świat szalony,
a ja brałam go tylko na zwykły użytek.

Żadnych – jak – i dlaczego –
i skąd się taki tu wziął –
i na co mu aż tyle ruchliwych szczegółów.

Byłam jak gwóźdź zbyt płytko wbity w ścianę
albo
(tu porównanie, którego mi brakło).

Jedna za drugą zachodziły zmiany
nawet w ograniczonym polu okamgnienia.

Przy stole młodszym, ręką o dzień młodszą
był chleb wczorajszy inaczej krajany.

Chmury jak nigdy i deszcz był jak nigdy,
bo padał przecież innymi kroplami.

DISATTENZIONE

Ieri mi sono comportata male nel cosmo.
Ho passato tutto il giorno senza fare domande,
senza stupirmi di niente.

Ho svolto attività quotidiane,
come se ciò fosse tutto il dovuto.

Inspirazione, espirazione, un passo dopo l'altro,
                                        incombenze,
ma senza un pensiero che andasse più in là
dell'uscire di casa e del tornarmene a casa.

Il mondo avrebbe potuto essere preso per un mondo
                                              folle,
e io l'ho preso solo per uso ordinario.

Nessun come e perché –
e da dove è saltato fuori uno così –
e a che gli servono tanti dettagli in movimento.

Ero come un chiodo piantato troppo in superficie
                                        nel muro
oppure
(e qui un paragone che mi è mancato).

Uno dopo l'altro avvenivano cambiamenti
perfino nell'ambito ristretto d'un batter d'occhio.

Su un tavolo più giovane, da una mano d'un giorno
                                        più giovane,
il pane di ieri era tagliato diversamente.

Le nuvole erano come non mai e la pioggia era
                                        come non mai,
poiché dopotutto cadeva con gocce diverse.

671

Ziemia się obróciła wokół swojej osi,
ale już w opuszczonej na zawsze przestrzeni.

Trwało to dobre 24 godziny.
1440 minut okazji.
86 400 sekund do wglądu.

Kosmiczny savoir-vivre
choć milczy na nasz temat,
to jednak czegoś od nas się domaga:
trochę uwagi, kilku zdań z Pascala
i zdumionego udziału w tej grze
o regułach nieznanych.

La Terra girava intorno al proprio asse,
ma già in uno spazio lasciato per sempre.

È durato 24 ore buone.
1440 minuti di occasioni.
86.400 secondi in visione.

Il savoir-vivre cosmico,
benché taccia sul nostro conto,
tuttavia esige qualcosa da noi:
un po' di attenzione, qualche frase di Pascal
e una partecipazione stupita a questo gioco
con regole ignote.

GRECKI POSĄG

Z pomocą ludzi i innych żywiołów
nieźle się przy nim napracował czas.
Najpierw pozbawił nosa, później genitaliów,
kolejno palców u rąk i u stóp,
z biegiem lat ramion, jednego po drugim,
uda prawego i uda lewego,
pleców i bioder, głowy i pośladków,
a to, co już odpadło, rozbijał na części,
na gruz, na żwir, na piasek.

Kiedy w ten sposób umiera ktoś żywy,
wypływa dużo krwi za każdym ciosem.

Posągi marmurowe giną jednak biało
i nie zawsze do końca.

Z tego, o którym mowa, zachował się tors
i jest jak wstrzymywany przy wysiłku oddech,
ponieważ musi teraz
przyciągać
do siebie
cały wdzięk i powagę
utraconej reszty.

I to mu się udaje,
to mu się jeszcze udaje,
udaje i olśniewa,
olśniewa i trwa –

Czas także tu zasłużył na pochwalną wzmiankę,
bo ustał w pracy
i coś odłożył na potem.

STATUA GRECA

Con l'aiuto degli uomini e di altri elementi
il tempo si è dato un gran da fare intorno a lei.
Dapprima l'ha privata del naso, poi dei genitali,
quindi delle dita di mani e piedi,
col passar degli anni di un braccio e poi dell'altro,
della coscia destra e di quella sinistra,
di dorso e fianchi, di testa e natiche,
e quei pezzi li riduceva in
calcinacci, ghiaia, sabbia.

Quando muore così qualcuno vivo,
molto sangue sgorga a ogni colpo.

Le statue di marmo tuttavia muoiono in bianco
e non sempre del tutto.

Della statua in questione si è conservato il busto
ed è come un respiro trattenuto nello sforzo,
poiché adesso deve
attirare
a sé
tutta la grazia e la gravità
di quanto si è perduto.

E questo gli riesce,
questo ancora gli riesce,
riesce e affascina,
affascina e dura –

Anche il tempo qui merita una menzione di lode,
poiché ha smesso di lavorare
e ha lasciato qualcosa per dopo.

WŁAŚCIWIE KAŻDY WIERSZ

Właściwie każdy wiersz
mógłby mieć tytuł „Chwila".

Wystarczy jedna fraza
w czasie teraźniejszym,
przeszłym a nawet przyszłym;

wystarczy, że cokolwiek
niesione słowami
zaszeleści, zabłyśnie,
przefrunie, przepłynie,
czy też zachowa
rzekomą niezmienność,
ale z ruchomym cieniem;

wystarczy, że jest mowa
o kimś obok kogoś
albo kimś obok czegoś;

o Ali, co ma kota,
albo już go nie ma;

albo o innych Alach
kotach i nie kotach
z innych elementarzy
kartkowanych przez wiatr;

wystarczy, jeśli w zasięgu spojrzenia
autor umieści tymczasowe góry
i nietrwałe doliny;

jeśli przy tej okazji
napomknie o niebie
tylko z pozoru wiecznym i statecznym;

IN EFFETTI, OGNI POESIA

In effetti ogni poesia
potrebbe intitolarsi «Attimo».

Basta una frase
al presente,
al passato o perfino al futuro:

basta che qualsiasi cosa
portata dalle parole
stormisca, risplenda,
voli nell'aria, guizzi nell'acqua,
o anche conservi
un'apparente immutabilità,
ma con una mutevole ombra;

basta che si parli
di qualcuno accanto a qualcuno
o di qualcuno accanto a qualcosa,

di Pierino che ha il gatto
o che non ce l'ha più;

o di altri Pierini
di gatti e non gatti
di altri sillabari
sfogliati dal vento;

basta che a portata di sguardo
l'autore metta montagne provvisorie
e valli caduche;

che in tal caso
accenni al cielo
solo in apparenza eterno e stabile;

jeśli się zjawi pod piszącą ręką
bodaj jedyna rzecz
nazwana rzeczą czyjąś;

jeśli czarno na białym,
czy choćby w domyśle,
z ważnego albo błahego powodu,
postawione zostaną znaki zapytania,
a w odpowiedzi –
jeżeli dwukropek:

che appaia sotto la mano che scrive
almeno un'unica cosa
chiamata cosa altrui;

che nero su bianco,
o almeno per supposizione
per una ragione importante o futile,
vengano messi punti interrogativi,
e in risposta –
i due punti:

TUTAJ

QUI
(2009)

TUTAJ

Nie wiem jak gdzie,
ale tutaj na Ziemi jest sporo wszystkiego.
Tutaj wytwarza się krzesła i smutki,
nożyczki, skrzypce, czułość, tranzystory,
zapory wodne, żarty, filiżanki.

Może gdzie indziej jest wszystkiego więcej,
tylko z pewnych powodów brak tam malowideł,
kineskopów, pierogów, chusteczek do łez.

Jest tutaj co niemiara miejsc z okolicami.
Niektóre możesz specjalnie polubić,
nazwać je po swojemu
i chronić od złego.

Może gdzie indziej są miejsca podobne,
jednak nikt nie uważa ich za piękne.

Może jak nigdzie, albo mało gdzie,
masz tu osobny tułów,
a z nim potrzebne przybory,
żeby do dzieci cudzych dodać własne.
Poza tym ręce, nogi i zdumioną głowę.

Niewiedza tutaj jest zapracowana,
ciągle coś liczy, porównuje, mierzy,
wyciąga z tego wnioski i pierwiastki.

Wiem, wiem, co myślisz.
Nic tutaj trwałego,
bo od zawsze na zawsze we władzy żywiołów.
Ale zauważ – żywioły męczą się łatwo
i muszą czasem długo odpoczywać
do następnego razu.

QUI

Non so altrove,
ma qui sulla Terra c'è abbondanza di tutto.
Qui si producono sedie e afflizioni,
forbicine, violini, tenerezza, transistor,
dighe, scherzi, tazzine.

Forse altrove di tutto ce n'è di più,
solo per certe ragioni là mancano dipinti,
cinescopi, ravioli, fazzolettini per il pianto.

Qui ci sono luoghi con dintorni in quantità.
Ad alcuni puoi essere molto attaccato,
chiamarli a tuo modo
e preservarli dal male.

Forse ci sono luoghi simili altrove,
ma nessuno li considera belli.

Forse come in nessun posto, o in pochi,
qui trovi un torso a sé stante,
e insieme a lui gli accessori che servono
per aggiungere bambini propri agli altrui.
E poi le mani, le gambe e una testa stupita.

L'ignoranza qui ha molto lavoro,
conta, confronta, misura di continuo qualcosa,
ne trae conclusioni, ne estrae le radici.

So bene cosa pensi.
Qui non c'è nulla che dura,
perché da sempre e per sempre in balìa degli elementi.
Bada però – gli elementi si stancano in fretta
e ogni tanto devono riposare a lungo
fino alla volta successiva.

I wiem, co myślisz jeszcze.
Wojny, wojny, wojny.
Jednak i między nimi zdarzają się przerwy.
Baczność – ludzie są źli.
Spocznij – ludzie są dobrzy.
Na baczność produkuje się pustkowia.
Na spocznij w pocie czoła buduje się domy
i prędko się w nich mieszka.

Życie na ziemi wypada dość tanio.
Za sny na przykład nie płacisz tu grosza.
Za złudzenia – dopiero kiedy utracone.
Za posiadanie ciała – tylko ciałem.

I jakby tego było jeszcze mało,
kręcisz się bez biletu w karuzeli planet,
a razem z nią, na gapę, w zamieci galaktyk,
przez czasy tak zawrotne,
że nic tutaj na Ziemi nawet drgnąć nie zdąży.

No bo przyjrzyj się dobrze:
stół stoi, gdzie stał,
na stole kartka, tak jak położona,
przez uchylone okno podmuch tylko powietrza,
a w ścianach żadnych przeraźliwych szczelin,
którymi by donikąd cię wywiało.

E so cos'altro pensi.
Guerre, guerre, guerre.
Però anche fra loro capitano intervalli.
Attenti! – gli uomini sono cattivi.
Riposo! – gli uomini sono buoni.
Sull'attenti si producono luoghi deserti.
A riposo col sudore della fronte
si costruiscono case e ci si vive alla svelta.

La vita sulla Terra costa abbastanza poco.
Per i sogni ad esempio qui non paghi un soldo.
Per le illusioni – solo se perdute.
Per il possesso del corpo – solo con il corpo.

E come se ciò non bastasse,
si va senza biglietto sulla giostra dei pianeti,
girando a sbafo, nella tormenta di galassie,
in tempi così vertiginosi
che niente qui sulla Terra potrebbe fare un passo.

Su, su, osserva bene:
il tavolo sta dove stava,
sul tavolo il foglio, come è stato messo,
dalla finestra socchiusa solo una folata d'aria
e neanche una crepa paurosa sui muri,
per la quale ti si soffi via – da nessuna parte.

MYŚLI NAWIEDZAJĄCE MNIE NA
RUCHLIWYCH ULICACH

Twarze.
Miliardy twarzy na powierzchni świata.
Podobno każda inna
od tych, co były i będą.
Ale Natura – bo kto ją tam wie –
może zmęczona bezustanną pracą
powtarza swoje dawniejsze pomysły
i nakłada nam twarze
kiedyś już noszone.

Może cię mija Archimedes w dżinsach,
caryca Katarzyna w ciuchu z wyprzedaży,
któryś faraon z teczką, w okularach.

Wdowa po bosym szewcu
z malutkiej jeszcze Warszawy,
mistrz z groty Altamiry
z wnuczkami do ZOO,
kudłaty Wandal w drodze do muzeum
pozachwycać się trochę.

Jacyś polegli dwieście wieków temu,
pięć wieków temu
i pół wieku temu.

Ktoś przewożony tędy złoconą karetą,
ktoś wagonem zagłady,

Montezuma, Konfucjusz, Nabuchodonozor,
ich piastunki, ich praczki i Semiramida,
rozmawiająca tylko po angielsku.

Miliardy twarzy na powierzchni świata.
Twarz twoja, moja, czyja –
nigdy się nie dowiesz.

PENSIERI CHE MI ASSALGONO
NELLE VIE ANIMATE

Volti.
Miliardi di volti sulla faccia della terra.
Ciascuno diverso, sembra,
da quelli che furono e saranno.
Ma la Natura – e chi mai la conosce –
forse stanca per l'incessante lavoro
ripete le sue trovate precedenti
e ci mette volti
già adoperati un tempo.

Forse ti viene incontro
Archimede in jeans,
Caterina II con uno straccetto dei saldi,
un faraone con cartella e occhiali.

La vedova d'un calzolaio con le scarpe rotte
di una Varsavia ancora piccina,
il maestro della grotta d'Altamira
che porta i nipoti allo ZOO,
un vandalo irsuto diretto al museo
per estasiarsi un po'.

Caduti di duecento secoli fa,
di cinque secoli fa
e di mezzo secolo fa.

Qualcuno trasportato di qua in un cocchio d'oro,
qualcuno in un vagone dei campi di sterminio.

Montezuma, Confucio, Nabucodonosor,
le loro tate, le loro lavandaie e Semiramide
che conversa soltanto in inglese.

Miliardi di volti sulla faccia della terra.
Il tuo volto, il mio, di chi –
non lo saprai mai.

Może Natura oszukiwać musi,
i żeby zdążyć, i żeby nastarczyć
zaczyna łowić to, co zatopione
w zwierciadle niepamięci.

La Natura, forse, deve ingannare,
e per riuscirci, e per provvedere,
comincia a pescare ciò che è affondato
nello specchio dell'oblio.

POMYSŁ

Przyszedł mi pewien pomysł
na wierszyk? na wiersz?
To dobrze – mówię – zostań, pogadamy.
Musisz mi więcej o sobie powiedzieć.
  Na co on szeptem kilka słów na ucho.
Ach, o to chodzi – mówię – to ciekawe.
Od dawna już te sprawy leżą mi na sercu.
Ale żeby wiersz o nich? Nie, na pewno nie.
  Na co on szeptem kilka słów na ucho.
Tak ci się tylko zdaje – odpowiadam –
przeceniasz moje siły i zdolności.
Nawet bym nie wiedziała, od czego mam zacząć.
  Na co on szeptem kilka słów na ucho.
Mylisz się – mówię – wiersz zwięzły i krótki
o wiele trudniej napisać niż długi.
Nie męcz mnie, nie nalegaj, bo to się nie uda.
  Na co on szeptem kilka słów na ucho.
Niech ci będzie, spróbuję, skoro się upierasz.
Ale z góry uprzedzam, co z tego wyniknie.
Napiszę, przedrę i wrzucę do kosza.
  Na co on szeptem kilka słów na ucho.
Masz rację – mówię – są przecież inni poeci.
Niektórzy zrobią to lepiej ode mnie.
Mogę ci podać nazwiska, adresy.
  Na co on szeptem kilka słów na ucho.
Tak, naturalnie, będę im zazdrościć.
My sobie zazdrościmy nawet wierszy słabych.
A ten chyba powinien... chyba musi mieć...
  Na co on szeptem kilka słów na ucho.
No właśnie, mieć te cechy, które wyliczyłeś.
Więc lepiej zmieńmy temat.
Napijesz się kawy?

UN'IDEA

Mi è venuta un'idea
per una poesiola? Per una poesia?
Bene – le dico – resta, ne parliamo.
Devi dirmi di più su di te.
        Al che lei mi sussurra qualcosa all'orecchio.
Ah, si tratta di questo – dico – interessante.
Già da tanto mi stanno a cuore queste cose.
Ma al punto di scriverci una poesia? No, no di certo.
        Al che lei mi sussurra qualcosa all'orecchio.
È solo una tua impressione – rispondo –
sopravvaluti le mie forze e capacità.
Non saprei neanche da dove cominciare.
        Al che lei mi sussurra qualcosa all'orecchio.
Ti sbagli – le dico – scrivere una poesia concisa e breve
è molto più difficile che scriverne una lunga.
Non tormentarmi, non insistere, è inutile.
        Al che lei mi sussurra qualcosa all'orecchio.
E va bene, ci proverò, visto che insisti.
Ma già ti dico con quale risultato.
La scriverò, strapperò e butterò nel cestino.
        Al che lei mi sussurra qualcosa all'orecchio.
Hai ragione – le dico – ci sono pur altri poeti.
Alcuni lo faranno meglio ancora.
Posso darti nomi e indirizzi.
        Al che lei mi sussurra qualcosa all'orecchio.
Sì, certo che li invidierò.
Noi ci invidiamo anche poesie mediocri.
Ma questa magari dovrebbe... deve avere...
        Al che lei mi sussurra qualcosa all'orecchio.
Appunto, le caratteristiche da te elencate.
Perciò è meglio cambiare argomento.
Ti andrebbe un caffè?

Na co on westchnął tylko.

I zaczął znikać.

I zniknął.

Al che lei fece soltanto un sospiro.

E cominciò a svanire.

E svanì.

KILKUNASTOLETNIA

Ja – kilkunastoletnia?
Gdyby nagle, tu, teraz, stanęła przede mną,
czy miałabym ją witać jak osobę bliską,
chociaż jest dla mnie obca i daleka?

Uronić łezkę, pocałować w czółko
z tej wyłącznie przyczyny,
że mamy jednakową datę urodzenia?

Tyle niepodobieństwa między nami,
że chyba tylko kości są te same,
sklepienie czaszki, oczodoły.

Bo już jej oczy jakby trochę większe,
rzęsy dłuższe, wzrost wyższy
i całe ciało obleczone ściśle
skórą gładką, bez skazy.

Łączą nas wprawdzie krewni i znajomi,
ale w jej świecie prawie wszyscy żyją,
a w moim prawie nikt
z tego wspólnego kręgu.

Tak mocno się różnimy,
tak całkiem o czym innym myślimy, mówimy.
Ona wie mało –
za to z uporem godnym lepszej sprawy.
Ja wiem o wiele więcej –
za to nie na pewno.

Pokazuje mi wiersze,
pisane pismem starannym, wyraźnym,
jakim ja nie piszę już od lat.

Czytam te wiersze, czytam.

UN'ADOLESCENTE

Io – un'adolescente?
Se qui, ora, d'improvviso, mi comparisse davanti,
dovrei forse salutarla come una persona cara,
benché mi sia estranea e lontana?

Versare una lacrimuccia, baciarla sulla fronte
per la sola ragione
che la data di nascita è la stessa?

Siamo così dissimili,
che forse solo le ossa sono uguali,
la calotta cranica, le orbite oculari.

Perché già i suoi occhi sembrano un po' più grandi,
le ciglia più lunghe, la statura più alta
e tutto il corpo è fasciato
da una pelle liscia, senza un'imperfezione.

In verità ci legano parenti e conoscenti,
ma nel suo mondo, di questa cerchia,
vivi lo sono quasi tutti,
mentre nel mio quasi nessuno.

Siamo così diverse,
così diversi i nostri pensieri e le parole.
Lei sa poco –
ma con caparbietà degna di miglior causa.
Io so molto di più –
ma non in modo certo.

Mi mostra qualche poesia,
scritta con una grafia nitida, accurata,
come ormai non scrivo più da anni.

Leggo quelle poesie, le leggo.

No może ten jeden,
gdyby go skrócić
i w paru miejscach poprawić.
Reszta niczego dobrego nie wróży.

Rozmowa się nie klei.
Na jej biednym zegarku
czas chwiejny jeszcze i tani.
Na moim dużo droższy i dokładny.

Na pożegnanie nic, zdawkowy uśmiech
i żadnego wzruszenia.

Dopiero kiedy znika
i zostawia w pośpiechu swój szalik.

Szalik z prawdziwej wełny,
w kolorowe paski
przez naszą matkę
zrobiony dla niej szydełkiem.

Przechowuję go jeszcze.

Be', forse quest'unica,
se solo si accorciasse
e correggesse qua e là.
Il resto non promette nulla di buono.

La conversazione langue.
Sul suo modesto orologio
il tempo è ancora instabile e costa poco.
Sul mio è molto più caro ed esatto.

Per commiato nulla, un sorriso abbozzato
e nessuna commozione.

Solo quando sparisce
e nella fretta dimentica la sciarpa.

Una sciarpa di pura lana,
a righe colorate,
che nostra madre
ha fatto per lei all'uncinetto.

La conservo ancora.

TRUDNE ŻYCIE Z PAMIĘCIĄ

Jestem złą publicznością dla swojej pamięci.
Chce, żebym bezustannie słuchała jej głosu,
a ja się wiercę, chrząkam,
słucham i nie słucham,
wychodzę, wracam i znowu wychodzę.

Chce mi bez reszty zająć uwagę i czas.
Kiedy śpię, przychodzi jej to łatwo.
W dzień bywa różnie, i ma o to żal.

Podsuwa mi gorliwie dawne listy, zdjęcia,
porusza wydarzenia ważne i nieważne,
przywraca wzrok na prześlepione widoki,
zaludnia je moimi umarłymi.

W jej opowieściach jestem zawsze młodsza.
To miłe, tylko po co bez przerwy ten wątek.
Każde lustro ma dla mnie inne wiadomości.

Gniewa się, kiedy wzruszam ramionami.
Mściwie wtedy wywleka wszystkie moje błędy,
ciężkie, a potem lekko zapomniane.
Patrzy mi w oczy, czeka co ja na to.
W końcu pociesza, że mogło być gorzej.

Chce, żebym żyła już tylko dla niej i z nią.
Najlepiej w ciemnym, zamkniętym pokoju,
a u mnie ciągle w planach słońce teraźniejsze,
obłoki aktualne, drogi na bieżąco.

Czasami mam jej towarzystwa dosyć.
Proponuję rozstanie. Od dzisiaj na zawsze.
Wówczas uśmiecha się z politowaniem,
bo wie, że byłby to wyrok i na mnie.

LA VITA DIFFICILE CON LA MEMORIA

Sono un cattivo pubblico per la mia memoria.
Vuole che ascolti di continuo la sua voce,
ma io mi agito, tossicchio,
ascolto e non ascolto,
esco, torno ed esco di nuovo.

Vuole tutta la mia attenzione e il tempo.
Quando dormo, la cosa le riesce facilmente.
Di giorno ci sono alti e bassi, e le dispiace.

Mi propone con zelo vecchie lettere, foto,
tocca fatti più e meno importanti,
mi rende paesaggi sfuggiti alla mia vista,
li popola con i miei morti.

Nei suoi racconti sono sempre più giovane.
È carino, ma a che pro questo ritornello.
Ogni specchio ha per me notizie differenti.

Si arrabbia quando scrollo le spalle.
Allora si vendica e sbandiera tutti i miei errori,
pesanti, e poi dimenticati facilmente.
Mi fissa negli occhi, aspetta una reazione.
Mi consola alla fine, poteva andar peggio.

Vuole che viva solo per lei e con lei.
Meglio se in una stanza buia, chiusa,
ma qui nei miei piani c'è sempre il sole presente,
le nuvole di oggi, le vie giorno per giorno.

A volte ne ho abbastanza della sua compagnia.
Propongo di separaci. Da oggi e per sempre.
Allora compassionevole sorride,
sa che anche per me sarebbe una condanna.

MIKROKOSMOS

Kiedy zaczęto patrzeć przez mikroskop,
powiało grozą i do dzisiaj wieje.
Życie było dotychczas wystarczająco szalone
w swoich rozmiarach i kształtach.
Wytwarzało więc także istoty maleńkie,
jakieś muszki, robaczki,
ale przynajmniej gołym ludzkim okiem
dające się zobaczyć.

A tu nagle, pod szkiełkiem,
inne aż do przesady
i tak już znikome,
że to co sobą zajmują w przestrzeni,
tylko przez litość można nazwać miejscem.

Szkiełko ich nawet wcale nie uciska,
bez przeszkód dwoją się pod nim i troją
na pełnym luzie i na chybił trafił.

Powiedzieć, że ich dużo – to mało powiedzieć.
Im silniejszy mikroskop,
tym pilniej i dokładniej wielokrotne.

Nie mają nawet porządnych wnętrzności.
Nie wiedzą, co to płeć, dzieciństwo, starość.
Może nawet nie wiedzą czy są – czy ich nie ma.
A jednak decydują o naszym życiu i śmierci.

Niektóre zastygają w chwilowym bezruchu,
choć nie wiadomo, czym dla nich jest chwila.
Skoro są takie drobne,
to może i trwanie
jest dla nich odpowiednio rozdrobnione.

MICROCOSMO

Quando si cominciò a usare il microscopio,
il terrore si fece sentire e continua ancora.
La vita prima era abbastanza folle
nelle sue forme e dimensioni.
Produceva dunque anche esseri piccini,
moscerini, vermetti,
ma almeno li si vedeva
a occhio nudo.

Ed ecco, all'improvviso, sotto il vetrino,
diversi fino all'esagerazione
e già così esigui
che quanto occupano con se stessi nello spazio
solo per pietà si può chiamare posto.

Il vetrino non li comprime affatto,
senza ostacoli si duplicano e triplicano sotto
in completa scioltezza e alla rinfusa.

Dire che ce n'è molti – è dire poco,
quanto più potente è il microscopio,
tanto più con zelo e precisione sono multipli.

Non hanno neanche visceri decenti.
Non sanno cosa siano sesso, infanzia, vecchiaia.
Forse non sanno neanche se esistono – o no.
Eppure decidono della nostra vita e morte.

Alcuni si irrigidiscono nell'immobilità d'un attimo,
benché non si sappia cosa sia per loro l'attimo.
Essendo così minuti
forse anche il durare per loro
è adeguatamente sminuzzato.

Pyłek znoszony wiatrem to przy nich meteor
z głębokiego kosmosu,
a odcisk palca – rozległy labirynt,
gdzie mogą się gromadzić
na swoje głuche parady,
swoje ślepe iliady i upaniszady.

Od dawna chciałam już o nich napisać,
ale to trudny temat,
wciąż odkładany na potem
i chyba godny lepszego poety,
jeszcze bardziej ode mnie zdumionego światem.
Ale czas nagli. Piszę.

Un granello portato dal vento al confronto è
una meteora che viene dagli abissi del cosmo,
e l'impronta digitale – un vasto labirinto
dove potersi radunare
per le loro sorde parate,
le loro cieche iliadi e upaniṣad.

È già tanto che volevo scriverne,
ma l'argomento è difficile,
rinviato a dopo di continuo
e, credo, degno d'un miglior poeta,
più di me stupito del mondo.
Ma il tempo incalza. Scrivo.

OTWORNICE

No cóż, na przykład takie otwornice.
Żyły tutaj, bo były, a były, bo żyły.
Jak mogły, skoro mogły i jak potrafiły.
W liczbie mnogiej, bo mnogiej,
choć każda z osobna,
we własnej, bo we własnej
wapiennej skorupce.
Warstwami, bo warstwami
czas je potem streszczał,
nie wdając się w szczegóły,
bo w szczegółach litość.
I oto mam przed sobą
dwa widoki w jednym:
żałosne cmentarzysko
wiecznych odpoczywań
czyli
zachwycające, wyłonione z morza,
lazurowego morza białe skały,
skały, które tu są, ponieważ są.

FORAMINE

Be', metti, per esempio, le foramine.
Vivevano qui, perché c'erano, e viceversa.
Come potevano, visto che potevano e in che modo.
Al plurale, perché al plurale,
anche se ciascuna separatamente,
nel proprio, perché nel proprio
guscio di calcare.
A strati, poiché a strati,
il tempo poi le riassumeva,
senza entrare nei dettagli,
perché nei dettagli c'è pietà.
Ed ecco davanti a me
due viste in una:
necropoli penosa
degli eterni riposi,
ossia
incantevoli rocce bianche, emerse dal mare,
dal mare azzurro,
rocce, che sono qui, poiché ci sono.

PRZED PODRÓŻĄ

Mówi się o niej: przestrzeń.
Łatwo określać ją tym jednym słowem,
dużo trudniej wieloma.

Pusta i pełna zarazem wszystkiego?
Szczelnie zamknięta, mimo że otwarta,
skoro nic
wymknąć się z niej nie może?
Rozdęta do bezkresu?
Bo jeśli ma kres,
z czym, u licha, graniczy?

No dobrze, dobrze. Ale teraz zaśnij.
Jest noc, a jutro masz pilniejsze sprawy,
w sam raz na twoją określoną miarę:
dotykanie przedmiotów położonych blisko,
rzucanie spojrzeń na zamierzoną odległość,
słuchanie głosów dostępnych dla ucha.

No i jeszcze ta podróż z punktu A do B.
Start 12:40 czasu miejscowego,
i przelot nad kłębkami tutejszych obłoków
pasemkiem nieba nikłym,
nieskończenie którymś.

PRIMA DEL VIAGGIO

Di lui si dice: spazio.
È facile definirlo con questa sola parola,
assai più difficile con molte.

Al tempo stesso vuoto e pieno di ogni cosa?
Chiuso ermeticamente, benché aperto,
dato che nulla
può sfuggire a esso?
Dilatato all'infinito?
Ma se ha una fine,
con cosa, diamine, confina?

Sì, sì, d'accordo. Ma ora dormi.
È notte e domani ti aspettano cose più urgenti,
perfette per la tua misura definita:
toccare oggetti collocati vicino,
lanciare occhiate a una distanza voluta,
ascoltare voci accessibili all'orecchio.

E in più questo viaggio dal punto A al punto B.
Decollo alle 12.40, ora locale,
e il volo sopra matasse di nubi del posto
lungo una sottile striscia di cielo,
una qualunque, all'infinito.

ROZWÓD

Dla dzieci pierwszy w życiu koniec świata.
Dla kotka nowy Pan.
Dla pieska nowa Pani.
Dla mebli schody, łomot, wóz i przewóz.
Dla ścian jasne kwadraty po zdjętych obrazach.
Dla sąsiadów z parteru temat, przerwa w nudzie.
Dla samochodu lepiej gdyby były dwa.
Dla powieści, poezji – zgoda, bierz co chcesz.
Gorzej z encyklopedią i sprzętem wideo,
no i z tym poradnikiem poprawnej pisowni,
gdzie chyba są wskazówki w kwestii dwojga imion –
czy jeszcze łączyć je spójnikiem «i»,
czy już rozdzielać kropką.

DIVORZIO

Per i bambini è la prima fine del mondo.
Per il gattino un nuovo padrone.
Per il cagnolino una nuova padrona.
Per i mobili: scale, fracasso, prendere o lasciare.
Per le pareti i segni dei quadri.
Per i vicini, chiacchiere e noia interrotta.
Per l'auto, meglio se fossero state due.
Per i romanzi e le poesie – ok, vedi tu.
Va peggio con l'enciclopedia e gli apparecchi video,
e poi con quella guida alla scrittura corretta,
dove forse ci sono consigli in merito ai due nomi –
se ancora unirli con la congiunzione «e»,
o se ormai separarli con un punto.

ZAMACHOWCY

Całymi dniami myślą
jak zabić, żeby zabić,
i ilu zabić, żeby wielu zabić.
Poza tym z apetytem zjadają swoje potrawy,
modlą się, myją nogi, karmią ptaki,
telefonują drapiąc się pod pachą,
tamują krew kiedy skaleczą się w palec,
jeśli są kobietami kupują podpaski,
szminkę do powiek, kwiatki do wazonów,
wszyscy trochę żartują, kiedy są w humorze,
popijają z lodówek soki cytrusowe,
wieczorem patrzą na księżyc i gwiazdy,
zakładają na uszy słuchawki z cichą muzyką
i zasypiają smacznie do białego rana
— chyba że to, co myślą, mają zrobić w nocy.

GLI ATTENTATORI

Per giorni interi pensano
a come uccidere, per uccidere,
e a quanti ucciderne, per ucciderne molti.
Oltre a ciò mangiano con appetito i loro cibi,
pregano, si lavano i piedi, nutrono gli uccelli,
telefonano grattandosi l'ascella,
fermano il sangue quando si tagliano un dito,
se sono donne comprano assorbenti,
ombretto per le palpebre, fiori per i vasi,
tutti scherzano un po', quando l'umore è buono,
sorseggiano succhi di agrumi prendendoli dal frigo,
la sera guardano la luna e le stelle,
si mettono gli auricolari con musica in sordina
e dormono saporitamente fino all'alba
– purché ciò che hanno in mente non si debba far
                                              di notte.

PRZYKŁAD

Wichura
zdarła nocą wszystkie liście z drzewa
oprócz listka jednego,
pozostawionego,
żeby się kiwał solo na gołej gałęzi.

Na tym przykładzie
Przemoc demonstruje,
że owszem –
pożartować sobie czasem lubi.

ESEMPIO

Una bufera
di notte ha strappato tutte le foglie dell'albero
tranne una fogliolina,
lasciata
a dondolarsi in un a solo sul ramo nudo.

Con questo esempio
la Violenza dimostra
che certo –
a volte le piace scherzare un po'.

IDENTYFIKACJA

Dobrze, że przyszłaś – mówi.
Słyszałaś, że we czwartek rozbił się samolot?
No więc właśnie w tej sprawie
przyjechali po mnie.
Podobno był na liście pasażerów.
No i co z tego, może się rozmyślił.
Dali mi jakiś proszek, żebym nie upadła.
Potem mi pokazali kogoś, nie wiem kogo.
Cały czarny, spalony oprócz jednej ręki.
Strzępek koszuli, zegarek, obrączka.
Wpadłam w gniew, bo to na pewno nie on.
Nie zrobiłby mi tego, żeby tak wyglądać.
A takich koszul pełno jest po sklepach.
A ten zegarek to zwykły zegarek.
A te nasze imiona na jego obrączce
to są imiona bardzo pospolite.
Dobrze, że przyszłaś. Usiądź tu koło mnie.
On rzeczywiście miał wrócić we czwartek.
Ale ile tych czwartków mamy jeszcze w roku.
Zaraz nastawię czajnik na herbatę.
Umyję głowę, a potem, co potem,
spróbuję zbudzić się z tego wszystkiego.
Dobrze, że przyszłaś, bo tam było zimno,
a on tylko w tym takim gumowym śpiworze,
on, to znaczy ten tamten nieszczęśliwy człowiek.
Zaraz nastawię czwartek, umyję herbatę,
bo te nasze imiona przecież pospolite –

IDENTIFICAZIONE

Hai fatto bene a venire – dice.
Hai sentito che giovedì è caduto un aereo?
Be', sono venuti a cercarmi
proprio a questo proposito.
Pare che lui fosse nella lista passeggeri.
Be', che vuol dire, può aver cambiato idea.
Mi hanno dato un cachet per tenermi su.
Poi mi hanno mostrato qualcuno, non so chi.
Tutto nero, bruciato, eccetto una mano.
Un brandello di camicia, un orologio, un anello.
Mi sono infuriata, perché di certo non era lui.
Non mi avrebbe fatto lo scherzo di ridursi così.
E di camicie simili sono pieni i negozi.
E quell'orologio è un orologio normale.
E quei nostri nomi sul suo anello
sono nomi molto comuni.
Hai fatto bene a venire. Siediti qui accanto.
Lui, in effetti, doveva tornare giovedì.
Ma quanti giovedì ci sono ancora nell'anno.
Ora metto sul fuoco il bollitore per il tè,
mi lavo i capelli, e poi, che farò poi,
proverò a svegliarmi da tutto questo.
Hai fatto bene a venire, là dentro faceva freddo,
e lui solo con quella specie di sacco a pelo di gomma,
lui, cioè quel povero disgraziato là.
Ora metto sul fuoco il giovedì, lavo il tè,
perché questi nostri nomi sono in fondo comuni –

NIECZYTANIE

Do dzieła Prousta
nie dodają w księgarni pilota,
nie można się przełączyć
na mecz piłki nożnej
albo na kwiz, gdzie do wygrania volvo.

Żyjemy dłużej,
ale mniej dokładnie
i krótszymi zdaniami.

Podróżujemy szybciej, częściej, dalej
choć zamiast wspomnień przywozimy slajdy.
Tu ja z jakimś facetem.
Tam chyba mój eks.
Tu wszyscy na golasa,
więc gdzieś pewnie na plaży.

Siedem tomów – litości.
Nie dałoby się tego streścić, skrócić,
albo najlepiej pokazać w obrazkach.
Szedł kiedyś serial pt. Lalka,
ale bratowa mówi, że kogoś innego na P.

Zresztą, nawiasem mówiąc, kto to taki.
Podobno pisał w łóżku całymi latami.
Kartka za kartką,
z ograniczoną prędkością.
A my na piątym biegu
i – odpukać – zdrowi.

DEL NON LEGGERE

In libreria con l'opera di Proust
non ti danno un telecomando,
non puoi cambiare
sulla partita di calcio.
o sul telequiz con in premio una volvo.

Viviamo più a lungo,
ma con minor esattezza
e con frasi più brevi.

Viaggiamo più veloci, più spesso, più lontano
e torniamo con foto invece di ricordi.
Qui sono io con uno.
Là, credo, è il mio ex.
Qui sono tutti nudi,
quindi di certo in spiaggia.

Sette volumi – pietà.
Non si potrebbe riassumerli, abbreviarli
o meglio ancora mostrarli in immagini?
Una volta hanno trasmesso un serial, *La bambola*,
ma per mia cognata è di un altro che inizia con la P.

E poi, tra parentesi, chi mai era costui.
Scriveva, dicono, a letto, per interi anni.
Un foglio dopo l'altro,
a velocità ridotta.
Noi invece andiamo in quinta
e – toccando ferro – stiamo bene.

Wszystko na pozór się zgadza.
Kształt głowy, rysy twarzy, wzrost, sylwetka.
Jednak nie jest podobny.
Może nie w takiej pozie?
W innym kolorycie?
Może bardziej z profilu,
jakby się za czymś oglądał?
Gdyby coś trzymał w rękach?
Książkę własną? Cudzą?
Mapę? Lornetkę? Kołowrotek wędki?
I niechby co innego miał na sobie?
Wrześniowy mundur? Obozowy pasiak?
Wiatrówkę z tamtej szafy?
Albo – jak w drodze do drugiego brzegu –
po kostki, po kolana, po pas, po szyję
już zanurzony? Nagi?
I gdyby domalować mu tu jakieś tło?
Na przykład łąkę jeszcze nie skoszoną?
Szuwary? Brzozy? Piękne chmurne niebo?
Może brakuje kogoś obok niego?
Z kim spierał się? Żartował?
Grał w karty? Popijał?
Ktoś z rodziny? Przyjaciół?
Kilka kobiet? Jedna?
Może stojący w oknie?
Wychodzący z bramy?
Z psem przybłędą u nogi?
W solidarnym tłumie?
Nie, nie, to na nic.
Powinien być sam,
jak niektórym przystało.
I chyba nie tak poufale, z bliska?
Dalej? I jeszcze dalej?
W najzupełniejszej już głębi obrazu?
Skąd, gdyby nawet wołał,

RITRATTO A MEMORIA

All'apparenza tutto torna.
Forma del capo, tratti, corporatura, altezza.
Eppure non è somigliante.
Forse non in questa posa?
Con un diverso colorito?
Forse più di profilo,
come se si girasse per guardare?
Se tenesse qualcosa fra le mani?
Un libro suo? Di altri?
Una mappa? Un binocolo? Un mulinello?
E se indossasse qualcos'altro?
Una divisa del '39? La casacca del lager?
La giacca a vento di quell'armadio?
Oppure – come in viaggio per l'altra sponda –
già immerso fino alle caviglie,
alle ginocchia, alla vita, al collo? Nudo?
E se qui gli si aggiungesse un qualche sfondo?
Per esempio un prato ancora non falciato?
Giuncheti? Betulle? Un bel cielo nuvoloso?
Forse manca qualcuno accanto a lui?
Con cui discuteva? Scherzava?
Giocava a carte? Beveva?
Un familiare? Un amico?
Qualche donna? Una?
Forse affacciato alla finestra?
Mentre usciva dal portone?
Con un cane randagio ai piedi?
In una folla solidale?
No, no, non serve.
Dovrebbe essere solo,
come si addiceva a taluni.
E forse non con tanta confidenza, da vicino?
Più lontano? E ancora più lontano?
Proprio in fondo al quadro?
Da dove se anche gridasse

nie doszedłby głos?
A co na pierwszym planie?
Ach, cokolwiek.
I tylko pod warunkiem, że będzie to ptak
przelatujący właśnie.

non giungerebbe la voce?
E che cosa in primo piano?
Ah, qualunque cosa.
Purché sia un uccello
che sta giusto passando in volo.

SNY

Wbrew wiedzy i naukom geologów,
kpiąc sobie z ich magnesów wykresów i map –
sen w ułamku sekundy
piętrzy przed nami góry tak bardzo kamienne,
jakby stały na jawie.

A skoro góry, to i doliny, równiny
z pełną infrastrukturą.
Bez inżynierów, majstrów, robotników,
bez koparek, spycharek, dostawy budulca –
gwałtowne autostrady, nagłe mosty,
natychmiastowe miasta zaludnione gęsto.

Bez reżyserów z tubą i operatorów –
tłumy dobrze wiedzące, kiedy nas przerazić
i w jakiej chwili zniknąć.

Bez biegłych w swoim fachu architektów,
bez cieśli, bez murarzy, betoniarzy –
na ścieżce raptem domek jak zabawka,
a w nim ogromne sale z echem naszych kroków
i ściany wykonane z twardego powietrza.

Nie tylko rozmach ale i dokładność –
poszczególny zegarek, całkowita mucha,
na stole obrus haftowany w kwiaty,
nadgryzione jabłuszko ze śladami zębów.

A my – czego nie mogą cyrkowi sztukmistrze,
magowie, cudotwórcy i hipnotyzerzy –
nieupierzeni potrafimy fruwać,
w czarnych tunelach świecimy sobie oczami,
rozmawiamy ze swadą w nieznanym języku
i to nie z byle kim, bo z umarłymi.

SOGNI

A dispetto della scienza e degli insegnamenti dei geologi,
infischiandosene dei loro magneti, grafici e mappe –
il sogno in un attimo
ci accumula davanti montagne così pietrose
quasi si ergessero nella veglia.

E giacché le montagne, allora anche valli, pianure,
infrastrutture incluse.
Senza ingegneri, capomastri, operai,
scavatrici, bulldozer, materiali edili –
autostrade impetuose, ponti improvvisi,
città istantanee densamente popolate.

Senza registi con megafono, senza operatori –
folle che sanno bene quando spaventarci
e in che momento svanire.

Senza architetti esperti,
senza carpentieri, betonisti, muratori –
sul sentiero, a un tratto, una casetta come un giocattolo,
e dentro sale enormi con l'eco dei nostri passi
e le pareti fatte d'aria dura.

Non solo slancio, ma anche precisione –
un singolo orologio, una mosca intera,
sul tavolo una tovaglia ricamata a fiori,
una piccola mela con i segni dei denti.

E noi – non possono farlo i giocolieri,
i maghi, i taumaturghi e gli ipnotizzatori –
implumi riusciamo a volare,
nei tunnel bui ci fanno luce gli occhi,
parliamo con scioltezza in una lingua ignota
e non con chicchessia, ma con i morti.

A na dodatek, wbrew własnej wolności,
wyborom serca i upodobaniom,
zatracamy się
w miłosnym pożądaniu do –
zanim zadzwoni budzik.

Co na to wszystko autorzy senników,
badacze onirycznych symboli i wróżb,
lekarze z kozetkami do psychoanaliz –
jeśli coś im się zgadza,
to tylko przypadkiem
i z tej tylko przyczyny,
że w naszych śnieniach,
w ich cieniach i lśnieniach,
w ich zatrzęsieniach, niedoprzewidzeniach,
w ich odniechceniach i rozprzestrzenieniach
czasem nawet uchwytny sens
trafić się może.

E per giunta, a dispetto della nostra libertà,
di scelte del cuore e inclinazioni,
ci perdiamo
nel desiderio d'amore per –
prima che suoni la sveglia.

Cosa ne dicono gli autori di libri dei sogni,
gli studiosi di simboli onirici e presagi,
i medici con i lettini della psicoanalisi –
se qualcosa gli torna,
è solo per caso
e per il solo motivo
che nelle nostre visioni,
nelle loro ombre e illuminazioni,
profusioni, incerte previsioni,
svogliatezze e propagazioni,
a volte può capitare
anche un senso afferrabile.

W DYLIŻANSIE

Wyobraźnia kazała mi odbyć tę podróż.
Na dachu dyliżansu mokną pudła i paczki.
W środku ścisk, hałas, zaduch.
Jest gospodyni gruba i spocona,
myśliwy w dymach fajki i z martwym zającem,
l'abbé chrapiący z gąsiorkiem wina w objęciach,
piastunka z niemowlęciem czerwonym od krzyku,
podpity kupiec z uporczywą czkawką,
dama zirytowana ze wszystkich tutaj powodów,
ponadto chłopiec z trąbką,
duży zapchlony pies
oraz papuga w klatce.

I jeszcze ktoś, dla kogo właśnie wsiadłam,
ledwie widoczny wśród cudzych tobołków,
ale jest – i nazywa się Juliusz Słowacki.

Nie wydaje się zbyt skory do rozmowy.
Czyta list, który wyjął z pomiętej koperty,
list pewnie wiele razy już czytany,
bo kartki kruszą się trochę po brzegach.
Kiedy z kartek wypada zasuszony fiołek
ach! wzdychamy oboje i łapiemy go w locie.

To chyba dobry moment, żeby mu powiedzieć
to, co od dawna układałam w myślach.
Przepraszam Pana, ale to pilne i ważne.
Przybywam tu z Przyszłości i wiem, jak tam jest.
Dla wierszy Pańskich zawsze i czułość, i podziw,
a Panu – królom równy pobyt na Wawelu.

Niestety, wyobraźnia nie ma takiej mocy,
żeby mógł mnie usłyszeć czy bodaj zobaczyć.
Nie czuje nawet, że pociągam Go za rękaw.
Spokojnie wkłada fiołek między kartki,

NELLA DILIGENZA

L'immaginazione mi ha fatto fare questo viaggio.
Sul tetto della diligenza si bagnano scatole e pacchi.
Dentro ressa, baccano, aria viziata.
C'è una massaia grassa e sudata,
un cacciatore nel fumo della pipa con una lepre morta,
l'abbé che russa abbracciato a un fiasco di vino,
una bambinaia con un lattante rosso per gli strilli,
un mercante brillo dal singhiozzo insistente,
una dama irritata per i suddetti motivi,
e poi un ragazzo con la trombetta,
un grosso cane pulcioso
e un pappagallo in gabbia.

E ancora uno, per cui ero appunto salita,
appena visibile tra i fagotti degli altri,
ma c'è – e si chiama Juliusz Słowacki.

Non sembra troppo incline a conversare.
Legge una lettera tratta da una busta sgualcita,
una lettera certo letta e riletta,
perché i fogli già si sbriciolano ai margini.
Quando dai fogli cade una violetta secca
ah! sospiriamo entrambi e la afferriamo al volo.

Forse è il momento giusto per dirgli
ciò che da molto tempo avevo in mente.
Mi scusi Signore, ma è urgente e importante.
Giungo qui dal Futuro e so come là vanno le cose.
Per le Sue poesie c'è sempre affetto e ammirazione,
e per Lei – una dimora nel Wawel al pari dei re.

Purtroppo l'immaginazione non ha una forza tale
da far sì che possa udirmi o almeno vedermi.
Neppure sente che Lo tiro per la manica.
Con calma ripone la violetta tra i fogli,

a kartki do koperty, potem do kuferka,
patrzy przez chwilę przez załzawione okienko,
w końcu wstaje, zapina płaszcz, przemyka się do
                                     drzwi
i cóż – wysiada na najbliższej stacji.

Jeszcze przez parę minut nie tracę Go z oczu.
Idzie taki niewielki z tym swoim kuferkiem,
prosto przed siebie, z opuszczoną głową,
jak ktoś, kto wie,
że nikt go tu nie czeka.

Teraz w polu widzenia już tylko statyści.
Liczna familia pod parasolami,
kapral z gwizdkiem, a za nim zziajani rekruci,
furmanka pełna prosiąt
i dwa cugowe konie do wymiany.

e i fogli nella busta, poi nel bauletto,
dà un'occhiata dal finestrino lacrimoso,
quindi si alza, abbottona il cappotto, sguscia allo
                                        sportello
ed ecco – scende alla stazione più vicina.

Ancora per qualche minuto non Lo perdo di vista,
cammina così modesto con quel suo bauletto,
dritto davanti a sé, a testa china,
come uno che sa
che nessuno qui lo aspetta.

Ora solo comparse nel campo visivo.
Una famiglia numerosa sotto gli ombrelli,
un caporale con il fischietto e reclute ansanti,
un carro pieno di maialini
e due cavalli da tiro per il cambio.

ELLA W NIEBIE

Modliła się do Boga,
modliła gorąco,
żeby z niej zrobił
białą szczęśliwą dziewczynę.
A jeśli już za późno na takie przemiany,
to chociaż, Panie Boże, spójrz ile ja ważę
i odejmij mi z tego przynajmniej połowę.
Ale łaskawy Bóg powiedział Nie.
Położył tylko rękę na jej sercu,
zajrzał do gardła, pogłaskał po głowie.
A kiedy będzie już po wszystkim – dodał –
sprawisz mi radość przybywając do mnie,
pociecho moja czarna, rozśpiewana kłodo.

ELLA IN CIELO

Pregava Dio,
pregava con fervore
perché facesse di lei
una felice ragazza bianca.
E se ormai è tardi per questi cambiamenti,
allora, Signore Iddio, guarda quanto peso
e toglimene almeno la metà.
Ma Dio, benevolo, disse: No.
Le posò soltanto la mano sul cuore,
le guardò in gola, le carezzò il capo.
E quando tutto sarà compiuto – aggiunse –
mi allieterai venendo a me,
mia nera gioia, tronco colmo di canto.

VERMEER

Dopóki ta kobieta z Rijksmuseum
w namalowanej ciszy i skupieniu
mleko z dzbanka do miski
dzień po dniu przelewa,
nie zasługuje Świat
na koniec świata.

VERMEER

Finché quella donna del Rijksmuseum
nel silenzio dipinto e in raccoglimento
giorno dopo giorno versa
il latte dalla brocca nella scodella,
il Mondo non merita
la fine del mondo.

METAFIZYKA

Było, minęło.
Było, więc minęło.
W nieodwracalnej zawsze kolejności,
bo taka jest reguła tej przegranej gry.
Wniosek banalny, nie wart już pisania,
gdyby nie fakt bezsporny,
fakt na wieki wieków,
na cały kosmos, jaki jest i będzie,
że coś naprawdę było,
póki nie minęło,
nawet to,
że dziś jadłeś kluski ze skwarkami.

METAFISICA

È stato, è passato.
È stato, dunque è passato.
In una sequenza sempre irreversibile,
poiché tale è la regola di questa partita persa.
Conclusione banale, inutile scriverne,
se non per il fatto incontestabile,
un fatto per i secoli dei secoli,
per l'intero cosmo, qual è e sarà,
che qualcosa è stato davvero,
finché non è passato,
persino il fatto
che oggi hai mangiato gnocchi con i ciccioli.

NOTE

Qualche parola in merito ai criteri che mi hanno guidato nelle traduzioni della poesia di Wisława Szymborska e più in generale nelle mie traduzioni di poeti polacchi. «Del modo di ben tradurre ne parla più a lungo chi traduce men bene» scriveva Leopardi, perciò mi guardo dall'addentrarmi in discussioni sui possibili modi di tradurre poesia, o sulla sua stessa traducibilità – dalla crociana impossibilità, alla «scarsa» traducibilità montaliana, alla «trasposizione creatrice» jakobsoniana. Il traduttore oscilla tra due poli, tra – per ricordare il titolo di un noto saggio di Ortega y Gasset – miseria e splendore. Ma per arrivare dove? Se Dante – in un celebre passo del *Convivio* – osservava che «nulla cosa per legame musaico armonizzata si può de la sua loquela in altra transmutare, sanza rompere tutta sua dolcezza e armonia», Valéry gli faceva eco scrivendo: «C'est que les plus beaux vers du monde sont insignifiants ou insensés, une fois rompu leur mouvement harmonique et altérée leur substance sonore». La Szymborska fa prevalentemente uso di un metro «allentato», ma non le sono estranee le forme metriche chiuse e la rima. Quest'ultima viene da lei utilizzata in modo regolare più o meno nel dieci per cento dei suoi componimenti, specie nelle prime raccolte (non tenendo conto di quelle anteriori al 1957). In altri invece la rima è saltuaria. Non occorre essere dotti traduttologi per sapere che il significato del testo poetico è dato da molti elementi, fra cui il metro e la rima: «Soltanto nella brutta poesia il contenuto può essere separato dalla forma, i nobili pensieri dalla goffa espressione di quei pensieri» (Z. Herbert). Anch'io ritengo che stia al traduttore scegliere un «principio» secondo cui privilegiare qualche cosa a spese di qualcos'altro. Le mie scelte traduttive poggiano perciò su un fondamentale eclettismo, e cioè di volta in volta adotto i criteri o la strategia che mi sembrano più appropriati. Per esempio, rinuncio alla corrispondenza metrica quando ritengo che essa impoverirebbe o deformerebbe l'aspetto semantico del testo. Facendo allora ricorso ad altri mezzi (assonanze, ritorni ritmici, numero delle sillabe, rime) cerco di ottenere nella traduzione una riconoscibile regolarità fonico-ritmica. Altrove salvaguardo il principio della corrispondenza metrica, ma rinuncio alla rima, per evitare il rischio di fuorvianti soppressioni o mutamenti lessicali. Nel caso della Szymborska, significative sono anche le sue indicazioni – «E poi bisogna saper arrivare all'anima del verso; inutile arrovellarsi intorno al senso stretto» –, in particolare quelle sull'uso della rima: «L'allontanamento dalla rima è un fenomeno inevitabile ... Ecco perché la rima si recupera quasi solo nel momento in cui si desidera trasmettere al lettore un messaggio come "divertiamoci", o "si tratta di un gioco". Allora si rispolverano senza pudore rime anche logore, ma utilissime per dare un effetto collaterale, secondario, un timbro ironico, scherzoso, e così via». In effetti nella sua poesia la maggior parte dei componimenti in cui la rima trova piena applicazione ha un tono ironico-scherzoso. Consapevole del fatto – mai abbastanza sottolineato[1] – che, nel caso delle traduzioni poetiche da lingue lontane dalla nostra, difficili e assai poco conosciute come il polacco, non è possibile per i più ricorrere al testo originale e che la traduzione diventa così l'unico «testo», su cui ricade l'onere di tutto ciò che è costitutivo dei valori poetici dell'originale, ho cercato di non separare il contenuto dalla forma, di mantenere il movimento ritmico-melodico dei versi. In sostanza ho cercato di farmi carico, con libertà d'invenzione, del testo poetico nella sua totalità. Dei risultati del mio lavoro giudichino i Lettori.

P. M.

1. Il problema è formulato con grande chiarezza da Franco Buffoni: «Alle lingue molto praticate, tuttavia, il lettore sempre più spesso è in grado di accedere quasi direttamente ... Non serve ... che il traduttore riproduca alcun valore estetico dell'originale ... Completamente diverso è il caso delle lingue poco frequentate, o dotate di strutture sintattiche – o addirittura di alfabeti – diversi. Leggendo Tagore o poesia cinese contemporanea o poesia erotica africana, il testo a fronte può essere apposto unicamente per curiosità, e la traduzione di poesia diviene una necessità irrinunciabile per gustare le bellezza del verso. Il lettore si affida completamente al traduttore, ai suoi ritmi, alle sue valenze estetiche, nel sogno dell'originale», in *Leopardi in lingua inglese come paradigma della simbolicità del compito di un poeta traduttore,* in *La traduzione del testo poetico,* a cura di F. Buffoni, Guerini e Associati, Milano, 1989, p. 112.

DOMANDE POSTE A ME STESSA

La Musa in collera
Erato una delle nove Muse dell'antica Grecia, quella della poesia lirica e amorosa.

Innamorati
Tu andrai per il monte, e io per la valle... si allude a un'antica canzone popolare polacca sul distacco degli amanti: «Tu andrai per il monte, tu andrai per il monte, / E io per la valle. / Tu fiorirai d'una rosa, tu fiorirai d'una rosa / E io di viburno». («Ty pójdziesz górą, ty pójdziesz górą, / A ja doliną. / Ty zakwitniesz różą, ty zakwitniesz różą, / A ja kaliną»).

APPELLO ALLO YETI

Notte
E Dio gli disse... Gn, 22, 2.

Incontro
solo Madej... secondo un racconto popolare assai
diffuso in Polonia e più in generale – in molte varianti – in Europa, Madej, un crudele brigante, riuscì, grazie al pentimento e all'espiazione delle proprie colpe,
a scampare al letto di torture («Madejowe łoże») già
approntato per lui all'inferno. Cfr. *Il letto di Madej*, in
Fiabe polacche, a cura di A. Zieliński, Oscar Mondadori, Milano, 1995, pp. 13-26.

Un minuto di silenzio per Ludwika Wawrzyńska
Ludwika Wawrzyńska insegnante polacca che l'8
febbraio del 1955 salvò a Varsavia quattro bambini da
una casa in fiamme, morendo pochi giorni dopo per
le gravi ustioni riportate. Sul suo gesto aveva subito
scritto una poesia (*Ludwika Wawrzyńska*) il grande
poeta Leopold Staff, rimproverando agli altri poeti
polacchi il loro silenzio su quell'atto eroico.

Riabilitazione
– e invece, Yorick, erano falsi testimoni cfr. *Mt*, 26, *59-
60* («Ora i pontefici e tutto il sinedrio cercavano qualche falsa testimonianza ... ma non ne trovavano, pur
essendosi presentati molti falsi testimoni»).

Funerale
Il titolo della poesia avrebbe dovuto essere *Il funerale
di Rajk*. In proposito A. Bikont e J. Szczęsna scrivono:
«Il critico letterario Ryszard Matuszewski, allora redattore della sezione di poesia nella casa editrice Czytelnik, ricorda che il titolo originario era *Il funerale di
Rajk*. Il riferimento al funerale delle ceneri riesumate
di László Rajk, un comunista condannato in un processo esemplare nel 1949, funerale che si era trasformato
in una grande manifestazione a Budapest, apparve
inaccettabile alla censura polacca», in *Pamiątkowe rupiecie, przyjaciele i sny Wisławy Szymborskiej* (*Cianfrusaglie di
memorie, amici e sogni di Wisława Szymborska*), Wydawnictwo Prószyński i S-ka, Warszawa, 1997, p. 110. La
poesia figura con il titolo originale *Il funerale di Rajk*

nell'antologia a cura di C. Verdiani, *Poeti polacchi contemporanei*, Silva Editore, Milano, 1961, p. 491.

Le due scimmie di Bruegel
La poesia si riferisce al quadro *Due scimmie incatenate* (1562) di Pieter Bruegel il Vecchio.

D'una spedizione sull'Himalaya non avvenuta
Oh Yeti, mezzo Uomo-luna così ho tradotto il polacco *Półtwardowski*, nome composto da *pół* («mezzo») e *Twardowski*, ossia «Mezzotwardowski». Il Signor Twardowski (Pan Twardowski), figura semileggendaria, sarebbe stato un nobile di Cracovia del XVI secolo, una sorta di Faust polacco in lotta con il diavolo per il possesso della sua anima. Il Signor Twardowski alla fine riesce a sfuggirgli, atterrando sulla luna, dove si troverebbe tuttora. La figura del Pan Twardowski compare in molte opere letterarie, e non solo polacche. Cfr. *Twardowski*, in *Fiabe polacche*, cit., pp. 61-65.

Tentativo
Ohi, sì, canzone, ti fai beffe di me cfr. la nota a *Innamorati*, p. 742.

Le quattro del mattino
Ora in cui la terra ci rinnega cfr. *Mt*, 26, *34* («Gesù gli rispose: "In verità ti dico che questa notte, prima che il gallo canti, mi rinnegherai tre volte"»).

Sogno d'una notte di mezza estate
Già splende il bosco nelle Ardenne nella prima edizione (1957) è «bosco nei Vosgi» (*las w Wogezach*).
Il racconto di Piramo e Tisbe (cfr. Ovidio, *Metamorfosi*, IV, 55-166) fu ripreso fra gli altri da Shakespeare in chiave farsesca («Breve scena tediosa del giovane Piramo e di Tisbe, amor suo, tragicissimo spasso») nel *Sogno d'una notte di mezza estate* (atto V, scena I).

Progetto un mondo
La prima strofa è una sorta di parafrasi dell'opera

Nowe Ateny, albo Akademia wszelkiej sciencyi pełna, na różne tytuły jak i na classes podzielona, mądrym dla memoriału, idiotom dla nauki, politykom dla praktyki, melancholikom dla rozrywki erygowana (*Nuova Atene, ovvero Accademia piena d'ogni scienza, divisa per vari titoli e per classi, scritta come memoriale per il saggio, come lezione per gli idioti, come aiuto pratico per i politici e come svago per i malinconici*), sorta di enciclopedia in quattro volumi pubblicata a Leopoli negli anni 1745-1756 da Benedykt Chmielowski. L'opera è spesso citata come esempio dell'oscurantismo barocco-sarmatico in età sassone.

SALE

Un attimo a Troia
che valgono il rinvio degli ambasciatori   allusione alla tragedia *Odprawa posłów greckich* (*Il rinvio degli ambasciatori greci*, 1578) di Jan Kochanowski, il massimo poeta rinascimentale polacco. Nell'opera, gli ambasciatori greci presentano a Troia un ultimatum, minacciando la guerra se non verrà restituita Elena.

Elegia di viaggio
città di Samokov   in Bulgaria.

Campo di fame presso Jasło
Jasło   cittadina della Polonia meridionale, a sud-est di Cracovia. Durante la seconda guerra mondiale fu sede di una prigione nazista per cui passarono migliaia di prigionieri polacchi e di altre nazionalità; dei tremila ebrei rinchiusi nel ghetto parte venne fucilata e parte trasferita nei campi di sterminio.

Coloratura
mené techel parsín   cfr. *Dn*, 5, 25.

Concorso di bellezza maschile
La Szymborska racconta di aver assistito una volta a Zakopane a una eliminatoria nazionale di solleva-

745

mento pesi: «Ho visto i sollevatori di pesi avvicinarsi alla sbarra tre volte e tre volte ritirarsi. Ho visto un gigante che non ce l'ha fatta che singhiozzava disperatamente tra le braccia del suo allenatore. Un anno di allenamento, sacrifici, dieta, e poi tutto è deciso da frazioni di secondo. E ho pensato: "Santo Dio, forse avrei dovuto scrivere una poesia diversa su quei poveri forzuti, una con una lacrimuccia nell'occhio"» (in A. Bikont e J. Szczęsna, *op. cit.*, pp. 169-70).

*** (*Gli sono troppo vicina perché mi sogni...*)
da contare allusione alla disputa della Scolastica medioevale sul numero di angeli che potevano stare su una capocchia di spillo.
angeli caduti cfr. *Ap*, 12, 9 («E fu precipitato il grande drago, il serpente antico, che è chiamato diavolo e anche satana, il seduttore del mondo intero fu precipitato sulla terra e i suoi angeli furono precipitati con lui»).

L'Acqua
città di Ys città leggendaria della Bretagna che sarebbe stata sommersa nel IV o V secolo.
Rudawa affluente di sinistra della Vistola, nella regione di Cracovia.

UNO SPASSO

Decapitazione
«*In determinate circostanze la civetta è figlia d'un fornaio*» cfr. le parole di Ofelia in *Amleto*: «Dicono che la civetta era la figlia d'un fornaio» (atto IV, scena v).

Pietà
Questa poesia è nata dal primo viaggio della Szymborska all'estero, in Bulgaria, nel 1954. La poetessa fu condotta nella casa della madre di Nikola Vapcarov (1909-1942), poeta bulgaro, comunista, fucilato dai nazisti a Sofia, dove rimase colpita dal contrasto

tra l'ufficialità della visita e l'autenticità della tragedia vissuta da quella semplice donna di campagna (cfr. A. Bikont e J. Szczęsna, *op. cit.*, p. 112).

Film – Anni Sessanta
Si sente come un manico strappato dalla secchia / benché la secchia ignara continui ad andare al pozzo   si allude al proverbio polacco «Póty dzban wodę nosi, póki się ucho nie urwie», a cui corrisponde l'italiano «Tante volte al pozzo va la secchia, ch'ella vi lascia il manico o l'orecchia», o «Tanto va la gatta al lardo, che vi lascia lo zampino».
«sunt lacrimae rerum»   cfr. Virgilio, *Eneide*, I, 462.

Tarsio
Tarsio   proscimmia dai caratteri arcaici (lunga ca 40 cm.), con grande testa tondeggiante e occhi altrettanto tondi e grandissimi. Arboricola, notturna, si nutre di insetti e frutta. Vive nelle Filippine, in Borneo, a Sumatra (cfr. *Enciclopedia Zanichelli*, Bologna, 1992). Il critico Stanisław Balbus racconta di aver chiesto una volta alla Szymborska da dove avesse preso il nome Tarsio, se si trattava di un filosofo o forse di un diplomatico greco: «Wisława ha sorriso e mi ha detto: Staś, apri la *Wielka Encyklopedia* [Grande Enciclopedia] alla lettera "t". C'è anche la sua fotografia». Aveva trovato quell'animaletto nell'enciclopedia, se ne era entusiasmata e aveva scritto la poesia *Tarsio* (cfr. A. Bikont e J. Szczęsna, *op. cit.*, p. 150).

L'acrobata
Così la Szymborska ha raccontato sul settimanale «Polityka» (52, 1973) le circostanze in cui era nata questa poesia: «Stavo leggendo un volumetto di poesie dove, per un refuso, una congiunzione era stata stampata due volte, una volta alla fine di un verso, la seconda all'inizio di quello seguente. Mi accorsi che quella ripetizione produceva un effetto simile a un dondolio. E allora mi venne l'idea di scrivere una

poesia sullo sforzo e al contempo sulla leggerezza in-
siti nelle evoluzioni acrobatiche, e che proprio questo bilanciamento di congiunzioni sarebbe stato l'e-
quivalente del dondolarsi sul trapezio».

Ogni caso
Per fortuna sull'acqua galleggiava un rasoio   si allude al
proverbio polacco «Tonący brzytwy się chwyta» («Chi sta
per annegare si aggrappa a un rasoio»), a cui corrisponde l'espressione italiana «Attaccarsi anche ai rasoi».

Voci
La poesia è stata scritta dopo la lettura di Tito Livio.

Scheletro di dinosauro
il cielo stellato sopra la canna pensante, / la legge morale
dentro di lei   è una combinazione della nota affermazione di Kant (*Critica della ragion pratica*) «il cielo stellato sopra di me e la legge morale dentro di me» e di
un pensiero di Pascal: «L'uomo non è che una canna,
l'essere più debole della natura, ma è una canna che
pensa».

Autotomia
Halina Poświatowska   poetessa polacca (1935-1967).

Certezza
Sei tu certo allora che il nostro vascello è giunto / ai deser-
ti di Boemia? – Sì, mio signore   cfr. W. Shakespeare, *Il*
racconto d'inverno, atto III, scena III.

L'eremo
Wieliczka   cittadina a 13 chilometri da Cracovia,
famosa per le sue miniere di salgemma.

Bydgoszcz   città della Polonia, capoluogo del voivodato omonimo, a 225 chilometri a nord-ovest di Varsavia.

Avvertimento
il corvo col formaggio nel becco   riferimento alla favola di Esopo, *Il corvo e la volpe*, ripresa da Ignacy Krasicki, il maggior scrittore polacco dell'Illuminismo, nelle sue *Bajki* (*Favole*, 1779), e anche da La Fontaine, *Le corbeau et le renard*.

le mosche sul ritratto di Sua Maestà   allusione a un passo del primo capitolo del romanzo *Il buon soldato Šveik* dello scrittore ceco Jaroslav Hašek. L'oste Palivec risponde all'agente in borghese Bretschneider, della sezione politica, che gli aveva fatto notare come nel suo locale uno specchio avesse preso il posto del ritratto di Sua Maestà l'Imperatore: «Sicuro, avete ragione ... stava appeso lassù e le mosche ci cacavano sopra, sicché ho dovuto riporlo in solaio...» (trad. di R. Poggioli e B. Meriggi, Feltrinelli, Milano, 1992, vol. I, p. 15).

la scimmia nel bagno   è il titolo di una favola assai nota in Polonia, pubblicata anche nei libri per bambini, tratta dalla commedia *Pan Jowialski* (*Il Signor Jowialski*, 1832, atto II, scena x) dello scrittore polacco Aleksander Fredro.

La stanza del suicida
E invece c'era una trombetta consolatrice in mani nere probabilmente si allude a una nota copertina di un disco di Louis Armstrong.
Saskia e il suo cordiale piccolo fiore   si tratta del quadro di Rembrandt, *Saskia con un fiore* (1641).
La gioia, scintilla degli dèi   riprende il primo verso dell'*Inno alla gioia* di Schiller (*An die Freude*, 1785).

Pi greco
vola e canta usignolo mio   è il primo verso («Słowiczku mój! a leć a piej!») della poesia *Do B. Z.* (*A B. Z.*, 1841) del poeta romantico polacco Adam Mickiewicz.
la terra e il cielo passeranno   cfr. *Mt*, 24, *35* («Il cielo e la terra passeranno, ma le mie parole non passeranno»).

In pieno giorno
«*Signor Baczyński, la vogliono al telefono*»   Krzysztof
Kamil Baczyński (1921-1944), scrittore polacco, mor-
to a ventitré anni combattendo nell'insurrezione di
Varsavia. Considerato il più insigne poeta della gene-
razione che debuttò durante la guerra, è assurto in
Polonia a simbolo della tragedia bellica.

Figli dell'epoca
Tutte le tue, nostre, vostre / faccende diurne, notturne
allusione all'incipit della *Pieśń wieczorna* (*Canto della
sera*, 1792) del poeta polacco Franciszek Karpiński,
assai popolare fino ai giorni nostri: «Tutte le nostre
preoccupazioni diurne / Accogli misericordiosamen-
te, o Dio giusto!» («Wszystkie nasze dzienne sprawy /
Przyjm litośnie, Boże prawy!»).

Perfino per campi, per boschi   citazione di un'antica
canzone militare polacca: «Il soldato randagio va per
campi, per boschi, soffrendo fame e miserie» («Idzie
żołnierz borem lasem, przymierając z głodu czasem»),
ricordata da A. Mickiewicz nella sua opera maggiore,
il romanzo in versi *Pan Tadeusz* (XII, 722-23), trad. di
C. Garosci, Introduzione di C. Agosti Garosci, Einau-
di, Torino, 1955, p. 343.

O anche il tavolo delle trattative, sulla cui forma   si allude alle discussioni (anche sulla forma del tavolo delle
trattative) avvenute fra il 6 febbraio e il 5 aprile 1989 a
Varsavia fra i rappresentanti del governo comunista e
quelli dell'opposizione, e i cui risultati avrebbero portato alla vittoria di Solidarność nelle elezioni parlamen-
tari del giugno dello stesso anno, dando così il via alle
trasformazioni costituzionali della Repubblica Popolare Polacca e alla caduta del regime comunista.

Torture
Tra questi paesaggi l'animula vaga   cfr. l'«animula
vagula blandula», apostrofe del morente alla propria
anima, attribuita all'imperatore Adriano.

Un parere in merito alla pornografia
Questa poesia è legata alla situazione politica creata-si in Polonia dopo il pronunciamento militare (13 dicembre 1981) del generale Wojciech Jaruzelski. La vita intellettuale e artistica indipendente continuò, malgrado gli interventi repressivi della polizia politica, anche sotto forma di lezioni, dibattiti, mostre, concerti, ecc. che avevano luogo in abitazioni private.

Un racconto iniziato
Le nostre navi ancora non sono tornate dalla Vinlandia Vínland è uno dei tre nomi attribuiti dai nordici alla regione costiera del continente nordamericano da loro esplorata (a partire dall'inizio dell'XI secolo) e su cui si insediarono per un breve periodo. La collocazione della Vinlandia – da alcuni identificata con Terranova – costituisce un problema vivacemente dibattuto, ma tuttora irrisolto.
trovare il modo di arrivare al re Harald Cote Harald III Hen («Cote»), re di Danimarca dal 1074 (o 1076) al 1080.
z Zabierzowa Zabierzów, paese che si trova a 13 chilometri a nord-ovest di Cracovia.

Gente sul ponte
un tale Hiroshige Utagawa Hiroshige Andō Utaga-wa (1797-1858), celebre incisore e pittore giapponese. La poesia si ispira appunto alla sua xilografia *Acquazzone improvviso sul ponte di Shin-Ohashi e Atake,* che fa parte della serie *100 vedute di Edo* (1856).

Non occorre titolo
Raba affluente di destra della Vistola, nella Polonia meridionale.

LA FINE E L'INIZIO

La realtà esige
Dove non è rimasta pietra su pietra cfr. *Mt,* 24, 2

(«Vedete voi tutto questo? In verità vi dico, non resterà pietra su pietra che non sia sconvolta»). La frase ha assunto un valore proverbiale nella lingua polacca.

Maciejowice   località della Polonia dove nel 1794 ebbe luogo una battaglia fra polacchi e russi.

Séance
fra la via Szewska e la Jagiellońska   due vie del centro di Cracovia.
Płock   città polacca sulla Vistola, situata a 95 chilometri a nord-ovest di Varsavia.

Amore a prima vista
A proposito di questa poesia il regista Krzysztof Kieślowski, autore del *Decalogo*, in un'intervista del gennaio 1994 ha dichiarato: «Esiste ... qualcosa nell'aria, come una speciale trascrizione del tempo, un odore del tempo, che viene avvertito da persone diverse ... Siccome il mio interprete, Roman Gren, ama moltissimo una poetessa polacca che si chiama Wisława Szymborska, ho comprato a Varsavia il suo ultimo libro per portarlo a Parigi e regalarglielo. Ma appena ho cominciato a leggerlo, ho deciso che non glielo darò mai più, per via di una poesia, *Amore a prima vista*, scritta suppongo nel 1991 o 1992. Io non conosco personalmente la Szymborska, non so se abbia visto qualche mio film, sicuramente non la trilogia, o almeno non ancora. Eppure senti cosa scrive: [*legge*] ... È una poesia che parla esattamente di *Film rosso*. Ed è la prova che due persone che non si conoscono, non hanno nulla a che fare l'una con l'altra, non hanno nessuna influenza reciproca, sentono come importante nello stesso tempo una stessa cosa, pensano che la stessa cosa possa costituire l'oggetto di una poesia o di un film. Come questo succeda non lo so» (cfr. K. Kieślowski e K. Piesiewicz, *Tre colori: blu, bianco, rosso*. Sceneggiature di K. Kieślowski e K. Piesiewicz, a cura di M. Fabbri, Introduzione di G. Pontecorvo, Bompiani, Milano, 1994, pp. 334-36).

Bagaglio del ritorno
KOSMOS MAKROS / CHRONOS PARADOXOS   L'universo è grande / Il tempo è sorprendente.

QUI

Del non leggere
ma per mia cognata è di un altro che inizia con la P.   Si allude al romanzo *La bambola* (1890), capolavoro dello scrittore polacco Bolesław Prus.

Nella diligenza
Juliusz Słowacki   poeta e drammaturgo (1809-1849), è considerato uno dei maggiori scrittori del romanticismo polacco, e come tale è annoverato, insieme ad Adam Mickiewicz e Zygmunt Krasiński, nel tradizionale canone dei «Tre Vati». Trascorse gran parte della sua vita all'estero, in particolare a Parigi, dove risiedette stabilmente dal 1838 fino alla morte. Misconosciuto dai contemporanei, fu riscoperto all'inizio del XX secolo dagli esponenti delle nuove tendenze artistico-letterarie. Il 28 giugno del 1927 i suoi resti furono traslati dal Cimitero di Montmartre alla cripta reale della Cattedrale del Wawel a Cracovia per volontà del Maresciallo Józef Piłsudski, il quale alla fine della solenne cerimonia motivò tale scelta dichiarando che Juliusz Słowacki era «pari ai re» («królom był równy»).
Wawel   è il nome della collina sulla riva sinistra della Vistola a Cracovia, su cui sono situati il Castello reale e la Cattedrale, sorta di santuario nazionale, dove sono sepolti, oltre ai sovrani polacchi, personaggi illustri della storia della Polonia, come Tadeusz Kościuszko, Józef Piłsudski, Adam Mickiewicz, Cyprian K. Norwid e Słowacki appunto.

Ella in cielo
Così scriveva Wisława Szymborska recensendo l'e-

dizione polacca di un libro su Ella Fitzgerald: «Per qualche tempo ho accarezzato l'idea di scrivere una poesia sulla grande (in senso tanto letterale quanto figurato) Ella. Non ne è venuto fuori nulla ... Il suo canto mi riconcilia con la vita, semplicemente mi rasserena. Non potrei dire lo stesso di nessun'altra cantante. Per me è lei la più grande e dubito che farò in tempo a cambiare opinione», in *Letture facoltative*, Adelphi, Milano, 2006, pp. 188-89.

NOTE AI TESTI

Per i testi originali delle poesie si è utilizzata l'edizione dei *Wiersze wybrane* ([*Poesie scelte*], Wydawnictwo a5, Kraków, 2004) a cura dell'Autrice; tale edizione include tutte le poesie pubblicate in raccolta dal 1957 al 1993, a eccezione di quattro, escluse dall'Autrice e qui reinserite: *Incontro* e *Saluto ai supersonici* (da *Appello allo Yeti*), *Certezza* (da *Ogni caso*), *Parata militare* (da *Grande numero*). Per le poesie delle raccolte *Attimo* (2002), *Due punti* (2005) e *Qui* (2009), si sono utilizzate le prime edizioni delle stesse. La poesia *La Musa in collera* – non inserita dall'Autrice nelle *Poesie scelte* – è tratta da *Domande poste a me stessa* (1954).

Della «Raccolta non pubblicata» – che riunisce la produzione poetica della Szymborska degli anni 1945-1948 (una trentina di poesie, alcune delle quali apparse su giornali e riviste, e che non poterono uscire in volume per l'imposizione, nel 1949, del realismo socialista) e di cui l'Autrice non autorizza oggi la pubblicazione – nelle *Poesie scelte* del 2004 sono presenti tre poe-

sie: *** (*Un tempo sapevamo il mondo a menadito...*),
Uscita dal cinema e *Canzone nera.*

In una precedente antologia, *Wiersze wybrane* ([*Poesie scelte*], Państwowy Instytut Wydawniczy, Warszawa,
1964), la Szymborska aveva incluso cinque poesie
tratte dalla «Raccolta non pubblicata», e cioè – oltre
alle tre citate sopra – *Pamięć o wrześniu* (*Ricordo del settembre*), *Pamięć o styczniu* (*Ricordo del gennaio*).

Raccolte di poesia pubblicate

Dlatego żyjemy (*Per questo viviamo*), Czytelnik, Warszawa, 1952.

Pytania zadawane sobie (*Domande poste a me stessa*), Wydawnictwo Literackie, Kraków, 1954.

Wołanie do Yeti (*Appello allo Yeti*), Wydawnictwo Literackie, Kraków, 1957.

Sól (*Sale*), Państwowy Instytut Wydawniczy, Warszawa,
1962.

Sto pociech (*Uno spasso*), Państwowy Instytut Wydawniczy, Warszawa, 1967.

Wszelki wypadek (*Ogni caso*), Czytelnik, Warszawa,
1972.

Wielka liczba (*Grande numero*), Czytelnik, Warszawa,
1976.

Ludzie na moście (*Gente sul ponte*), Czytelnik, Warszawa, 1986.

Koniec i początek (*La fine e l'inizio*), Wydawnictwo a5,
Poznań, 1993.

Chwila (*Attimo*), Wydawnictwo Znak, Kraków, 2002.

Rymowanki dla dużych dzieci z wyklejankami autorki (*Filastrocche per bambini grandi con collage dell'autrice*),
Wydawnictwo a5, Kraków, 2003.

Dwukropek (*Due punti*), Wydawnictwo a5, Kraków, 2005.

Tutaj (*Qui*), Wydawnictwo Znak, Kraków, 2009.

Delle prime due raccolte (*Per questo viviamo* e *Domande poste a me stessa*) l'Autrice non ha più autorizzato la ristampa, a eccezione di alcune poesie da lei inserite in edizioni antologiche della propria opera poetica. Così nelle *Poesie scelte* del 2004 sono incluse due poesie della prima raccolta (*In rime banali, Gli animali del circo*), e tre della seconda (*Domande poste a me stessa, Innamorati, La chiave*). Nella precedente antologia (*Poesie scelte*, 1964), le poesie tratte dalle due raccolte in questione erano invece rispettivamente quattro (*Gli animali del circo, Una vecchia operaia, Canzone su un criminale di guerra, Dalla Corea*) e cinque (*Lettera di Edward Dembowski al padre, Dipinto nel Palazzo d'Inverno, Racconto sull'amore per la terra patria, Innamorati, La chiave*).

Edizioni italiane della poesia di Wisława Szymborska

La fiera dei miracoli, matite di A. Kalczyńska, trad. di P. Marchesani, collana Strenne Franci, All'insegna del Pesce d'Oro, Milano, 1993 (edizione fuori commercio).

Gente sul ponte, a cura di P. Marchesani, Libri Scheiwiller, Milano, 1996.

La fine e l'inizio, a cura di P. Marchesani, Libri Scheiwiller, Milano, 1997.

Trittico, a cura di P. Marchesani, Libri Scheiwiller, Milano, 1997 (edizione fuori commercio).

Vista con granello di sabbia, a cura di P. Marchesani, Adelphi, Milano, 1998.

25 poesie, trad. di P. Marchesani, I miti poesia, Mondadori, Milano, 1998.

Taccuino d'amore, a cura di P. Marchesani, Libri Scheiwiller, Milano, 2002.

Attimi, trad. di P. Marchesani, Nota di S. Verdino, Associazione culturale La Luna, Fermo, 2003 (edizione fuori commercio).

Uno spasso, a cura di P. Marchesani, Libri Scheiwiller, Milano, 2003.

Ogni caso, a cura di P. Marchesani, Libri Scheiwiller, Milano, 2003.

Attimo, a cura di P. Marchesani, Libri Scheiwiller, Milano, 2004.

Discorso all'Ufficio oggetti smarriti, a cura di P. Marchesani, Adelphi, Milano, 2004.

Appello allo Yeti, a cura di P. Marchesani, Libri Scheiwiller, Milano, 2005.

Sale, a cura di P. Marchesani, Libri Scheiwiller, Milano, 2005.

Grande numero, a cura di P. Marchesani, Libri Scheiwiller, Milano, 2006.

Due punti, a cura di P. Marchesani, Adelphi, Milano, 2006.

Opere, a cura di P. Marchesani, Adelphi, Milano, 2008.

INDICI

INDICE ALFABETICO
DEI TITOLI ORIGINALI DELLE POESIE

INDICE ALFABETICO
DEI TITOLI IN ITALIANO DELLE POESIE

GLI ADELPHI

STAMPATO DA ELCOGRAF STABILIMENTO DI CLES

GLI ADELPHI
Periodico mensile: N. 349/2009
Registr. Trib. di Milano N. 284 del 17.4.1989
Direttore responsabile: Roberto Calasso